普通高等学校“十三五”省级规划教材

普通高等学校城市轨道交通专业规划教材

城市轨道交通概论

第2版

主　　审　李　锐

主　　编　叶　坚　李志成

副主编　周　静　赵义军　曹求实　陈　力

编写人员（以姓氏笔画为序）

马晓丹　王晓飞　邓春兰　叶　坚

刘春霞　李　钢　李队员　李志成

陈　力　张　雨　陆中石　欧志新

周　静　赵义军　高　嵩　曹求实

中国科学技术大学出版社

内 容 简 介

本书按照专业认知过程，对城市轨道交通所涉及的内容进行系统性分析，共分为8个项目：城市轨道交通概况认知、城市轨道交通项目建设认知、城市轨道交通线路与站场认知、城市轨道交通机电设备认知、城市轨道交通车辆认知、城市轨道交通供电系统认知、城市轨道交信号与通信系统认知、城市轨道交通运营管理认知。

本书可作为高职、中职院校城市轨道交通运营管理专业及相关专业的教材或参考用书，也可作为从事城市轨道交通规划、建设和运营管理的专业技术人员的基础培训教材。

图书在版编目(CIP)数据

城市轨道交通概论 / 叶坚，李志成主编. -- 2 版. -- 合肥 ：中国科学技术大学出版社，2025. 8. -- ISBN 978-7-312-06383-1

Ⅰ. U239. 5

中国国家版本馆 CIP 数据核字第 2025SJ6630 号

城市轨道交通概论

CHENGSHI GUIDAO JIAOTONG GAILUN

出版 中国科学技术大学出版社
安徽省合肥市金寨路 96 号，230026
http://press. ustc. edu. cn
https://zgkxjsdxcbs. tmall. com

印刷 安徽国文彩印有限公司

发行 中国科学技术大学出版社

开本 787 mm×1092 mm 1/16

印张 13. 75

字数 347 千

版次 2014 年 12 月第 1 版 2025 年 8 月第 2 版

印次 2025 年 8 月第 6 次印刷

定价 46. 00 元

前言

在城市现代化进程不断加速的当下，城市轨道交通已成为支撑城市高效运转、推动区域协同发展的核心力量。随着我国“交通强国”战略的深入推进，行业对高素质、复合型人才的需求呈现爆发式增长，为满足城市轨道交通领域对专业人才的迫切需求，助力相关专业学生与从业人员系统且全面地了解城市轨道交通的基础理论、技术知识及运营管理要点，我们编写了本书。本书广泛汲取国内外城市轨道交通领域的前沿研究成果与丰富实践经验，全面涵盖城市轨道交通从发展概况、建设规划、轨道结构、车站与车站设备、车辆与车辆段、供电与牵引，到信号与通信系统、运营安全、客运组织以及行车调度等各个关键环节，致力于为读者搭建起一个完整且清晰的城市轨道交通知识架构。

本书编写团队深入调研国内主要城市轨道交通运营企业，整合现场作业的核心内容，以满足城市轨道交通专业技能人才培养需求为导向，以企业实际工作过程为基础，创新采用“项目引领、任务驱动、问题引导、案例分析”的编写模式。以行业案例为载体，引导学生在认知过程中自主思考和探索，高效掌握专业知识；以专业认知为要点，通过设置多层面多领域的认知任务，全面提升学生的行业认知力；以技术创新为引领，融入行业前沿技术与发展趋势，激发学生探索热情，有效调动学习积极性。

本书是安徽省高等学校“十三五”省级规划教材，由安徽交通职业技术学院叶坚、李志成担任主编，负责全书框架和编写思路的设计及全书的统稿工作，浙江交通职业技术学院周静、武汉铁路职业技术学院赵义军、上海申通地铁集团有限公司曹求实、中国铁路上海局集团有限公司陈力担任副主编。合肥轨道交通集团有限公司高嵩，合肥铁路工程学校马晓丹，安徽城市管理职业学院刘春霞，江苏城乡建设职业学院李钢，安徽交通职业技术学院邓春兰、陆中石、张雨、李队员、王晓飞、欧志新参与编写。具体编写分工如下：项目一、项目二、项目八由叶坚、周静、李钢、王晓飞、马晓丹编写，项目三由曹求实、陈力编写，项目四由赵义军、李队员编写，项目五由李志成、陆中石编写，项目六由邓春兰、高嵩、欧志新编写，项目七由张雨、刘春霞编写。

编　者

“岗、课、赛、证”相关要求

“岗”：课程对接国家职业技能标准、岗位技能要求

课　程	国家职业技能标准相关工种、岗位技能要求						
	城市轨道交通服务员		城市轨道交通列车司机	城市轨道交通通号岗		城市轨道交通检修工	
	站务员	行车值班员		信号工	通信工	车辆检修工	机电检修工
	车站运作	行车组织与调度	列车操作	信号设备维护	通信设备维护	车辆检修	机电设备维护
项目一	√	√		√	√	√	
项目二	√	√					
项目三	√	√	√	√	√	√	
项目四		√					√
项目五			√	√	√	√	
项目六							√
项目七				√	√		
项目八	√	√	√				√

“赛”:课程与相关职业技能大赛融合

课程	职业技能大赛赛项要求																							
	城市轨道交通站务员职业技能大赛												城市轨道交通行车值班员职业技能大赛											
	理论知识						技能考核						理论知识						技能考核					
	行业常识	职业道德	车站基础知识	机电设备基础知识	票务基础知识	接发车基础知识	AFC设备操作	站台门故障处置	扶梯操作	消防设备使用	票务处理	乘客咨询服务	职业道德	线路基础知识	行车基础知识	信号基础知识	通信联络	排列进路	信号重开操作	道岔单独操作	道岔单锁操作	道岔单解操作	计轴故障下的应急处置操作	手摇道岔
项目一	√	√	√		√							√	√											
项目二	√		√										√	√										
项目三	√		√	√		√						√		√				√						
项目四	√	√		√	√		√	√	√		√		√											
项目五	√	√						√					√		√									
项目六	√																							
项目七	√												√		√	√	√	√	√	√	√	√	√	√
项目八	√		√	√		√	√			√	√	√	√		√		√		√	√	√	√	√	√

续表

课程	职业技能大赛赛项要求																
	城市轨道交通信号工职业技能大赛								城市轨道交通列车司机职业技能大赛								
	理论知识				技能考核				理论知识				技能考核				
	城市道交通行车专业知识	城市轨道交通乘务管理知识	城市轨道交通通信、信号知识	安全规章制度	基础设备检修	车载设备检修	联锁系统故障处置	列车控制系统故障处置	职业道德	行车基础知识	乘务管理知识	通信、信号知识	出入库	区间运行	上下客监护	不同模式驾驶	折返及交接班作业
项目一	√								√								
项目二									√								
项目三	√	√					√			√		√	√	√	√		√
项目四																	
项目五		√				√		√			√		√	√	√		
项目六																	
项目七	√		√		√	√	√	√				√				√	
项目八	√	√	√	√					√	√	√			√		√	√

“证”:课程与国家职业技能等级证书融通

课程	国家职业资格技能等级证书要求											
	城市轨道交通站务员职业资格					城市轨道交通行车值班员职业资格						
	客运设备操作	票务处理	站台门故障操作	乘客服务	消防设备使用	行车组织	客流监控	广播使用	车站运作	施工管理	故障应急处置	消防设备使用
项目一	√			√								
项目二				√					√			
项目三				√					√	√		
项目四	√	√	√	√	√		√	√			√	√
项目五	√		√			√					√	
项目六										√	√	
项目七					√			√		√	√	
项目八	√	√		√		√	√	√	√		√	√

目　录

项目一　城市轨道交通概况认知

学习导读

随着我国城镇化进程的不断推进和中心城市经济、人口的不断增长，城市轨道交通成为满足城市居民出行需求的重要交通方式，截至2024年7月，全国31个省(自治区、直辖市)和新疆生产建设兵团共有54个城市开通运营城市轨道交通线路311条，运营里程10 339.4 km，实际开行列车350万列次，完成客运量28.7亿人次，进站量17.2亿人次。那么什么是城市轨道交通？城市轨道交通都有哪些类型？国内外的城市轨道交通发展情况如何？本项目将详细讲述。

学习目标

1. 素养目标

(1) 培养学生的爱国主义精神，增强民族自信。

(2) 培养学生爱岗敬业、尽职尽责的职业品质。

2. 知识目标

(1) 掌握城市轨道交通的定义、特点和主要类型。

(2) 了解世界主要城市轨道交通的发展情况。

(3) 了解我国主要城市轨道交通的发展情况。

3. 能力目标

(1) 能区分不同的城市轨道交通类型。

(2) 能描述城市轨道交通的专业类别及就业岗位。

建议学时

6学时。

任务一　城市轨道交通基本概念

一、城市轨道交通概述

(一) 城市轨道交通的定义

“城市轨道交通”是一个包含范围较大的概念，在国际上没有统一的定义。依据行业标准《城市公共交通分类标准》(CJJ/T 114—2007)中的定义，城市轨道交通是指采用轨道结构进行承重和导向的车辆运输系统，依据城市交通总体规划的要求，设置全封闭或部分封闭的专用轨道线路，以列车或单车形式，运送相当规模客流量的公共交通方式。

(二) 城市轨道交通的地位与作用

(1) 城市轨道交通是城市公共交通的主干线、运送客流的大动脉，是城市的生命线工程。其建成运营后，将直接关系到城市居民的出行、工作、购物和生活。

(2) 城市轨道交通是世界公认的低能耗、少污染的“绿色交通”，是解决城市病的一把金钥匙，对于实现城市的可持续发展具有非常重要的意义。

(3) 城市轨道交通是城市建设史上最大的公益性基础设施，对城市的全局和发展模式将产生深远的影响。城市轨道交通的建设可以带动城市沿轨道交通廊道的发展，促进城市繁荣，形成郊区卫星城和多个副中心，从而缓解城市中心人口密集、住房紧张、绿化面积小、空气污染严重等城市难题。

(4) 城市轨道交通的建设与发展有利于提高市民出行的效率，节省时间，优化出行体验，改善生活质量。

(三) 城市轨道交通的特点

1. 城市轨道交通具有较强的运输能力

城市轨道交通由于高密度运转、列车行车时间间隔短、行车速度高、列车编组辆数多而具有较大的运输能力。市郊铁路高峰每小时的运输能力最大可达到 6 万～8 万人次；地铁可达到 3 万～6 万人次，有时甚至达到 8 万人次；轻轨可达 1 万～3 万人次；有轨电车能达到 1 万人次。

2. 城市轨道交通具有较高的准时性

城市轨道交通列车按运行图运行，具有可信赖的准时性。

3. 城市轨道交通具有较高的速达性

与常规公共交通相比，城市轨道交通列车停站时间短，乘客上下车迅速、方便，而且换乘便捷,从而可以使乘客较快地到达目的地,缩短出行时间。

4. 城市轨道交通具有较高的舒适性

城市轨道交通由于运行在不受其他交通工具干扰的线路上,车辆具有较好的运行特性,车辆、车站等装有空调、引导装置、自动售票系统等直接为乘客服务的设备,具有较好的乘车条件,其舒适性优于公共电车、公共汽车。

5. 城市轨道交通具有较高的安全性

城市轨道交通运行不受其他交通工具干扰,并且有先进的通信信号设备,极少发生交通事故。

6. 城市轨道交通能充分利用地下和地上空间

大城市地面拥挤,土地费用昂贵,城市轨道交通由于充分利用了地下和地上空间的开发,不占用地面街道,能有效缓解由于汽车大量增加而造成的道路拥挤、堵塞,有利于城市空间合理利用,特别有利于缓解大城市中心区过于拥挤的状况,将提高土地利用价值,并能改善城市景观。

7. 城市轨道交通的系统运营费用较低

城市轨道交通依赖大运量设计,单位乘客的固定成本显著摊低,并通过应用再生制动技术、智能能化调度管理、自动驾驶技术等,有效控制运营费用。

8. 城市轨道交通对环境低污染

城市轨道交通采用电气牵引,与公共汽车相比不产生废气污染。城市轨道交通的发展,还能减少公共汽车的数量,进一步减少汽车的废气污染。由于在线路和车辆上采用了各种降噪措施,一般不会对城市环境产生严重的噪声污染。

(四) 城市轨道交通的分类

城市轨道交通种类繁多,技术指标差异较大,世界各国的评价标准不一,并无严格、清晰的界限,按照不同的分类方法,可以得到不同的结果。

1. 按线路空间位置划分

可分为地下形式、高架形式和地面形式,如图 1.1 所示。地铁大多在地下或高架,轻轨大多在地面或高架,单轨大多在高架。

a. 地下线路　　b. 地面线路　　c. 高架线路

图 1.1　按线路空间位置划分类型

2．按运输能力划分

可分为大运量系统（高峰时单向运输能力达到每小时3万人次以上）、中大运量系统（高峰时单向运输能力达到每小时1.5万～3万人次）、中低运量系统（高峰时单向运输能力达到每小时1万～1.5万人次）和低运量系统（高峰时单向运输能力低于每小时1万人次）。地铁属于大运量系统，轻轨、单轨属于中运量系统，有轨电车或自动导向系统属于小运量系统。

3．按照路权形式划分

可分为全封闭系统、部分封闭系统和开放式系统，如图1.2所示。地铁一般是全封闭系统，享有独立路权；较多的城市轻轨线路属于部分封闭系统，部分区段与其他交通方式采用物理方式隔离；老式的有轨电车一般是开放式系统，与地面其他交通方式混行。

a. 全封闭系统　　b. 半封闭系统　　c. 开放式系统

图1.2　按路权形式划分类型

4．按服务区域划分

可分为市区轨道交通和市域轨道交通，如图1.3所示。市区轨道交通服务范围以城区为主；市域轨道交通服务于城市市郊或都市圈外围地区，方便其与中心城市城区之间联系，如北京大兴机场线起于草桥站，止于大兴机场站，途经丰台区、大兴区、河北省廊坊市广阳区，最高时速达160 km/h。

a. 市区轨道交通　　b. 市域轨道交通

图1.3　按服务区域划分类型

5．按导向方式划分

可分为钢轮双轨导向系统、胶轮单轨导向系统和胶轮导轨导向系统，如图1.4所示。传统的地铁一般用钢轮双轨导向系统，但是为了减声降噪，胶轮系统逐渐发展起来，重庆单轨属于胶轮单轨导向系统，广州轨道交通APM线属于胶轮导轨导向系统。

a. 钢轮双轨系统　　b. 胶轮单轨系统　　c. 胶轮导轨导向系统

图 1.4　按导向方式划分类型

6. 按基本技术特征划分

可分为地铁系统、有轨电车、轻轨系统、单轨(独轨)系统、磁浮系统、自动导向交通系统和市域快速轨道交通系统等。

二、城市轨道交通系统制式

依据《城市公共交通分类标准》(CJJ/T114—2007),城市轨道交通主要有有轨电车、地铁系统、轻轨系统、单轨系统、自动导向交通系统、磁浮系统、市域快速轨道交通系统七种制式,城市轨道交通的不同制式具有各自特点和适用性,制式的选择需要综合考虑城市的经济规模、客流需求、地貌环境、功能定位等。

大连有轨电车历史回顾

(一) 有轨电车

有轨电车(tram 或 streetcar)是使用电车牵引、轻轨导向、以 1～3 辆编组运行在城市路面线路上的低运量轨道交通系统。

有轨电车是较早发展的城市轨道交通之一,有轨电车以电力驱动,车辆不会排放废气,因而是一种无污染的环保交通工具。其优点还包括建造成本低,通常是地铁造价的 1/20 到 1/3,建设难度也较低,无须挖隧道。可与地面其他车辆共同使用车道,乘客上下车较为方便。缺点也很明显,运营成本居高不下,收支缺口较大,随着线路投入运营时间的增加,车辆进入大修期后运营成本还会更进一步增长。平均运行速度较低,交通运输优势不明显,类比新型公共客运系统(BRT)、常规专用道公交等,有轨电车的灵活性与经济性略显不足。

有轨电车起源于城市公共马车,为了多载客,人们把马车放在铁轨上。随着电动机的发明和牵引电力网的出现,1881 年世界上第一辆有轨电车在德国柏林诞生。随后,有轨电车在欧洲和北美得到了快速发展。20 世纪初,有轨电车成为了城市交通的主力军。在中国,有轨电车的发展始于 20 世纪初的上海。新中国成立后,有轨电车在中国得到了普及和发展。然而,随着汽车和公交车的普及,有轨电车逐渐被边缘化。

旧式的有轨电车单向运输能力一般在 1 万人次/h 以下,通常采用地面路线,与其他车辆混合运行,受路口红绿灯的限制,运行速度很慢。旧式有轨电车由于运能有限、挤占道路、噪声大等问题,在 20 世纪五六十年代世界上各大城市纷纷拆除有轨电车线路,改建运量大的地铁或轻轨交通。我国的有轨电车在20世纪50年代末已拆得所剩无几，仅大连、长春两城市保留。

目前，经改造后的现代有轨电车技术特性已与轻轨基本无异，只是车辆尺寸稍小一些，大量采用独立路权，运行速度最高可达70 km/h，国内包括沈阳、大连、长春、天津、上海、苏州、南京、青岛、广州、淮安、珠海、武汉、深圳、北京、成都、佛山、红河哈尼族彝族自治州、文山壮族苗族自治州、天水、三亚、嘉兴、昆明、南平、黄石在内的24个城市的有轨电车已投入运营，还有很多城市的现代有轨电车正在建设中。

国内有轨电车中，北京西郊有轨电车属于客流效益良好的成功典范，连接香山公园、国家植物园和颐和园等旅游景点，属于旅游兼顾通勤线路，线路全长8.9 km。该线路是全国首条重联运营的有轨电车——两列车组连接在一起运营，以增大客运输能力匹配大客流需求，如图1.5所示。据相关统计数据，2023年10月28日北京西郊线单日运送乘客达9.9万人次，刷新单日最高客流纪录，10月13日至11月12日香山红叶季期间，累计运送乘客143.29万人次。

图1.5 北京西郊有轨电车

(二) 地铁系统

地铁是城市快速轨道交通的先驱。地铁是指由电力牵引、轮轨导向，轴重相对较重，具有一定规模运量，按运行图行车，车辆编组运行在地下隧道内或根据城市的具体条件运行在地面或高架线路上的快速轨道交通系统。地铁的运能，单向在3万人次/h以上，最高可达6万～8万人次/h。最高速度可达90 km/h，旅行速度可达40 km/h以上，常用4～8辆编组，车辆运行最小间隔可低于1.5 min。

地铁大部分的线路和车站都位于地下，涉及复杂的地下工程，需要考虑安全、防水、通风、照明、振动、施工、安装等诸多因素，隧道的挖掘、车站的建设以及供电系统、信号系统、机电设备等的购置、安装都会产生较高的成本，我国地铁建设费用平均每千米5亿～8亿元，部分一线城市甚至高达10亿元。

地铁虽具有建设成本高、建设周期长的弊端，但优势却很明显。首先，地铁通常采用大运量的车辆编组，单次列车能运送2 000多位乘客，运行间隔高峰时段可缩短至2 min以内，运输能力强，能够满足人口密集的大城市的交通需求；其次，地铁具有可信赖的准时性和速达性，具有专属线路，不受气候、时间和其他交通工具的干扰，不会出现堵塞及延误；最后，地铁可充分利用地下空间，不占用城市宝贵的土地资源。此外，地铁安全性高、污染小，对城市环境基本不造成影响，是现代中心城市选择修建城市轨道交通的首选形式，如图 1.6 所示。

在我国，地铁的规划和审批有着严格的程序，以此保障城市轨道交通发展的可持续性。申报建设地铁的城市一般公共财政预算收入应在 300 亿元以上，地区生产总值在 3 000 亿元以上，市区常住人口在 300 万人以上，拟建地铁线路初期客运强度不低于每日每千米 0.7 万人次，远期客流规模达到单向高峰小时 3 万人次以上。地铁系统与国家干线铁路一样，主要由线网、轨道、车站、车辆、通信信号等设备构成，要求各部门能够有机结合、协同动作，最大限度地完成输送任务，地铁主要参数见表 1.1。

图 1.6　广州地铁 2 号线

地铁编组方式

表 1.1　地铁的主要技术参数

序号	项　　目	技术参数	序号	项　　目	技术参数
1	高峰小时单向运送能力	3 万～7 万人次/h	9	最小曲线半径	250 m
2	列车编组	4～8 节	10	最大坡度	35‰
3	车辆类型	A 型、B 型车	11	站台高度	高站台
4	列车容量	1 000～2 500 人	12	与地面交通隔离率	100%
5	车辆构造速度	80～120 km/h	13	轨距	1 435 mm
6	旅行速度	30～50 km/h	14	安全性	较高
7	站间距	1 000～2 000 m	15	舒适性	较好
8	最大通过能力	30 对/h	16	空气污染、噪声污染	小

拓展课堂

2018 年，国家发展和改革委员会决定终止包头市地铁建设的申请，同时放缓了城市地铁建设的审批速度。国务院办公厅印发《关于进一步加强城市轨道交通规划建设管理的意见》，与原先标准相比，该《意见》对申报地铁建设城市的人口、公共预算收入、政府债务等 12 道“门槛”作了提高，其中地区生产总值要求从原先的 1 000 亿元变成了 3 000 亿元，财政收入从 100 亿元变成了 300 亿元，在投融资方面要求项目总投资中财政资金不低于 40%，严禁以各类债务资金作为项目资本金。这些条件的设定是为了确保地铁建设的可行性和可持续性，保障公共交通系统的质量和安全。

包头地铁被叫停赢得了群众的支持，其问题主要凸显在两个方面：一方面是人口的需求量没有得到合理的评估，包括客流量分析与预测并没有得到足够的重视，而被误评估为需要修建。另一方面，城市轨道交通建设导致地方性债务激增，存在极大的债务风险，造成巨大的财政压力。可见，虽然地铁具有节省土地、减少噪声、减少干扰、节约能源、减少污染、运量大、准时等优点，但规划和建设地铁必须科学化、合理化、规范化。

（三）轻轨系统

轻轨(light rail transit，简称 LRT)是个比较广泛的概念，公共交通国际联会(UITP)关于轻轨运营系统的解释文件中提到：轻轨是一种使用电力牵引，介于标准有轨电车和快运交通系统(包括地铁和城市铁路)，用于城市旅客运输的轨道交通系统。我国的《城市轨道交通工程项目建设标准》中，把每小时单向客流量为 1 万～3 万人次的轨道交通定义为中运量轨道交通，即轻轨，如图 1.7 所示。根据《城市轨道交通术语标准》，轻轨交通的定义是列车沿封闭或者部分封闭线路中运行的中运量城市轨道交通，轻轨交通一般设在地面或高架桥上，也包括在城市中心地区转到地下的部分。

a. 上海轻轨6号线　　b. 长春轻轨4号线

图 1.7　轻轨类型

轻轨是在有轨电车的基础上改造发展起来的城市轨道交通系统，一般采用地面和高架相结合的方法建设，路线可以从市区通往近郊。列车以 3～6 辆编组，采用铰接式车体。由于轻轨采用了线路隔离、自动化信号、调度指挥系统和高新技术车辆等措施及设备，最高速度可达 80 km/h，克服了有轨电车运能低、噪声大等问题。

由于轻轨具有投资较少(每千米造价在 2 亿～3 亿元，约为地铁成本的 1/2)、建设周期较短、运能高、灵活等优点，因此发展很快。目前，无论是发达国家，还是发展中国家，轻轨建设方兴未艾，各国纷纷根据自己的国情，制定相应的轻轨发展战略和模式。

我国许多大中城市，经济基础薄弱是制约交通建设的主要因素，选择经济合理而且符合我国人口众多这一国情的交通模式是当务之急。轻轨交通，既避免了地铁投资昂贵的问题，又具有中运量的特点，特别是其建设标准低于地铁，因而其国产化进程容易推进。因此，对于中等城市，选择轻轨交通作为城市公共交通的主要发展目标是极为适当和势在必行的。申报建设轻轨的城市一般公共预算收入应在 150 亿元以上，地区生产总值在 1 500 亿元以上，市区常住人口在 150 万人以上。拟建轻轨线路初期客运强度不低于每日每千米 0.4 万人次，远期客流规模达到单向高峰小时 1 万人次。

每课一思

地铁和轻轨的区别有哪些?

(四) 单轨系统

单轨交通，是指通过单一轨道梁支撑运行的城市轨道交通系统。单轨通常分为跨座式和悬挂式两种：跨座式是车辆跨坐在轨道梁上方行驶；悬挂式是车辆悬挂在轨道梁下方行驶。单轨交通的最大特点是车体比承载轨道要宽。

单轨的车辆采用橡胶轮，电气牵引，最高速度可达 80 km/h，旅行速度为 30～35 km/h，列车可 4～6 辆编组，单向运送能力为 1 万～2.5 万人次/h。跨座式轨道由预应力混凝土制作而成，车辆运行时走行轮在轨道上平面滚动，导向轮在轨道侧面滚动导向。悬挂式轨道大多由箱形断面钢梁制作而成，车辆运行时走行轮沿轨道走行面滚动，导向轮沿轨道导向面滚动导向。

与轻轨相比，单轨有很多突出的优点。由于单轨客车的走行轮采用特制的橡胶车轮，所以振动和噪声大为减少；两侧装有导向轮和稳定轮，控制列车转弯，运行稳定可靠。高架单轨因轨道梁宽仅 85 cm，不需要很大空间，可适应复杂地形的要求，同时对日照和城市景观影响小。单轨交通占地少、造价低、建设工期短，它的工程建筑费用仅为地铁的 1/3。

我国首条跨座式单轨线路是在有“山城”之称的重庆修建的。重庆轨道交通 2 号线一期工程于 2004 年建成，全线于 2006 年开通，适应重庆市道路坡陡、弯急、路窄的地形特点，同时由于结构轻巧、简洁、易融于山城景色取得了较好的景观效果。我国首条悬挂式单轨商业运营线在湖北武汉光谷开通运营，位于武汉市东湖高新区光谷中央生态大走廊内，是生态大走廊旅游配套基础设施之一，是为打造光谷生态大走廊水道、绿道、空中轨道“三道布局”而规划建设的旅游线路。

跨座式单轨与悬挂式单轨如图 1.8 所示。

a. 重庆单轨2号线　　b. 武汉光谷空轨

图 1.8　单轨类型

每课一查

单轨运行过程中如发生车辆故障,如何组织救援?

(五) 自动导向交通系统

自动导向轨道交通系统(automated guideway transit,简称 AGT)是一个模糊的概念,不同国家和城市对此都有不同的理解,目前还没有统一和严格的定义。广义上认为,AGT 是那些所有现代化新型公共交通方式的总称。狭义上自动导向轨道交通系统则被定义为:由电气牵引,具有特殊导向、操作和转向方式的胶轮车辆以单车或数辆编组运行在专用轨道梁上的中小运量轨道运输系统,如图 1.9 所示。

a. 北京首都国际机场捷运系统　　b. 广州珠江新城 APM 线

图 1.9　自动导向交通系统

在自动导向轨道交通系统中,车辆在线路上可在无人驾驶状态下自动运行,车站将无人管理,完全由中央控制室的计算机集中控制,自动化水平高。自动导向轨道交通系统与单轨交通系统有许多相同之处,但最大的区别在于该系统除有走行轨外,还设有导向轨。自动导向轨道交通系统的导向系统可分为中央导向方式和侧面导向方式,每种方式又可分为单用型和两用型。所谓单用型是指车辆只能在导轨上运行,两用型则指车辆既可在导轨上运行,又可以在一般道路上行驶。

自动导向轨道交通系统最早出现在美国，当初多为一种穿梭式往返运输乘客的短距离交通工具，曾被称为“水平电梯”或称为“空中巴士”“快速交通”。后来日本和法国又做了进一步的技术改造和发展，并使其成为城市中的一种中运量客运交通系统。日本称为自动导向轨道交通系统（意指含有高度自动化新技术的交通系统），以区别于其他各种交通运输工具。法国称为 VAL 系统，名称来源于轻型自动化车辆（vehicle automatique leger）的法文字母字头，也有一种说法是 VAL 一词的来历是线路起始地名字头缩写。

我国内地的自动导向轨道交通系统目前处在起步阶段，天津市于 2007 年在滨海新区开通了全长 7.6 km 的亚洲首条胶轮导轨线路，北京市于 2008 年奥运会前开通了服务于首都机场 T3 航站楼的自动导向轨道交通系统，上海市 2018 年建成运营的首条 APM 轨道交通线（即全自动旅客捷运系统）。我国台湾地区的台北市 1994 年建成、1996 年 3 月投入运营的木栅线（中山中学至木栅动物园），线路全长 10.8 km，其中高架线 10 km、地下线 0.8 km，采用 VAL 制式，属中运量自动导向轨道交通系统。我国香港地区 20 世纪 90 年代后期建设的新机场从登机厅到机场主楼，为接运旅客也建成了一条长约 1 km 采用 VAL 制式的自动导向轨道交通系统。

（六）磁浮系统

磁悬浮交通（magnific levitation for transportation）是一种非轮轨黏着传动，悬浮于地面的交通运输系统，通过电磁力实现列车与轨道的非接触支承、导向和驱动的轨道交通系统。磁悬浮列车是利用常导磁铁或超导磁铁产生的吸力或斥力使车辆浮起，用以上的复合技术产生导向力，用直线电机产生牵引动力，使其成为高速、安全、舒适、节能、环保、维护简单、占地少的新一代交通运输工具。

由于列车是悬浮在轨道上运行，没有传统轮轨接触带来的振动和噪声，运行平稳，乘坐体验非常舒适。同时不存在由于轮轨摩擦及黏着造成的诸如速度极限等影响列车运行的问题，最高时速可超过 500 km/h。除了对环境友好外，磁悬浮交通在能量回收方面也有一定的优势，在列车制动过程中，直线电机可以将列车的动能转化为电能进行回收再利用，提高了能源的利用效率。磁悬浮系统具有局限性，至今无法大面积推广：首先，建设成本高昂，很难实现商业化。其次，技术复杂，轨道和车辆系统的建设和制造都需要高精度的设备和工艺，无法兼容其他轨道交通形式。

我国目前仅有三个城市开通了磁浮列车。上海磁浮列车专线西起上海轨道交通 2 号线的龙阳路站，东至上海浦东国际机场，专线全长 29.863 km，是中德合作开发的世界第一条磁浮商运线。2016 年 5 月 6 日，中国首条具有完全自主知识产权的中低速磁浮商业运营示范线——长沙磁浮快线开通试运营，该线路也是世界上最长的中低速磁浮运营线。北京磁浮示范线已于 2017 年 12 月 30 日正式商业运营，它是北京市建设的一条中低速磁浮轨道线。该线路连接北京城区与门头沟区，西起石厂站，向东至苹果园站，与 6 号线、1 号线相接。

磁悬浮交通系统的类型如图 1.10 所示。

a. 上海高速磁浮系统

b. 长沙中低速磁浮系统

图 1.10 磁悬浮交通系统的类型

(七) 市域快速轨道交通系统

市域快速轨道交通系统，又称市郊铁路，指的是建在城市内部或内外结合部，线路设施与干线铁路基本相同，服务对象以城市公共交通客流，即短途、通勤旅客为主。

城市铁路通常分成城市快速铁路和市郊铁路两部分，如图 1.11 所示。城市快速铁路是指运营在城市中心，包括近郊城市化地区的轨道系统，其线路采用电气化，与地面交通相交时大多采用立体交叉方式。市郊铁路是指建在城市郊区，把市区与郊区，尤其是与远郊联系起来的铁路。市郊铁路一般和干线铁路设有联络线，线路大多建在地面，部分建在地下或高架上。

市郊铁路是城市铁路的主要形式。市郊铁路是伴随着城市规模的扩大、卫星城的建设而发展起来的，通常使用电力牵引和内燃牵引，列车编组多在 4～10 辆，最高速度可达 100～120 km/h，甚至达到 160 km/h，如北京大兴机场线。市郊铁路运能与地铁相同，但由于站距较地铁长，旅行速度超过地铁，可达80 km/h 以上。

a. 北京大兴机场线

b. 广州轨道18号线

图 1.11 市郊铁路类型

截至 2022 年 7 月，我国长三角地区共有市域(郊)铁路线路 20 条，共计运营里程达到 865.91 km，运营车站数超过 200 座。在建的南京轨道 S2 号线、S4 号线，分别从南京连接马鞍山、滁州，加强相邻城市间区域经济的合作与发展。在建的合肥轨道 S1 号线采用市域 B 型列车，线路走向自寿县新桥产业园经新桥国际机场、岗集至合肥西站，对于优化城市空间布局、促进市域融合一体发展、支撑合肥都市圈更高质量一体化发展都意义重大。

课外阅读

截至2024年7月，全国31个省（自治区、直辖市）和新疆生产建设兵团共有54个城市开通运营城市轨道交通线路311条，运营里程10 339.4 km，稳居世界第一，其间实际开行列车350万列次，完成客运量28.7亿人次，进站量17.2亿人次。其中，地铁、轻轨、市域快速轨道等大运量线路共271条，运营里程9 642.1 km，完成客运量28.2亿人次，进站量16.8亿人次；单轨、磁浮等中运量线路共7条，运营里程202.5 km，完成客运量3 847万人次，进站量2 771万人次；有轨电车、自动导向轨道等低运量线路共33条，运营里程494.8 km，完成客运量1 121万人次，进站量1 063万人次。

任务二　国外城市轨道交通发展概况

一、发展历程

（一）萌芽阶段（19世纪初至19世纪中叶）

这一阶段的两大发明为现代城市轨道交通的诞生奠定了一定的技术基础。

一是1775年英国人约翰·乌特兰发明的有轨马车，其是靠马匹牵引车辆、车轮在铁制轨道上滚动行驶的新型交通运输工具，随后法国人埃米尔·卢巴提出将马车轨道嵌入路面，形成实用的交通方式，并于1835年在巴黎修建了第一条嵌入式凹形马车轨道，又于1852年修建了纽约6号街的马车轨道。有轨马车是现代城市轨道交通车辆的雏形，如图1.12所示。

二是1804年2月英国人理查德·特雷维塞克设计制造的蒸汽机车"新城堡号"在圆形轨道上试车后，沿着专门铺设的轨道由默尔瑟开到了阿伯西昂，世界上第一条成功行驶蒸汽机车的轨道由此诞生，也标志着近代轨道运输业的开端，如图1.13所示。

图1.12　有轨马车

图1.13　"新城堡号"蒸汽机车

(二) 初始发展阶段(19 世纪中叶至 20 世纪上半叶)

1843 年,英国人 C. 皮尔逊提出修建地铁的建议。英国伦敦地铁于 1860 年开始修建,1863 年 1 月 19 日投入运营,线路长 6.4 km,用蒸汽机牵引,这是世界上第一条地铁线路。1874 年,英国伦敦又首次采用盾构法施工,于 1890 年 12 月 18 日修建成另一条长约 5.2 km 的地铁线路,并首次采用电力机车牵引,如图 1.14 所示。1904 年,美国纽约地铁巴尔蒙线开通,被誉为“纽约地铁之父”,纽约成为美洲最早建立地铁系统的城市,如图 1.15 所示。1913 年,阿根廷的布宜诺斯艾利斯建成地铁系统,成为拉丁美洲最早建立地铁系统的城市。1927 年,日本东京开通了浅草至涩谷的地下铁道线,成为亚洲最早的地下铁道线。

图 1.14　伦敦地铁开通

图 1.15　纽约地铁开通

该阶段有轨电车在世界范围内迅速发展,第一次世界大战之前,世界上几乎每一个大城市都有有轨电车。1895 年,美国有轨电车运营线路达到 12 100 km。1930 年,法国共有 70 个城市开通了 3 400 km 的运营线路。1920 年,英国有轨电车线路总长达到 5 000 km,有轨电车车辆数量达到 1.44 万辆。不同形式的城市轨道交通如雨后春笋般在世界各国,尤其是欧美各国出现。

(三) 停滞萎缩阶段(20 世纪上半叶至 20 世纪中叶)

在该阶段,第二次世界大战的爆发,城市轨道交通陷入了停滞,部分设施遭到破坏,战后,随着汽车工业的快速发展,灵活、便捷等优势让汽车很快成为城市交通的主导,城市轨道交通因投资大、建设周期长等原因,竞争力逐步减弱,甚至出现萎缩的局面,特别是在地面行驶的有轨电车系统,在这个时期被大量拆除并由汽车取代。

但这一时期仍有一些国家修建了城市轨道交通系统,如 1926 年,澳大利亚悉尼开通了隧道电车;1935 年,苏联莫斯科第一条地铁通车运营。

(四) 重新发展阶段(20 世纪中叶至 20 世纪中下叶)

这一阶段由于汽车过度增加,造成车辆与道路的矛盾日益尖锐,道路交通速度下降甚至趋于瘫痪,尤其是一些大城市,道路拥堵严重影响到居民的出行和生活,加之不断增大的石油资源消耗、不断恶化的空气和噪声污染问题,人们又把解决城市交通问题的注意力放在城市轨道交通上来,许多国家的城市开始兴建城市轨道交通。

一些新型的城市轨道交通形式逐渐涌现。如 1959 年美国加州迪斯尼跨坐式单轨线正式开通，1966 年加拿大蒙特利尔地铁全线采用橡胶轮胎行驶，也是全球首个全面实施胶轮的地铁网络。

（五）高速发展阶段(20 世纪中下叶至今)

伴随着世界各国城市化进程的发展，大城市人口高度集中，城市面积不断扩张，市民出行距离不断增长，这就要求城市轨道交通高速发展，以适应日益增加的客流运输需求，科学技术的进步也为城市轨道交通的高速扩张奠定了良好的发展基础。另外，城市轨道交通本身具有的大运量、高效率、节约城市土地资源等特点，能很好地契合城市的整体规划与发展。

城市轨道交通的发展势头强劲，迅速普及到全世界。1984 年，法国第一条现代化有轨电车线路在南特市建成通车；1984 年，英国在伯明翰建成低速磁力悬浮式城市轨道并投入使用等。

二、国外主要城市轨道交通介绍

（一）伦敦地铁

伦敦地铁是世界上较古老的地铁之一，是世界地铁的发源地，于 1863 年 1 月正式通车，至今已运营 100 多年。最初由于伦敦城市人口急剧增加，车辆繁多，道路拥挤，交通问题日益严重，伦敦市成立了交通委员会并征集解决该问题的方案，一位名叫查尔斯·皮尔森的律师提出了修建“伦敦中央火车站”的设想，但是这个设想涉及大规模的拆迁，被议会否定了；不过议会随后同意由一群承包商提出的要在伦敦修建一条地下道路的提案。不久，这两个提案被结合起来，形成了我们今天所熟悉的地铁的概念：在地下通行的火车。

地铁发展史

伦敦地铁在英文中别称“The Tube”(管子)，名称来源于车辆在像管道一样的圆形隧道里行驶。车辆在市中心地底运行，至郊区在地面运行。伦敦已经建成总长 408 km 的地铁网，其中 160 km 在地底，共有 12 条线路、275 个车站，每日载客量平均高达 304 万人，如图 1.16 所示。

（二）纽约地铁

纽约地铁是世界上营运线路最长的地铁系统，也是世界上兴建较早、效率较高的地铁系统之一。纽约地铁拥有 472 座车站，商业营运路线长度为 394 km，用以营运的轨道长度约为 1 070 km，总铺轨长度达 1 370 km。虽其名为地铁，但约 40%的路轨形式为地面或高架，如图 1.17 所示。纽约地铁是一个 24 h 及全年无休的大众运输系统，特色在于同路线上会有3～4 条轨道，快车行驶于中间轨道，左右两侧留给慢车使用。快车原则上只停转乘站及终点站，慢车每站皆停，在繁忙的上下班高峰时段，快车能够以最快的速度将乘客送达目的地。

纽约地铁还显示了它强大的包容性，纽约地铁是不安静的，甚至是喧闹的，车厢里汇聚了不同肤色、语言和文化背景的人们。此外，站台上和地铁口成为表演者的舞台，在那里经常能看见来自世界各地的杂耍、说唱、涂鸦和其他艺术表演，地铁成了一个多元文化的交织点。

图 1.16　伦敦地铁

图 1.17　纽约地铁

（三）巴黎地铁

巴黎地铁被誉为世界上较好看的地铁之一，是欧洲较古老的地铁系统之一，于 1900 年开始运营。巴黎地铁总长度 215 km，年客流量达 15.06 亿人，有 14 条主线和 2 条支线，合计 303 个车站和 62 个交汇站。

巴黎地铁的车站设计独具特色。许多车站采用了典型的法式建筑风格，如拱形门窗、精致的石膏线条和华丽的吊灯等，使得地铁站本身就成为了一座座小型的艺术殿堂。此外，巴黎地铁的入口设计也非常独特，如著名的“Hector Guimard”设计的艺术风格入口，其铁艺造型和曲线设计都充满了艺术感。每个站点都有自己独特的壁画和雕塑，展现了浓厚的城市文化，如图 1.18 所示。

（四）柏林地铁

柏林地铁于 1902 年通车，继伦敦、布达佩斯、格拉斯哥和巴黎之后，柏林是历史上第 5 个建成地铁的城市。至今路网共有 9 线 173 站，以柏林市区为中心点向外放射，总长度达 332 km（90%轨道位于地底），每年客运量达 4 亿人次，维持高峰时段 2～5 min 一班车、平峰时段 7～12 min 一班车的班距，如图 1.19 所示。

图 1.18　巴黎地铁

图 1.19　柏林地铁

柏林地铁通过与有轨电车、S-Bahn 和区域铁路(或通勤铁路)等交通方式的合理搭配与协调，使整个柏林构建起以中心区为核心、辐射 50 km 半径卫星城的立体交通网络。四种轨道交通体系既有分工又有重叠，看似复杂，实则高效。同时，各色列车穿行于城市之间，也构成了整个城市一道道亮丽的风景线。

(五) 莫斯科地铁

莫斯科地铁，被公认为世界上最漂亮的地铁，按年客流量为全球第四繁忙暨亚洲以外第一繁忙的地铁系统。莫斯科地铁布局与地面的布局一致，呈辐射及环行线路。地铁总共有 12 条线，包括 11 条辐射线和 1 条环行线，全长 312.9 km，有 171 个站台，4 000 列地铁列车在地铁线上运行，有 5 000 多节车厢。地铁每天平均开 8 500 多次列车，担负全市客运量的 45%，每天运送的乘客达 900 多万人次，其主要结构为中心向四周辐射状。最初是为了战备而建，所以大部分线路都建在离地面 50 m 以下。

莫斯科地铁：
最美地铁

莫斯科地铁站的建筑造型各异、华丽典雅。每个车站都由其国内著名建筑师设计，各有其独特风格，建筑格局也各不相同，多用五颜六色的大理石、花岗岩、陶瓷和五彩玻璃镶嵌出各种雕刻和壁画装饰，照明灯具十分别致，好像富丽堂皇的宫殿，享有“地下的艺术殿堂”之美称，如图 1.20 所示。

(六) 首尔地铁

首尔地铁又称韩国首都圈电铁，是服务于韩国首尔及仁川、京畿道、忠清南道、江原特别自治道的城市轨道交通，于 1974 年 8 月正式开通运营。首尔地铁系统有 23 条线路，覆盖了市区及周边的卫星城，几乎可以到达城市的每一个角落。首尔地铁与国铁系统无缝衔接，列车、车厢和收费系统都是统一的。国铁线路与地铁线路采用相同的列车和车厢宽度，并且与地铁无缝换乘，极大地方便了乘客的出行，如图 1.21 所示。

图 1.20　莫斯科地铁

图 1.21　首尔地铁

(七) 东京地铁

东京地铁是服务于日本东京都和东京首都圈的城市轨道交通系统，也是世界上较繁忙的城市轨道交通系统之一，于 1927 年 12 月 30 日正式开通运营，使东京成为亚洲第一个开通地铁的城市，如图 1.21 所示。路网运营线路达到 13 条，总里程 312.6 km、车站 285 座。其中 9 条线路、195.1 km 里程、179 座车站由东京地铁株式会社运营，称为东京地下铁；4 条线路、109 km 里程、106 个车站由东京都交通局运营，称为都营地铁。

东京地铁网络密集，几乎覆盖了整个首都圈，包括神奈川县、埼玉县、千叶县及茨城县等地。每条线路都与环状运行的山手铁路线交会，方便乘客换乘，增加了线路的可选择性，在东京，一般步行 5 min 左右就能找到地铁站，出行非常便捷。企业采用公私并存的运营模式，运营商之间的竞争提升了服务质量和运营绩效。地铁商业的发达程度超乎想象，形成了独特的“地下街商业”。

图 1.22 东京地铁乌丸线

任务三 我国城市轨道交通发展概况

一、发展历程

(一) 起步阶段(19 世纪末至 20 世纪 80 年代)

该阶段，有轨电车线路首先在一些大城市建成通车。同时，地铁的规划与建设，除了实现城市的客运功能之外，更重要的是考虑满足人防战备的需要。这一阶段以 1965 年开始建设的北京地铁和 1970 年开始建设的天津地铁为代表。

(二) 平稳发展阶段(20 世纪 80 年代末至 90 年代中期)

以上海地铁一号线(21 km)、北京地铁复八线(13.6 km)、北京地铁一号线改造、广州地铁一号线(18.5 km)的建设为标志，我国真正以交通为目的的地铁项目开始建设。随着上海、广州地铁项目的建设，大批城市包括沈阳、天津、南京、重庆、武汉、深圳、成都、青岛等开始上报建设轨道交通项目，发展大容量轨道交通方式的理念开始凸显。

（三）调整整顿阶段（1995 年至 1998 年）

地铁建设发展迅猛，许多地方不考虑经济的承受能力和社会发展的需要，城市轨道交通建设带有很大盲目性。针对工程造价很高、轨道交通车辆全部引进、大部分配套设备大量引进、城市地铁每千米造价 1 亿美元左右等问题，1995 年国务院办公厅发布通知，除上海地铁二号线项目外，所有地铁项目一律暂停审批，并要求做好发展规划和国产化工作。这期间近 3 年时间国家没有审批城市轨道交通项目。1997 年底开始，国家计委研究城市轨道设备国产化实施方案，提出深圳地铁一号线（19.5 km）、上海明珠线（24.5 km）、广州地铁二号线（23 km）作为国产化依托项目，于 1998 年批复这 3 个项目立项，轨道交通项目又恢复启动。

（四）蓬勃发展阶段（1999 年至今）

一是随着国家积极财政政策的实施，国家从建设资金上给予有力支持；二是通过技术引进，国际先进制造企业同国内企业合作，实现了城市轨道交通车辆、设备本地化，使城市轨道交通建设造价大大降低。国家先后批准了深圳、上海、广州、重庆、武汉、南京、杭州、成都、哈尔滨等 10 多个城市轨道交通项目开工建设，并投入 40 亿元国债资金予以支持，我国轨道交通建设进入高速发展期。截至 2024 年 7 月，我国共有 54 个城市开通运营城市轨道交通线路 311 条，运营里程 10 339.4 km，而在 20 世纪 80 年代前，我国轨道交通只有北京的 40 km 地铁。图 1.23 为国内部分城市地铁标志。

图 1.23　国内部分城市地铁标志

该阶段，城市轨道交通的建设呈现以下三大发展趋势：

1. 城市轨道交通网络化

目前，我国部分城市的轨道交通建设出现网络化的发展特征。无论是北京，还是上海、天津、广州等城市，已建和在建的城市轨道交通线路总数均达 10 条以上，形成纵横交错、相互沟通连接的网络交通体系，有效覆盖主城区、郊区甚至周边的卫星城市，轨道交通出行便利性大大提高。

2. 城市轨道交通类型多样化

目前,我国的城市轨道交通已不再是单一的地铁形式。不同的城市结合自身的特点和发展的规划,建成了多种制式混合的综合轨道交通。北京、南京建成了市郊铁路;上海、广州建成了全自动旅客捷运系统;大连、长春、武汉建成了轻轨系统;重庆、芜湖建设了跨座式单轨系统;上海开通了常导高速磁浮系统。城市轨道交通供电系统不仅有第三轨供电,而且还有架空线接触网供电形式。城市轨道交通类型呈多元化发展。

3. 城市轨道交通投资多元化

随着城市化进程加速和轨道交通建设的扩张,单纯依赖政府财政的投资模式已难以满足建设需求。传统轨道交通项目多由政府主导,但近年来 PPP(政府与社会资本合作)模式逐步推广。通过特许经营、股权合作等形式,引入专业运营商和金融机构,形成“政府引导+市场运作”的协同机制。例如,深圳地铁引入平安集团等社会资本,实现 4 号线、6 号线等线路的联合开发。除财政拨款外,地方政府通过发行专项债券、资产证券化(ABS)等工具盘活存量资产。如北京地铁以票务收益权为基础发行 ABS 资产证券产品,实现资金快速回笼。

二、我国主要城市轨道交通

(一) 北京轨道交通

北京地铁,是指服务于我国北京市的城市轨道交通系统,也是国际地铁联盟的成员,其首条线路于 1971 年 1 月 15 日开通运营,使北京成为中国首个开通地铁的城市。截至 2025 年 1 月,北京地铁运营线路共有 29 条,在建线路共 8 条,运营里程 879 km,车站 522 座(其中换乘站 99 座),如图 1.24 所示。

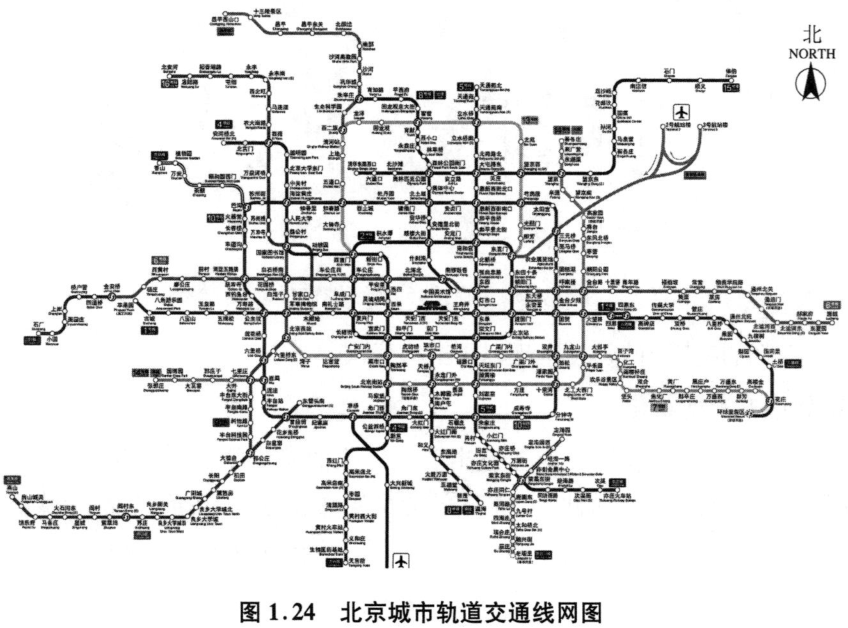

图 1.24 北京城市轨道交通线网图

2024 年，北京轨道交通年客运量为 36.19 亿人次，日均客运量为 991.5 万人次，仅次于上海。北京地铁由多家企业共同运营，其中北京市地铁运营有限公司为主要的运营方，负责运营 17 条线路，包括 1、2、5、6、7、8、9、10、13、15 号线及昌平线、房山线等；北京京港地铁有限公司为公私合营企业，负责运营 4、16、17 号线等；北京市轨道交通运营管理有限公司负责运营 19 号线及大兴机场线等；北京京城地铁有限公司运营首都机场线。

（二）天津轨道交通

天津轨道交通，是指服务于天津市的城市轨道交通系统，其首条线路于 1984 年 12 月 28 日开通运营，使天津市成为中国内地第二座开通城市轨道交通的城市。

截至 2024 年 12 月，天津轨道交通运营线路共 11 条，分别为天津轨道交通 1 号线、2 号线、3 号线、4 号线、5 号线、6 号线、6 号线二期、9 号线、10 号线、11 号线、津静线，运营里程 335 km，车站 204 座，其中换乘站 27 座。2024 年，天津轨道交通年客运量为 6.4 亿人次，日均客运量为 175 万人次，居全国第 14 位。此外天津开发区导轨电车 1 号线，是中国首条投入商业运营的导轨电车线路，于 2007 年 5 月 10 日正式开通运营，全长 7.86 km，采用胶轮导向电车。

（三）上海轨道交通

上海地铁，是指服务于上海市和上海大都市圈的城市轨道交通系统，其首条线路上海地铁 1 号线于 1993 年 5 月 28 日正式运营，使上海成为中国内地第三座、南方地区首座开通城市轨道交通的城市。截至 2024 年 12 月，上海地铁运营线路共 21 条，共设车站 517 座，运营里程共 896 km，在建线路共有 15 条，在建里程共 416.6 km。根据规划，上海市城市轨道交通 2030 年线网总长度约 1 642 km，其中地铁线 1 055 km，市域线 587 km，如图 1.25 所示。2024 年，上海轨道交通年客运量为 37.74 亿人次，日均客运量为 1 034 万人次，居全国第一。

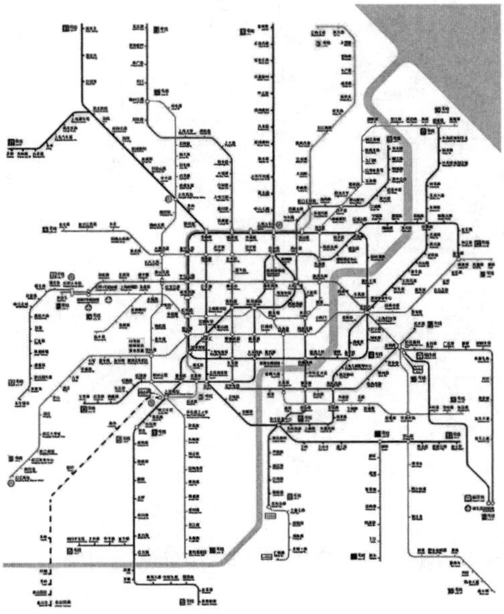

图 1.25　上海城市轨道交通线网图

目前上海地铁共有 5 条全自动运行线路，包括 10 号线、14 号线、15 号线、18 号线和浦江线。这些线路的总运营里程为 167 km。全自动运行线路不仅实现了无人驾驶，还具备多种自动化功能，包括全自动正线运行、自动进/出站、自动开/关门、自动唤醒/休眠、自动诊断故障等，上海的实践已经验证了全自动运行的技术优势，是城市轨道交通技术发展的未来新兴方向。

（四）广州轨道交通

广州地铁，是指服务于广东省广州市和珠江三角洲的城市轨道交通系统，其首条线路广州地铁 1 号线于 1997 年 6 月 28 日开通运营，使广州成为中国内地第四座、华南地区首座开通地铁的城市。

截至 2024 年 12 月 28 日，广州地铁运营线路共 17 条，共设车站 332 座，换乘站 61 座，运营里程 705.1 km，如图 1.26 所示。2024 年，广州轨道交通年客运量为 31.74 亿人次，日均客运量为 869.6 万人次，居全国第三。2021 年底，广州地铁集团正式承接珠三角城际轨道（广州都市圈）建设项目及广东珠三角城际轨道交通有限公司，意味着未来广州都市圈城轨的票价将更便宜，运营将趋向公交化，更加便利，乘客或将得到更细致的服务。

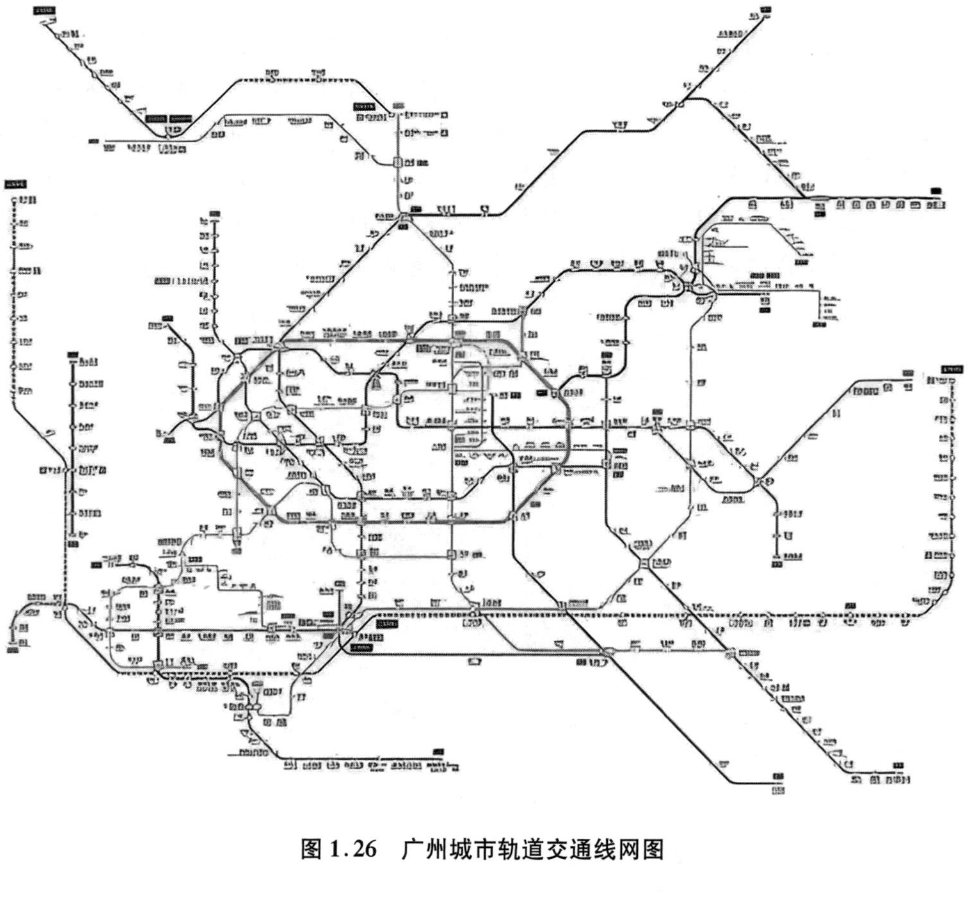

图 1.26　广州城市轨道交通线网图

（五）港铁

港铁全称香港铁路，是香港最大的基于铁路的交通运输系统。截至 2022 年 5 月，港铁运营线路共 10 条，其中包括铁路线路及地铁线路 9 条、机场快线 1 条。港铁运营里程共 245.3 km（包括市区线、机场快线和轻铁线路）；其中，市区线（不含机场快线）共设车站 96 座，运营里程共 201.8 km；机场快线共设车站 5 座（其中 3 座与港铁东涌线共用），运营里程 35.2 km；轻铁线路共设车站 68 座，运营里程共 36.2 km。

港铁系统由香港铁路有限公司（港铁公司）营运，于 2007 年 12 月 2 日由地铁系统及九铁系统合并而成。其中东铁线始建于 1906 年，于 1910 年通车，是连接香港及广东省主要的铁路线；而以隧道为主的第二条路线观塘线则于 1979 年通车，成为香港铁路史的里程碑。

（六）南京轨道交通

南京地铁，是指服务于江苏省南京市及南京都市圈各地区的城市轨道交通，其首条地铁线路于 2005 年 5 月 15 日开通。截至 2024 年 12 月，南京地铁已开通运营线路共有 13 条，包括 1、2、3、4、5、7、10、S1、S3、S6、S7、S8 及 S9 号线，共 234 座车站，线路总长 484 km，构成覆盖南京全市 11 个市辖区及句容市的地铁网络，如图 1.27 所示。到 2035 年南京地铁线网规划共计 27 条线路，总长 1 030 km。其中，城区干线 17 条线路，包括地铁 1 号线至 17 号线；市域快线 10 条线路，包括 S1 号线至 S9 号线，以及暂命名 18 号线的机场快线。

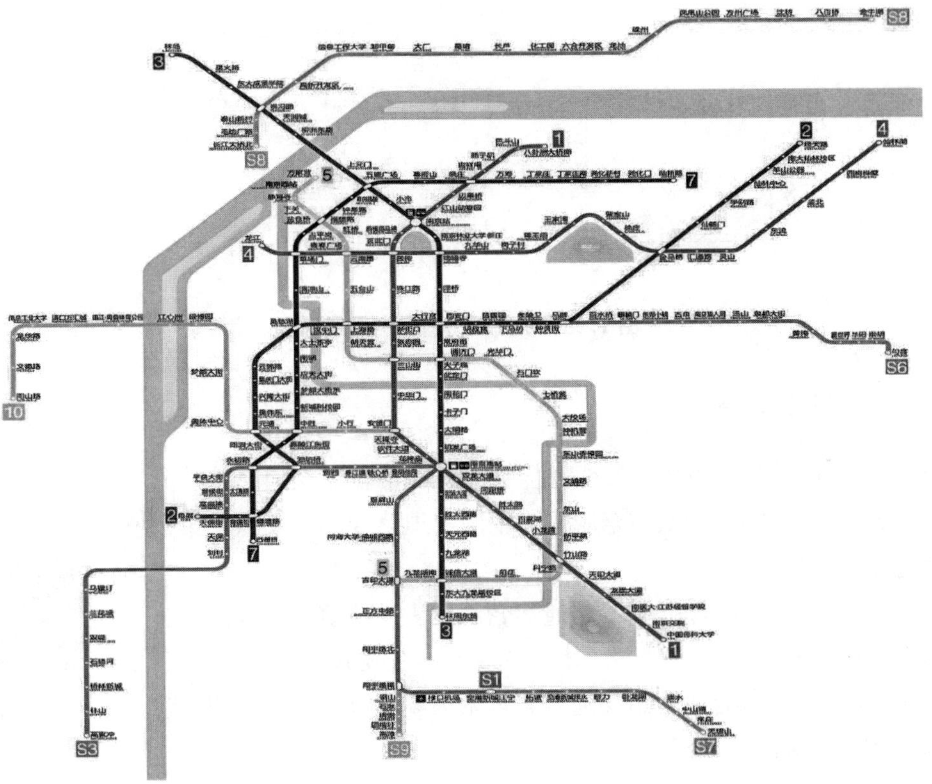

图 1.27　南京城市轨道交通线网图

（七）杭州轨道交通

杭州轨道交通，是指服务于浙江省杭州市及杭州都市圈各地区的城市轨道交通系统，其首条线路杭州地铁1号线于2012年11月24日正式开通，使杭州成为华东地区第四个、浙江省首个开通地铁的城市。截至2025年1月，杭州轨道交通运营线路共13条，分别为杭州地铁1、2、3、4、5、6、7、8、9、10、16、19号线和杭海城际线，共设车站274座，换乘车站46座，运营里程共计约562 km，如图1.28所示。其中1、5号线由杭港地铁有限公司负责运营，杭海城际线由浙江海宁轨道交通运营管理有限公司负责运营，其他线路由杭州地铁有限公司负责运营。

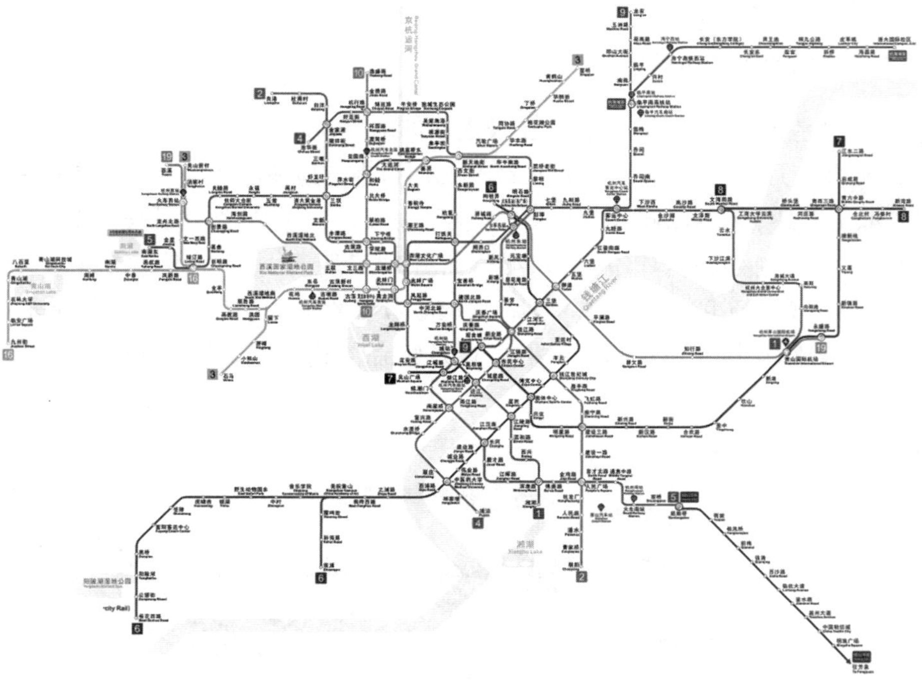

图1.28　杭州城市轨道交通线网图

（八）合肥轨道交通

合肥轨道交通，是指服务于安徽省合肥市的城市轨道交通系统。其第一条线路于2016年12月26日正式开通运营，使合肥成为中国内地第30座、安徽省第一座开通轨道交通的城市。

截至2024年12月，合肥轨道交通运营线路共有6条，包括合肥轨道交通1、2、3、4、5、8号线，运营线路总长约232 km，全线共设171座站点，如图1.29所示。2024年合肥轨道交通年客运量为5.24亿人次，日均客运量为143.6万人次，居全国第17位。

合肥地铁概况

图 1.29　合肥城市轨道交通线网图

每课一查

周边还有哪些城市开通了轨道交通？发展情况怎样？

任务四　城市轨道交通人才培养

一、城市轨道交通专业设置

随着我国城市轨道交通行业的快速发展，相关人才的需求量越来越大，国内诸多本专科院校纷纷开设城市轨道交通类专业。在 2004 年之前，我国高校专业目录中还没有城市轨道类的专业，大专层次的城市轨道交通类专业多由国家原铁道部下属的各铁路职业技术学院、运输学院的相近专业兼办，本科层次的城市轨道交通学院更是不多。为满足当前日益壮大的城市轨道交通运营队伍以及我国快速发展的城市轨道交通业的迫切需要，我国第一所城市轨道交通学院——上海城市轨道交通学院于2004年9月2日立项、2005年1月成立。该校是由上海地铁公司与上海工程技术大学联合创办的；2008年5月，苏州大学与苏州交通建设有限公司组建了苏州大学轨道交通学院。当前，开设城市轨道交通类专业的高职院校越来越多，学生规模不断扩大，产生的社会影响力也在不断扩大。

2024年，教育部对《职业教育专业目录》进行了更新和修订，高等职业教育专科专业涵盖19个专业大类、97个专业类，共计744个专业。其中，城市轨道交通类属于交通运输大类，设有6个专业，分别为城市轨道交通运营管理、城市轨道交通车辆技术、城市轨道交通机电技术、城市轨道交通通信信号技术、城市轨道交通供配电技术、城市轨道交通工程技术。

二、城市轨道交通人才培养要求

（一）运营管理人才要求

1. 培养目标

面向城市轨道交通、铁路、城市客运等企业的各级管理、服务和技术岗位群，培养信念坚定，德、智、体、美、劳全面发展，具有一定的科学文化水平，良好的人文素养、职业道德和创新意识，精益求精的工匠精神，较强的就业能力和可持续发展的能力，掌握本专业知识和技术技能，能够从事行车组织、票务组织、客运服务、车站管理等工作的高素质技术技能人才。

地铁常见岗位介绍

2. 核心课程

城市轨道交通概论、城市轨道交通线路站场、城市轨道交通车站设备运用、城市轨道交通通信与信号、城市轨道交通服务礼仪、城市轨道交通专业英语、城市轨道交通客运组织、城市轨道交通行车组织、城市轨道交通票务管理、城市轨道交通应急处置、城市轨道交通运营安全。

3. 就业岗位

面向地铁和轻轨等城市轨道交通运营企业、铁路运输企业、城市公共交通企业、交通客货运场站，毕业生主要在城市轨道交通安检员、站务员、值班员、值班站长、行车调度员、站长以及铁路售票员、客运员、列车员、列车长、货运员、调车员等岗位工作。

地铁常见岗位介绍

每课一问

同校的学长们毕业的去向有哪些？

（二）车辆技术人才要求

1. 培养目标

面向城市轨道交通及铁路行业，培养德、智、体、美、劳全面发展，掌握一定的专业基础理论知识，具有较强创新精神和实践能力、良好职业适应能力，从事电动列车检修维护、驾驶、装配、车辆调试以及管理等工作，具有可持续发展能力的复合型技术技能型人才。

2. 核心课程

城市轨道交通概论、城市轨道交通车辆构造、城市轨道交通车辆制动、城市轨道交通车辆电气控制、电客车操纵及故障应急处置、城市轨道交通车辆检修、城市轨道交通车辆电机与电器、PLC。

3. 就业岗位

毕业生适合到轨道交通企业或铁路部门，在下列岗位群就业：城市轨道交通电动列车检修、轨道交通车辆制造、电动列车驾驶（含地铁电动列车驾驶、轻轨电动列车驾驶、城际动车组驾驶）等。

（三）机电技术人才要求

1. 培养目标

培养践行社会主义核心价值观，传承技能文明，德、智、体、美、劳全面发展，具有一定的科学文化水平，良好的人文素养、科学素养、数字素养、职业道德、创新意识，爱岗敬业的职业精神，掌握本专业知识和技术技能，具备职业综合素质和行动能力，从事城市轨道交通车站综合机电设备检修、电梯检修、自动售检票系统检修、给排水系统检修、综合监控系统维护工作的高技能人才。

2. 核心课程

城市轨道交通站台门系统检修、城市轨道交通自动售检票系统检修、城市轨道交通电扶梯系统检修、城市轨道交通消防与环控系统检修、城市轨道交通车站机电设备检修、城市轨道交通综合监控系统维护等。

3. 就业岗位

毕业生适合到地铁、铁路及相关的机电类企业，在下列岗位群就业：机电设备的安装、调试、维护与管理，机电设备的售前、售中及售后服务，城市轨道交通门梯安装与维修，城市轨道交通风水电安装与维修，城市轨道交通自动化设备安装与维修等。

（四）通信信号技术人才要求

1. 培养目标

培养掌握地铁专用通信系统、无线传输、信号控制等核心技术及设备的安装、调试、维护能力，具备故障分析与处理技能，具有安全规范意识、团队协作能力及工匠精神，适应轨道交通行业的高标准作业要求，紧跟5G-R通信、全自动运行(FAO)等前沿技术，具备技术升级潜力的高素质技术技能人才。

2．核心课程

城市轨道交通信号基础设备、车站信号自动控制、区间信号自动控制、城市轨道交通通信技术、计算机联锁、微机监测、信号电源与仪表测量、信号工程施工、设备故障综合实训。

3．就业岗位

面向城市轨道交通运营企业、铁路运输企业、铁路信号设备生产企业等，在以下岗位工作：信号工(正线/车载/控制中心)，主要工作内容为日常巡检、故障排查、系统升级(如信号灯、联锁设备)；信号技术工程师，进行CBTC系统优化、新线信号设计方案制定；系统集成工程师，主要进行信号设备研发、系统集成测试等。

(五) 供配电技术人才要求

1．培养目标

面向城市轨道交通领域，培养信念坚定，德、智、体、美、劳全面发展，具有一定的科学文化水平，良好的人文素养、职业道德和创新意识，精益求精的工匠精神，较强的就业能力和可持续发展的能力，掌握本专业知识和技术技能，能够从事接触网运行检修与施工、变配电所运行检修及电气设备试验、电气设备运行与维护等工作，具有可持续发展能力的高素质技术技能人才。

2．核心课程

城市轨道交通概论、供配电技术、安全用电、牵引变电所运行维护、城市轨道交通接触网技术、高电压测试、城市轨道交通继电保护与SCADA技术、城市轨道交通专业英语、牵引供电规程与规则、城市轨道交通全自动运行系统运营与维护。

3．就业岗位

面向地铁和轻轨等城市轨道交通企业、地方铁路企业、拥有供配电系统的大型企业等，主要在城市轨道交通接触网工、变配电所值班员、变电检修工、电力线路工、电气试验工、电气安全员、维修电工等岗位工作。

(六) 工程技术人才

1．培养目标

培养践行社会主义核心价值观，德、智、体、美、劳全面发展，具备一定的科学文化水平，良好的人文素养、科学素养、职业道德和创新意识，同时具备精益求精的工匠精神和强大的就业创业能力及可持续发展的能力，掌握本专业知识和技术技能，胜任城市轨道交通工程勘测、线路设计、施工管理、质量检测、设施养护、安全管理等多项工作的高素质技术技能人才。

2. 核心课程

AutoCAD制图、电工电子技术、工程力学、结构力学、城市轨道交通线路与站场、城市轨道交通工程测量、城市轨道线路设计、轨道与路基施工、桥梁施工与维护、隧道及地下工程施工、轨道线路养护与维修、工程检测与监测、城市轨道交通工程施工组织与概预算等。

3. 就业岗位

面向轨道交通工程管理、施工、检测、维护类企业，如各铁路局、地铁公司、轻轨公司以及中国中铁、中国铁建、中国交建等大中型单位，毕业生可在铁路线路工、桥隧工、巡道工、道口工、探伤工，地铁轨道维修工，建筑企业施工员、资料员、安全员等岗位工作。

自测练习

一、判断题

1. 世界上第一条地铁于1836年诞生在英国伦敦。(　　)

2. 轻轨与地铁的主要区别在于地铁运行于地下专用隧道内，轻轨运行在高架上。(　　)

3. APM系统属于自动导向轨道交通系统之一。(　　)

4. 目前我国地铁通车里程最多的城市是上海。(　　)

5. 芜湖单轨是我国自行设计、施工的第一条跨座式单轨线路。(　　)

6. 地铁列车运行的最高时速一般不超过90 km/h。(　　)

二、填空题

1. 城市轨道交通主要类型是指________和________。

2. 城市轨道交通按照导向方式可以分为________、________和________。

3. 单轨通常分为________和________两种。

4. 国内________、________、________开通了磁悬浮线路。

5. 建设地铁的城市必须满足城区人口数量达到________以上。

6. 城市轨道交通类专业分为________、________、________、________、________、________。

拓展训练

1. 通过查询资料完成表1.2。

表 1.2

地铁标志	城　市	开通时间	运营基本情况

2. 通过调研,了解本校就读城市轨道交通类专业同学的就业情况,制作一份专业就业报告。

项目二　城市轨道交通项目建设认知

学习导读

2008年11月15日15时20分，杭州地铁1号线湘湖站工段施工工地(露天开挖作业)发生地面塌陷事故。造成长约100 m、宽约50 m的正在施工的区域塌陷，施工现场西侧路基下陷达6 m左右，施工挡土墙全部被推垮，自来水管、排污管断裂，大量污水涌出，东侧河水及淤泥向施工塌陷地点溃泻，施工塌陷区域逐渐被泥水淹没。事故造成在此处行驶的11辆汽车下沉陷落，共造成21人死亡、24人受伤。城市轨道交通项目建设过程涉及政府多个部门、设计单位、施工单位、监理单位等众多参与方，需要在规划、设计、施工和监察等各个环节进行高效协调，尤其是施工单位，更需要严格按照作业流程施工，保证工程质量，防止各类事故发生。那么城市轨道交通项目建设的基本程序有哪些？施工是如何开展的？本项目将一一介绍。

学习目标

1. 素养目标

(1) 培养学生团队协作和解决问题的能力。

(2) 培养学生踏实细心的工作意识和安全意识。

2. 知识目标

(1) 掌握城市轨道交通项目建设的基本程序。

(2) 了解城市轨道交通工程建设的基本特征。

(3) 了解各类施工方法的优缺点。

3. 能力目标

(1) 能区分城市轨道交通车站施工方法的类别。

(2) 能描述城市轨道交通项目建设的流程。

(3) 能判断不同施工方法的适用场景。

建议学时

6学时。

任务一　城市轨道交通项目建设基本程序

城市轨道交通项目对于提高城市综合竞争力、缓解交通压力、提升居民出行效率、提高民众生活品质、保护生态环境等都具有重要意义，这类项目建设周期长，从规划设计到建成运营，一般需要数年甚至十几年时间，其间可能会面临政策变化、技术更新、市场波动等各种不确定因素，前期投资规模巨大，从线路规划、征地拆迁，到土建施工、设备采购安装、车辆购置等，都需要巨额资金，后期运营成本也需要地方财政的长期补贴和支持，如果运营效果没有达到预期，甚至出现烂尾工程，那么对政府、对社会将造成无法估量的损失。城市轨道交通项目建设必须严格执行国家基本建设程序，依据《城市轨道交通工程项目规范》《城市轨道交通建设项目管理规范》《城市轨道交通运营管理规定》等技术规范和规定。基本建设工作程序包括以下环节。

一、线网规划

城市轨道交通线网规划是指规划、决策人员对城市轨道交通系统未来各个时期，包括从无到有、从线到网进行分析、预测并提出相应的、科学合理的规划方案与实施计划的全过程。

城市轨道交通线网规划必须与城市总体规划、城市综合交通体系规划、城市公共交通专项规划相协调，与城市的经济发展、环境保护、防灾减灾和人民生活水平相协调，支持以城市公共交通为导向的城市土地开发策略，促进城市和交通的可持续发展。

城市轨道交通线网规划的规划期限一般分为远期规划和远景规划两期。远期规划指这一阶段的规划年限，通常至未来某一具体年份，如2021—2035年。在这一阶段，规划会详细设定城市轨道交通线网的布局、线路数量、总长度、换乘站点等关键要素，以满足未来一段时间内城市发展和居民出行的需求。例如，太原市城市轨道交通2035年远期线网规划共由11条线组成，线网总规模约373.2 km，其中换乘车站36座。线网整体呈棋盘网“十横七纵”形态，契合太原市总体空间布局。分为市区和市域两个功能层次，其中1～6号线为市区线，7、8、R1～R3线为市域线。

远景规划指这一阶段的规划年限通常更长，如2021—2050年或更远的未来。远景规划在远期规划的基础上，进一步展望城市轨道交通线网的长远发展，以适应未来城市扩张和人口增长的趋势。在远景规划中，可能会增加新的线路、扩大线网覆盖范围、提升运输能力等。例如，太原市城市轨道交通2050年远景线网由13条线路组成，总长484.3 km，其中换乘站52座。线网呈“十二横八纵”形态布置，由市区和市域两个层次的网络组成，其中1～6号线为市区线，7～9、R1～R4线为市域线。

线网规划研究的具体内容包括：

（1）城市现状、远景发展规划和综合交通体系的分析。

（2）城市轨道交通线网合理规模分析。

(3) 线网方案与客流分析。

(4) 线网实施性规划(线路敷设形式、车场选址、联络线分布、运营方式等)。

(5) 线网修建顺序规划。

(6) 线网与其他交通方式衔接规划。

二、建设规划

城市轨道交通建设规划是指导城市轨道交通项目有序实施的中长期计划,明确未来5～10年的建设目标、线路布局、时序安排及资源保障,是项目立项和审批的前提条件。

开通环形地铁线路的城市

《城市轨道交通建设规划》依据《城市轨道交通线网规划》进行编制,对近期将要实施建设的项目进行规划研究。该规划在行政层面上需经国家发展改革委会同住房城乡建设部商讨后报国务院审议;在技术层面上需经过具有相应资质的咨询公司,如中国国际工程咨询公司(服务于国家发展改革委)和省住房和城乡建设厅(服务于住房城乡建设部)组织的两次评审。

建设规划要合理选择轨道交通系统制式、敷设方式,科学确定建设规模、项目时序、资金筹措方案,确保建设期和运营期的政府支出规模与财力相匹配,着力提升投资效益。城市轨道交通规划要与国家铁路、城际铁路、枢纽机场等其他交通规划相衔接,通过交通枢纽实现便捷、高效换乘。它要加强节地技术和节地模式创新应用,鼓励探索城市轨道交通地上地下空间综合开发利用,推进建设用地多功能立体开发和复合利用,提高空间利用效率和节约集约用地水平。

三、可行性研究

城市轨道交通项目可行性研究是指在项目投资决策前,对项目在技术上、经济上以及建设上的可行性进行综合分析和科学论证的过程。

可行性研究报告重点分析市场需求、经济评价、社会评价、环境影响等方面。首先,调查城市的人口规模、分布、出行特征等,预测未来的交通需求,分析城市轨道交通项目的客流前景,评估项目在满足市场需求方面的适应性。其次,估算项目的投资成本,包括建设投资、设备购置费、安装工程费等;预测运营成本,包括人员工资、能源消耗等;预测运营收益,包括票务收入、广告收入等;计算投资回收期、内部收益率等经济指标;结合政府资金保障能力,进行敏感性分析和风险分析;然后评估项目对城市发展、环境保护、居民生活等方面的影响,如缓解交通拥堵、推动绿色出行、便利特殊群体出行、带动相关产业发展、优化城市空间布局、提高城市综合竞争力等指标。最后,分析项目施工和运营过程中对生态环境、声环境、水环境、大气环境等的影响,提出相应的环境保护措施和对策,确保项目符合环保要求。

城市轨道交通项目可行性研究阶段还应编制客流预测专题报告,应依据项目具体情况和国家相关法规规定进行地质灾害评估、地震安全性评估、土地预审、安全预评价和抗灾设防专项论证等并形成专题研究报告,作为可行性研究报告的支持性文件。

四、工程勘察设计

城市轨道交通工程勘察是城市轨道交通工程建设中的前期作业环节，涉及对地下、地面及高架等工程的详细勘察，以确保工程设计和施工的安全与质量。具备相应资质的勘察单位需要收集工程设区域的地质、水文、环境等数据，包括地形地貌、工程地质和水文地质资料，以及施工现场及毗邻区域内的建筑物和构筑物、地下管线、桥梁、隧道、道路、轨道交通设施等资料，采用地质调查、钻探、原位测试、室内试验等方法，查明沿线工程地质、水文地质条件，评估岩土工程性质、不良地质现象等，为线路、站场、车辆段等选址及设计提供依据，如图2.1所示。

图 2.1　工程勘察

勘察工作在城市轨道交通项目中具有至关重要的作用。它直接影响到地铁线路的选择、车站和区间的设计，以及施工过程中的安全和效率。准确的勘察数据可以为设计和施工提供科学依据，减少施工中的不确定性和风险。

城市轨道交通工程设计应依次做好总体设计、初步设计和施工图设计工作。对工程复杂的项目，可开展试验段工程，试验段工程应在总体设计指导下进行。

优秀工程勘察设计奖作品赏析

总体设计是初步设计的前期准备和依据，将有利于初步设计工作全面、准确、迅速地展开，对保证初步设计方案的稳定起重要作用。总体设计将明确项目的设计原则、技术标准、建设规模、系统构成等总体方案，组织各专业进行方案设计，协调各专业之间的技术接口和设计要求。

初步设计是轨道交通设计过程中相当重要的一个设计阶段，对总体设计阶段的研究成果进一步深化。应根据总体设计文件，进行各专业的初步设计，确定各分项工程的设计方案及接口条件，提出方案的比较意见，主要设备、材料规格和数量清单，线路、车站、车辆、机电设备等系统的技术参数和结构形式。应编制初步设计概算，对项目的投资进行估算和控制。应组织专家对初步设计文件进行评审，根据评审意见进行修改和完善。

施工图设计是工程实施最重要的一个阶段，工程项目实施的好坏基本由本阶段控制。

该阶段需要绘制各个专业详细的施工图纸以正确指导施工，有效降低施工风险及消除设计责任。线路施工图应确定线路准确平面位置，详细标注曲线要素，如曲线半径、缓和曲线长度及起终点坐标，明确线路坡度、竖曲线要素，标注轨面高程。车站施工图应绘制车站各层平面图，包括站厅、站台、出入口、通道、设备用房等布局，绘制车站主体结构施工图，包括基坑支护、主体结构的配筋图、混凝土强度等级等要求。轨道施工图应绘制轨道结构横断面图，标注道床厚度、轨枕间距、钢轨类型等参数，绘制道岔平面布置图、纵断面图和横断面图。供电施工图应绘制主变电所电气主接线图，明确各电气设备的连接方式和型号规格，绘制牵引变电所及降压变电所电气主接线图、平面布置图和剖面图。信号施工图应绘制信号系统原理框图，明确各信号设备的功能和相互关系，设计信号机、轨道电路、应答器等设备的平面布置图和安装图，此外通风空调、给排水、消防系统等施工图都应详细绘制各自的平面布置图和剖面图，展示设备的安装位置和管线走向，标注设备型号、连接方式及敷设要求。

五、施工

城市轨道交通工程施工是城市轨道交通建设实施的关键阶段，它紧随施工图设计之后，是将设计图纸转化为实际工程的过程，主要包括施工准备、土建工程、轨道工程、供电工程、通信与信号系统安装、机电设备安装、购置车辆及车辆调试等多个环节。施工周期受多种因素影响，包括项目规模、地质条件、周边环境、征地拆迁和管线迁改等，一般的地铁项目周期为5～8年。

城市轨道交通工程施工的要求非常严格，必须确保施工质量和安全。有相应资质的施工单位依据项目特点和要求，编制包含施工目标、任务、方法、进度计划、资源配置等内容的施工组织设计和具体施工方案，在施工过程中，应完善质量管理体系，对材料严格检查，如对进场钢筋、水泥等材料进行检验，对施工作业程序严格把关，加强现场监督，按标准验收工程，根据施工计划核查工程施工进度，加强协调监控。严格遵守国家相关法律法规和行业标准，加强施工管理和监督，确保各项施工活动符合规范要求，如图2.2所示。

图2.2　工程施工

六、试运行

试运行是指在地铁建设工程初验合格并完成系统联调后，按照运营模式进行系统试运转、安全测试等的非载客运行。试运行期间将对地铁各设备系统和整体系统进行可用性、安全性和可靠性考核，对运营作业人员培训、故障模拟和应急演练等情况进行检验，地铁试运行应不少于3个月，在此期间地铁不对外载客运行。

为了保障新线的运营安全，在新线开通投入运营之前，应该保证新配置的各设备与设备之间、系统与系统之间、人员与设备系统之间充分磨合，在磨合的过程中不断发现问题、解决问题，使整个运营系统的稳定性和可控性达到理想状态，因此要通过试运行这一"实战演练"来考察系统的稳定性和可靠性。国内地铁都在工程完工并具备开通基本条件后，由地铁建设单位牵头、运营单位参与，对设备设施进行安全测试和调试的不载客的列车运行活动。

七、试运营

城市轨道交通项目试运行合格后，运营单位应当向市交通行政主管部门提出试运营基本条件的评审申请，由市交通行政主管部门组织有关部门和专家进行试运营基本条件评审，试运营基本条件评审合格并经市交通行政主管部门报市人民政府批准后，可以进行试运营。试运营期间，运营单位应当按照设计标准和技术规范，对设施设备运行情况和运营状况进行安全监测和综合验证。试运营期限不得少于1年。

八、运营

试运营期满，建设单位依法报相关部门组织轨道交通工程竣工验收，验收合格后，方可交付正式运营。运营单位应当在投入正式运营30日前书面告知市交通行政主管部门。

九、项目后评价

城市轨道交通建设项目后评价通过对运营线路建设过程和实际效果的检查总结，评价分析建设项目的预期目的是否达到、主要效益指标是否实现，评价确定规划决策者、管理者和建设者在工作中取得的经验和存在的问题，最后通过及时有效的信息反馈，努力改善建设项目的实施效果，提高规划决策的科学化水平，促进投资活动的规范化，达到提高投资效益的目的。

任务二 城市轨道交通工程施工

一、施工基本特征

(一) 地下管线复杂

城市中地下管线众多,如电力、通信、供水、排水、燃气等管线纵横交错。在车站施工前,需要对这些管线进行详细的调查、探测和迁移或保护处理,否则可能会因施工造成管线破坏,影响城市正常运行,还会延误工期。

(二) 周边建筑物密集

车站常位于城市繁华地段,周边有大量的建筑物。施工过程中的开挖、降水等作业可能会引起地层变形,导致周边建筑物出现沉降、开裂等问题,所以需要采取严格的保护措施和监测手段,确保建筑物安全。

(三) 交通影响大

车站施工往往会占用一定的地面空间,导致周边交通拥堵。特别是在城市中心区域,交通流量大,施工期间需要合理安排交通疏解方案,如设置临时便道、调整交通信号灯、限制车辆通行等,尽量减少对交通的影响。

(四) 防水要求高

车站处于地下,防水至关重要。地下水的渗透可能会影响车站的正常使用,腐蚀结构钢筋,降低结构的耐久性。因此,需要从混凝土结构自防水、施工缝和变形缝防水、防水层设置等多方面采取综合防水措施,保证防水质量。

二、施工方法

城市轨道交通车站以地下车站居多,地面车站和高架车站的施工方法和普通地面建筑施工方法类似,故本任务主要介绍地下车站的常见施工方法。

(一) 明挖法

1. 明挖法概述

明挖法是先将地下车站规划位置的地面挖开,在露天情况下修筑衬砌,然后再覆盖回填的地下工程施工方法。即先从地表向下开挖基坑或堑壕，直至达到设计标高后，自基底由下向上顺序施工，完成地下车站工程主体结构后进行土方回填，最终完成地下工程施工。明挖法适用于埋深较浅的地下车站，地面建筑物少、拆迁少、地表干扰小的地区以及软弱地层，如图 2.3 所示。

图 2.3　明挖法施工

2. 明挖法的优缺点

(1) 优点：施工工艺相对直接，无须复杂的地下作业技术；作业面开阔，可使用大型机械设备进行土方开挖等作业，且能组织多工序平行作业，能有效缩短工期；主体结构的尺寸、位置等容易控制，混凝土浇筑等作业条件好，能更好地保证工程质量，工程成本较低。

(2) 缺点：在城市中施工会占用大量地面空间，导致交通中断或拥堵，对城市交通影响大；施工产生的噪声、粉尘、震动等会对周边居民生活和环境造成较大干扰和污染；需要拆除工程范围内的建筑物、迁移地下管线等，涉及大量的拆迁和协调工作；在恶劣的天气条件下，如暴雨、大风、严寒等，施工会受到限制，影响施工进度和质量。

明挖法

由于明挖法具有的诸多优点，近年来在国内各城市中得到普遍应用，特别是在地铁车站施工中，明挖法是最为普遍的方法之一。如合肥轨道交通 4 号线东方大道站位于东方大道与铜陵北路交叉口，沿铜陵北路靠东侧南北向布置，为地下两层双跨岛式车站，全长 689 m，标准段宽 19.7 m，深度 15～20.9 m，是合肥轨道交通 4 号线最长的明挖车站，采用明挖法施工形成钻孔桩 + 内支撑支护体系。

（二）盖挖法

1. 盖挖法概述

盖挖法是由地面向下开挖至一定深度后，将顶部封闭，其余的下部工程在封闭的顶盖下进行施工的施工方法，如图 2.4 所示。根据施工顺序和方式的不同，盖挖法又可分为盖挖顺作法、盖挖逆作法和盖挖半逆作法。

图 2.4　盖挖法施工

和明挖法明显的区别在于盖挖法一般先施工周边的围护结构和中间桩柱，然后施工顶板，在顶板覆盖下自上而下分层开挖土方并自下而上施工结构内衬，即先盖后挖，仅留土方出口，及时恢复路面，最大限度地减小对地面交通的干扰和影响，适用于客流量较大的城市繁忙路段修建地下车站。如重庆轨道交通 1 号线较场口车站，其换乘联络通道位于和平路公路及人行道下面，埋深 3～4 m，施工时必须保证和平路车辆正常通行，因此采用盖挖法施工。先破除原有和平路路面，利用型钢支架作和平路的临时通道，在钢管桩顶部焊接钢板，安装工字钢主梁和次梁，铺设钢板后进行开挖施工，最后拆除盖挖法型钢支架系统，全面恢复和平路路面。

盖挖法

2．盖挖法的优缺点

（1）优点：能在较短时间内恢复路面交通，减少对地面交通的干扰；施工产生的噪声、粉尘等对周边环境的污染相对较小，同时也能降低施工对周边建筑物和居民生活的影响；节省空间，可利用结构顶板作为施工场地堆放物料；安全性高，先施工的顶板能为后续的土方开挖和结构施工提供一定的支撑和保护。

（2）缺点：施工工序复杂，涉及多个专业和工种的协同作业，施工组织和管理难度大；作业空间相对狭小，大型施工设备的使用受到限制，影响施工效率；结构施工缝和变形缝较多，如顶板与侧墙、侧墙与底板之间的交接处等，防水处理难度大。

（三）暗挖法

1．暗挖法概述

暗挖法是在特定条件下，不挖开地面，全部在地下进行开挖，进行地铁隧道或车站修建的施工方法，如图 2.5、图 2.6 所示。该方法主要依靠地层的自稳能力，以锚杆、喷射混凝土等作为主要支护手段，通过合理的施工工艺和技术措施，在地下逐步完成隧道或车站的开挖、支护和衬砌作业，从而形成满足设计要求的地下空间结构。适用于各种地质条件，尤其是在城市建筑物密集区、交通繁忙地段，无法采用明挖或盖挖法施工时。常见的暗挖法包括新奥法、浅埋暗挖法等。如西安地铁八号线新植物园站，该站紧邻南三环，周边小区林立，与西安植物园近在咫尺，车流量、人流量大。为避免施工开挖对市民生活造成影响，采用 PBA 暗挖法施工。车站为地下二层岛式车站，全长 248.75 m，采用桩(柱)、梁、拱共同构成受力体系，承受施工过程的荷载，逐层向下开挖土体，最终形成初期支护 + 二次衬砌组合而成的永久承载体系。施工时通过设置在路面上的竖井进入地面以下，然后通过横通道进入车站范围进行车站主体的开挖，全程作业均在地下进行。

图 2.5　隧道暗挖

图 2.6　车站暗挖

2. 暗挖法的优缺点

(1) 优点：无须大面积破坏地面，对城市的交通、建筑物、地下管线等影响较小；可以适应各种复杂的地质条件，在软土、砂土等地层中都能实施；可以根据现场情况灵活调整施工方案和施工工艺；能最大限度地保护周边环境和既有设施。

(2) 缺点：施工风险大，容易遇到诸如塌方、涌水等不确定风险因素；施工作业空间狭小，通风、照明、排水等条件相对较差，施工难度较高；施工工序复杂，且需要进行严格的质量检测和安全监测，施工进度较慢；工程造价成本较高。

(四) 盾构法

1. 盾构法概述

盾构法是利用盾构机在地下掘进，一边切削土体，一边在机内拼装管片形成隧道衬砌，同时进行出土和衬砌背后注浆等作业，从而在不破坏地面的情况下，完成隧道施工的方法，如图 2.7 所示。

盾构法的核心设备就是盾构机，如图 2.8 所示。盾构机通常由切口环、支撑环和盾尾三部分组成。在施工过程中，盾构机的刀盘旋转切削前方土体，被切削下来的土渣通过螺旋输送机等设备输送到后方的运输车辆上运出。同时，盾构机依靠千斤顶的推力在隧道内向前推进，每前进一段距离，就在盾尾处拼装预制好的管片，形成隧道的衬砌结构，以支撑周围的土体，防止隧道坍塌。此外，为了减少盾构机推进时的摩擦阻力和控制地层变形，还会向隧

盾构法

道周边注入泥浆或其他介质进行润滑和支护。

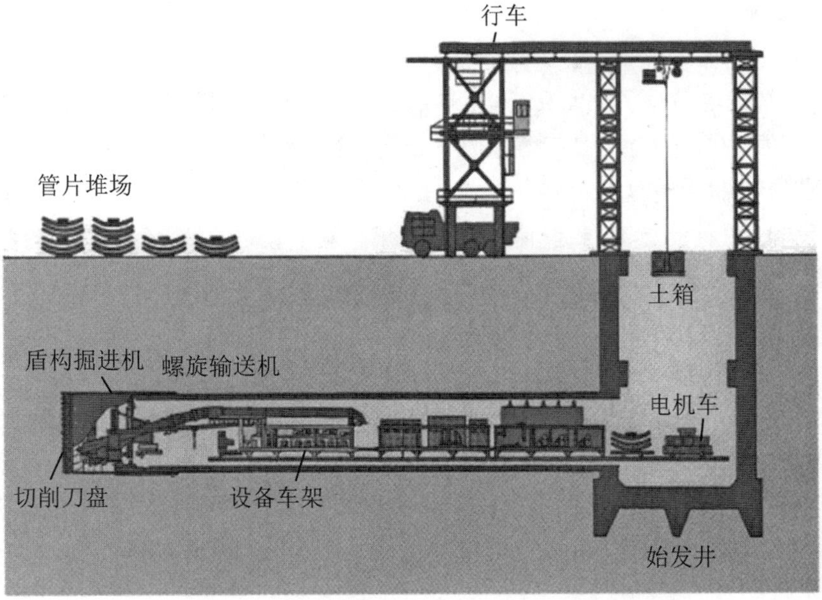

图 2.7　盾构原理

图 2.8　盾构机

2. 盾构法的优缺点

(1) 优点：盾构机可以连续掘进，每天的掘进速度可达数米甚至十多米，施工速度快；施工过程中基本不影响地面交通和周边环境，产生的噪声、震动等污染较小；自动化程度高，能够实时监测和调整施工参数，减少了人工操作的误差；隧道衬砌结构质量稳定，防水性能好。

(2) 缺点：盾构机的购置成本高，且需要配备一系列的配套设备，前期投入大；对于一些特殊的地质情况，如大粒径孤石、复杂的地质断层等，需要其他施工技术辅助；盾构机体积大、重量重，拆除和运输较困难。

课外阅读

1997年，原铁道部斥7亿元巨资，进口两台硬岩掘进机(TBM)，用于西康铁路秦岭隧道工程建设。盾构机是被誉为“工程机械之王”的庞然大物，长达数十米至数百米不等，重达数百吨到数千吨，制造过程中涉及地质、土木、机械、力学、液压、电气、控制、测量等多门学科。由于当时的科技局限，我国使用此类机械只能依赖进口，一台要价动辄数亿元。关键技术受制于人，即便是在使用过程中也没有“话语权”。机器维修时长按分钟计算，费用高昂；保养时中方不能参与，进度无法控制。

2008年4月25日，经过无数科研人员的共同努力，我国首台自主研发的复合式土压平衡盾构机“中国中铁1号”，在位于河南新乡的中国中铁隧道集团盾构产业化基地下线，填补了我国在复合盾构机制造领域的空白。自2009年起，随着我国基建市场的蓬勃发展，盾构机市场发生了惊人的逆转。2009年2月，“中国中铁1号”在天津地铁3号线营口道站顺利始发，打破了“洋盾构”一统天下的局面，也拉开了盾构机国产化、产业化发展的序幕。

目前国产盾构机在国内市场占有率超过90%，并且已经出口到世界30多个国家和地区。

（五）钻爆法

1. 钻爆法的概述

钻爆法是通过钻孔、装药、爆破开挖岩石的隧道施工方法。钻爆法一直是地下建筑物岩石开挖的主要施工方法。这种方法对岩层地质条件适应性强、开挖成本低，尤其适合岩石坚硬的洞室施工。使用钻爆法进行隧道开挖作业，是在开挖处先钻出一个洞，把炸药埋入其中，然后引爆。由于炸药位于洞中，力量不易散失，所以能够发挥炸药完全的力道，炸碎大量的岩石，使工程快速进行，施工进度较容易掌握。如深圳地铁9号线，在其建设过程中部分地下车站和区间隧道也运用了钻爆法。在遇到坚硬花岗岩地层时，利用钻爆法能够有效地破碎岩石，为车站和隧道的施工创造条件。施工人员精确设计炮孔的位置、数量和装药量，以控制爆破效果，减少对周边地层和建筑物的影响，同时确保施工安全和进度。

2. 钻爆法的优缺点

(1) 优点：对地质条件的适应性强，几乎能适应各种岩石地层；开挖成本相对较低，特别是在坚硬岩石中，比其他一些开挖方法更经济；施工技术成熟，施工工艺和设备相对简单，容易掌握和操作。

(2) 缺点：爆破作业会对周边围岩和环境产生一定的扰动和破坏，可能导致围岩松动、裂缝扩展；施工过程中产生的噪声、粉尘和震动等对环境和人员有一定影响；爆破施工安全风险较高，需要严格遵守爆破安全规程，加强安全管理；施工速度相对较慢，尤其是复杂地质条件会影响施工进度。

三、施工管理

（一）合同管理

1. 招投标管理

对于通过招投标确定承包方的项目，要严格遵循招投标程序，审查投标单位的资质、业绩、信誉等，确保投标文件符合要求，开标、评标、定标过程公正、公平、公开，依法签订合同，防止围标、串标等违法行为。

2. 合同履行管理（施工准备阶段）

检查双方是否按照合同约定完成施工准备工作，如发包方是否按时提供施工场地、施工图纸，是否完成三通一平；承包方是否按要求组建项目管理团队，施工人员、机械设备是否按时进场等。

3. 合同履行管理（施工过程阶段）

监督双方履行合同义务，发包方按合同约定支付工程进度款，协调周边关系；承包方按施工图纸、技术标准和规范组织施工，确保工程质量、进度、安全，按时提交工程进度报告、质量检验报告等资料，严格控制工程变更，履行通知义务。

4. 合同履行管理（工程验收阶段）

工程完工后，按合同约定的验收标准和程序组织竣工验收，承包方提交完整的竣工资料，发包方及时组织验收，对验收中提出的问题，承包方负责整改，直至工程质量合格，双方办理工程移交手续。

5. 合同争议处理

明确争议解决方式，如协商、调解、仲裁或诉讼。发生争议时，首先尝试通过友好协商或第三方调解解决；协商或调解不成，根据合同约定的仲裁条款或诉讼管辖条款，通过仲裁机构或法院解决争议，在争议处理过程中，收集、整理相关证据，维护自身合法权益。

6. 合同违约处理

对合同双方的违约行为进行认定和处理，依据合同约定和法律规定，确定违约方的责任，要求违约方承担继续履行、采取补救措施、赔偿损失等违约责任，如承包方未按合同约定的工期完工，应承担逾期竣工的违约金；发包方未按时支付工程款，应承担支付利息等责任。

（二）质量管理

1. 质量目标管理

根据项目的特点和要求，制定明确、具体、可衡量的质量目标，如工程的合格率、优良率等指标，以及各分部分项工程的具体质量标准。

2. 施工前期质量管理

审查施工队伍的资质和人员资格，确保施工人员具备相应的专业技能和经验。对进入施工现场的原材料、构配件进行严格的质量检验，检查产品合格证、质量检验报告等质量证明文件，按规定进行见证取样和送检。据施工组织设计的要求，配备合适的施工机械设备，并确保其性能良好、运行可靠。

3．工序质量管理

对施工过程中的每一道工序进行质量控制，严格执行施工工艺标准和操作规程，确保工序质量符合要求。在每道工序完成后，进行自检、互检和专检，合格后方可进入下一道工序。

4．质量验收管理

定期进行质量检查，包括日常检查、定期检查和专项检查等，对发现的质量问题及时下达整改通知，要求责任单位限期整改。按照施工质量验收规范和标准，对分部分项工程进行质量验收，验收合格后方可进行下一道工序或分部工程的施工。

5．质量管理处理

对施工过程中出现的质量问题，及时进行调查和分析，确定问题的性质和严重程度，制定相应的处理方案，对质量问题进行处理。处理完成后，进行复查和验收，确保质量问题得到彻底解决。

（三）安全管理

1．建立安全管理制度

建立一套完善的安全管理制度，涵盖安全生产责任制、安全教育培训制度、安全检查制度、安全事故应急预案等，明确各级人员的安全职责和工作流程。

2．组织安全教育培训

定期组织施工人员进行安全培训，不断更新安全知识和技能，提高施工人员的安全意识和自我保护能力，培训内容可包括新技术、新工艺的安全要求，以及典型安全事故案例分析等。

3．开展安全技术交底

在施工前，技术人员应将安全技术措施和安全注意事项向施工人员进行详细的交底，使施工人员了解施工过程中的危险因素和防范措施，确保施工安全。

4．执行现场安全防护

在施工现场设置必要的安全防护设施，如安全帽、安全带、安全网等“三宝”，楼梯口、电梯井口、预留洞口、通道口等“四口”和基坑、临边、高处作业等危险部位的防护设施，确保施工人员的作业安全。

5．落实安全检查工作

定期组织安全检查，包括日常检查、定期检查、专项检查和季节性检查等，对检查中发现的安全隐患，要下达隐患整改通知书，明确整改责任人、整改措施和整改期限，督促责任单位及时整改。对重大安全隐患，要实行挂牌督办，确保隐患整改到位。

自测练习

一、判断题

1. 施工前，具备相应资质的勘察单位需要收集地铁建设区域的地质、水文、环境等数据。（　）

2. 试运营期间，运营单位应当按照设计标准和技术规范，对设施设备运行情况和运营状况进行安全监测和综合验证。（　）

3. 明挖法适用于埋深较深的地下车站，地面建筑物多、地表干扰小的地区以及软弱地层。（　）

4. 暗挖法只能用于修建地铁隧道，无法用于修建地下车站。（　）

5. 盾构机通常由切口环、支撑环和盾尾三部分组成。（　）

6. 钻爆法对地质条件的适应性强，几乎能适应各种岩石地层。（　）

二、不定项选择题

1. 城市轨道交通线网规划的规划期限一般分为（　）。

A. 近期规划　B. 中期规划　C. 远期规划　D. 远景规划

2. 可行性研究报告重点分析（　）等方面。

A. 市场需求　B. 经济评价　C. 社会评价　D. 环境影响

3. 地铁试运行应不少于（　），在此期间地铁不对外载客运行。

A. 一个月　B. 三个月　C. 六个月　D. 一年

4. 城市中地下管线众多，如（　）等管线纵横交错。

A. 电力　B. 通信　C. 排水　D. 燃气

5. 暗挖法的特点包括（　）。

A. 对地面交通影响小　B. 适用于各种地质

C. 工艺简单　D. 施工风险较大

6. 盾构法的优点不包括（　）。

A. 不影响地面交通　B. 自动化程度高

C. 设备购置成本高　D. 施工精度高

拓展训练

1. 判断图 2.9 中的施工方法，并通过搜集资料，说明其具体的施工工艺和流程。

图 2.9　施工方法示例

2. 结合当地的城市轨道交通项目，了解招投标的基本流程，并学习制作一份简易的标书。

项目三　城市轨道交通线路与站场认知

学习导读

北京地铁12号线东坝车辆段位于朝阳东坝地区，占地面积65.34 ha^2，建筑面积5.525×10^5 m^2，是迄今为止亚洲最大的车辆段工程。它用于地铁车辆的停放和整备，地铁12号线列车自西向东驶入车库，地铁3号线列车则自东向西驶入车库，还设置了综合楼、食宿楼、物资总库、备品备件库、材料棚、工程车库等16个单体工程，以满足车辆段的运营管理、物资存储、人员生活等需求。城市轨道交通线路有哪些类型？线路结构有哪些特点？站场有哪些功能？本项目将详细介绍。

学习目标

1. 素养目标

(1) 培养学生的逻辑分析和推理能力。

(2) 培养学生的服务意识，提升社会责任感。

2. 知识目标

(1) 掌握城市轨道交通线路的种类及特点。

(2) 掌握城市轨道交通车站的功能及构成。

(3) 掌握轨道的结构组成及道岔的类型。

3. 能力目标

(1) 能描述不同种类线路的作用。

(2) 能识别城市轨道交通车站的类型。

(3) 能绘制单开道岔的结构示意图。

(4) 能区分车辆段中不同的检修设备。

建议学时

8学时。

任务一　城市轨道交通线路

一、城市轨道交通线路分类

城市轨道交通线路按其在运营组织体系中的地位和作用，可分为正线、配线和基地线。

（一）正线

正线是指主要供载客列车运行的线路，包括区间正线（含支线）、车站正线。我国的城市轨道交通正线大多为全封闭线路，按双线设计，采用右侧行车制。通常规定，以由南向北运行为上行，由北向南运行为下行；以由西向东运行为上行，由东向西运行为下行；以外环（逆时针方向）为上行，内环（顺时针方向）为下行。

（二）配线

配线又被称为辅助线，是为列车提供折返、停放、检查、转线及出入段作业的线路。它包括折返线、停车线、渡线、车辆段（场）出入线、联络线等。

1. 折返线

城市轨道交通线路中，全线各区段客流分布一般不均匀，通常需要列车根据行车交路的要求，在端点站、中间车站等位置改变列车运行方向。因此，在这些车站需要设置折返线，如图3.1、图3.2、图3.3所示。折返线是供列车改变运行进路或方向的线路，除此之外，折返线还可以起到临时停放列车的作用。

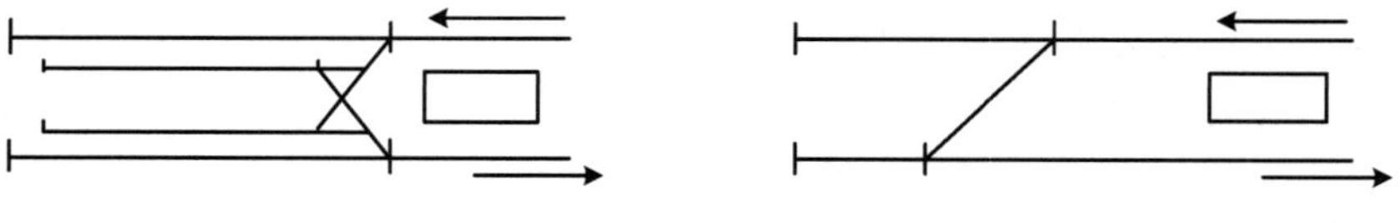

图3.1　站后折返

图3.2　站前折返

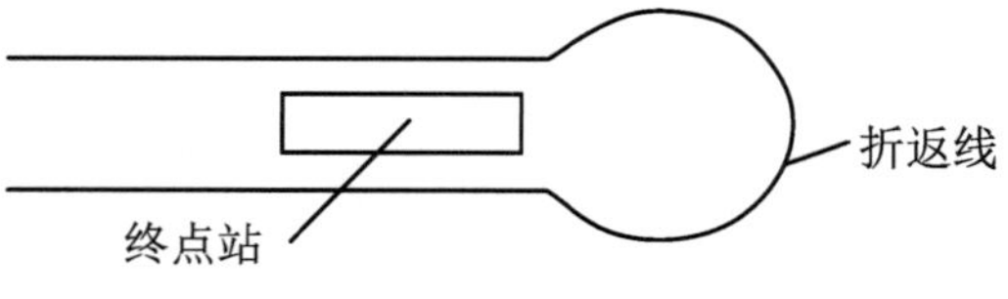

图3.3　尽端环线折返

2. 渡线

渡线是指在上下行正线之间(或其他平行线路之间)设置的连接线,可以通过一组联动道岔达到转线的目的,可分为单渡线、交叉渡线,如图 3.4 所示。设置渡线的目的主要包括:在线路上设置邻近折返点,方便列车在非正常运营时的调度组织,方便夜间工程车和检修车等的转线作业。

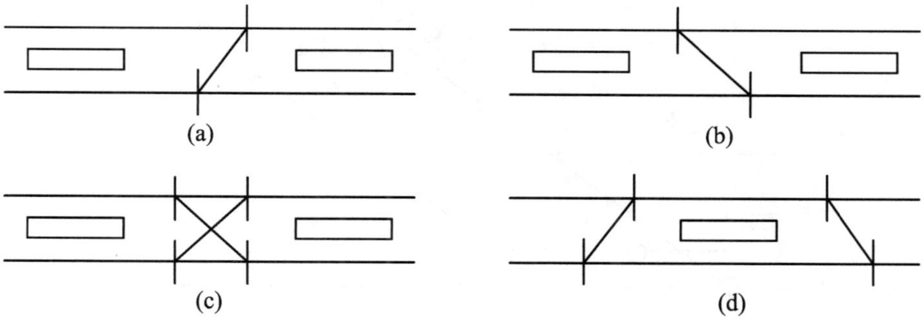

图 3.4　几种常见的渡线布置形式

3. 停车线

停车线一般设置在终点站或线路中间站,供列车停放使用。停车线的设置目的包括:均衡全线收发车时间,供列车使用(需配备临时检修设施设备);备用车临时停放;在快慢车组合运营线路上,为满足快车越行,供慢车临时避让使用;在非正常情况下,可使故障列车及时退出正线运营,供故障列车临时停放使用。

4. 车辆段出入线

车辆段(场)出入线是车辆段与运营正线之间的连接线。车辆段(场)出入线可以设计为单线或双线,平交或者立体交叉线路。车辆段(场)出入线应尽量与正线在车站接轨。

5. 联络线

联络线分为路网联络线和国铁联络线,设置联络线的目的包括:为列车转线提供通道,满足路网车辆资源共享的需要;供检修车或工程车转线使用;两线间的联络线可实现不同线路的跨线运营需要;同线联络线主要用于车辆及其他大型设备的运输,必要时也可作为车辆转线之用;在紧急情况下,还可以作为救援通道使用。联络线如图 3.5 所示。

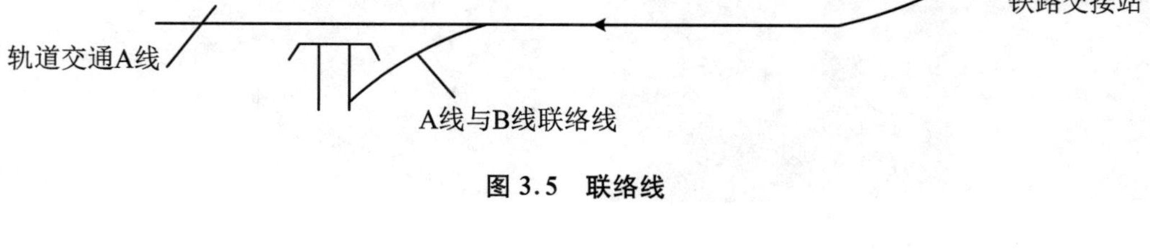

图 3.5　联络线

6．安全线

安全线是列车运行的隔开设备之一，其他隔开设备还包括脱轨器、脱轨道岔等。设置安全线的目的是防止在车辆段（场）出入线、折返线、停车线和岔线（支线）上，行驶的列车未经允许进入正线与其他正线列车发生冲突，从而保证列车安全运行。安全线如图 3.6 所示。

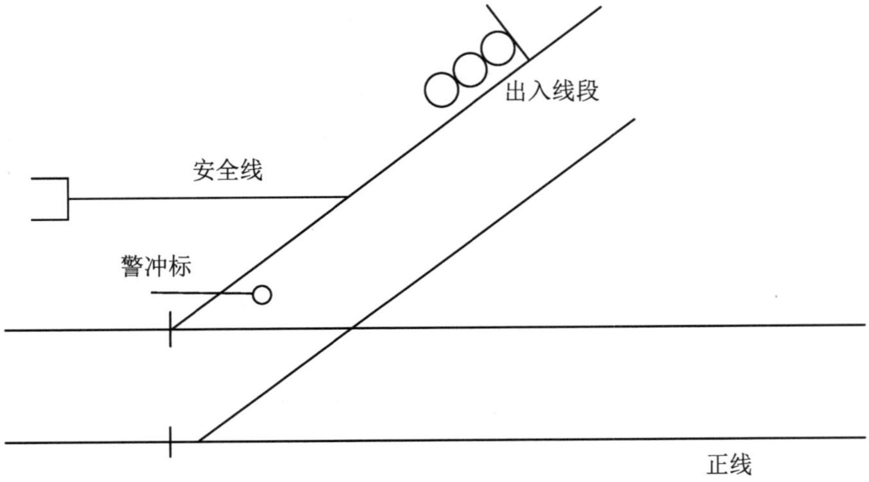

图 3.6　安全线

（三）基地线

基地线是指服务于车辆基地（车辆段或停车场）的轨道线路系统，虽然不直接运送乘客，却是保障列车安全、高效运营的“后勤生命线”。

1．停车线

停车线是专供列车停放的线路，车辆结束正线运营后在此停放，如图 3.7 所示。

2．检修线

检修线是设置在车辆检修库内专门用于检修列车的线路，设有地沟，配有架车设备、检修设备，如图 3.8 所示。

图 3.7　停车线

图 3.8　检修线

3．试验线

试验线是设置在车辆基地用于对检修完毕的列车进行动态调试、性能检测的线路，如图3.9所示。试验线的各组成设备与正线保持一致。为达到必要的运行速度，试验线需要有一定长度标准和平、纵断面特点。

4．牵出线

牵出线是设在站场一端，用于临时牵出车辆，完成车辆摘挂、编组、转线等调车活动的专用线路。

列车清洗

5．洗车线

洗车线是专门用于清洗车辆的作业线，包括室内洗车线与室外洗车线两种，如图3.10所示。

图3.9　试验线

图3.10　洗车线

二、城市轨道交通线路的组成

城市轨道交通线路通常由下部基础、上部建筑以及供电系统等其他附属设施组成，涉及轨道、通信、信号、供电等多个专业子系统，各个子系统相互关联、相互配合，共同完成列车的运行和运输乘客的任务。

下部基础部分包括路基、桥梁和隧道。路基是轨道的基础，直接承受上部轨道重量和列车传来的压力，必须具有足够的强度、稳定性和耐久性。在地面线路中，路基是轨道铺设的基础，一般采用普通铁路路基形式；在地下线路和高架线路中，也有相应的基础结构来承载轨道和列车荷载。桥梁除了具有跨越障碍物的功能外，还能实现立体交通。城市轨道交通的桥梁具有长且平、窄、要求高的特点。隧道的主要作用是将城市轨道交通线路修建在地下，实现与其他交通方式的立体交叉，减少对地面空间的占用和对城市交通的影响。

上部建筑，即轨道是城市轨道交通线路的重要组成部分，它主要由钢轨、轨枕、连接零件、道床、道岔及其他附属设备组成。这些部分共同协作，引导列车行驶方向，直接承受由车轮传来的巨大压力，并将之传递、扩散到路基或桥梁建筑物上（图3.11）。

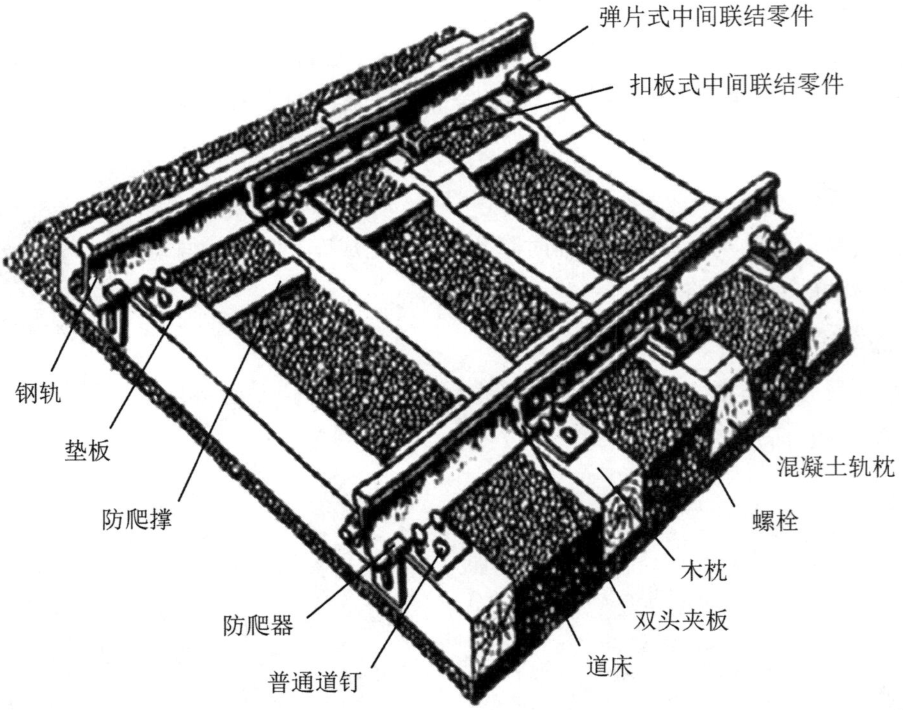

图 3.11　轨道的基本组成

(一) 钢轨

钢轨是轨道结构的重要组成部分,为了使钢轨具有良好的抗弯性能,其断面形状采用"工"字型,由轨头、轨腰、轨底组成,如图 3.12 所示。钢轨的类型是以每米长的钢轨质量(kg/m)表示,国内通常使用的钢轨有 75 kg/m、60 kg/m、50 kg/m、43 kg/m 和 38 kg/m。

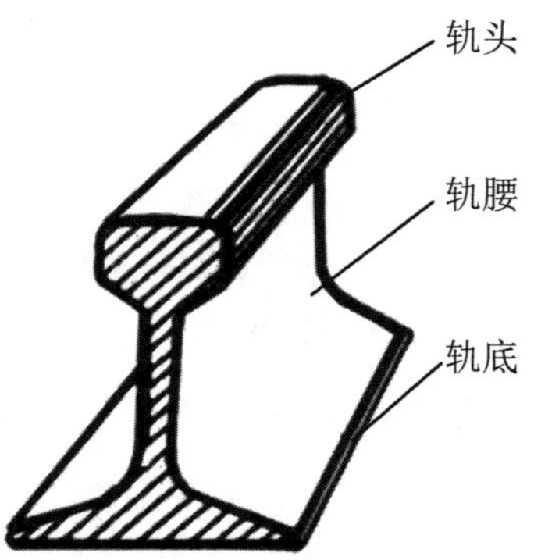

图 3.12　钢轨断面示意图

我国对于城市轨道交通钢轨的选择还未制定相应标准,均参照国铁钢轨选型标准。《地铁设计规范》规定:城市轨道交通正线及辅助线钢轨应依据近、远期客流量,并经技术经济综合比较确定,宜采用 60 kg/m 钢轨,也可采用 50 kg/m 钢轨。在城市轨道交通车辆段或停车场中,车场线一般采用 50 kg/m 钢轨,如图 3.13 所示。

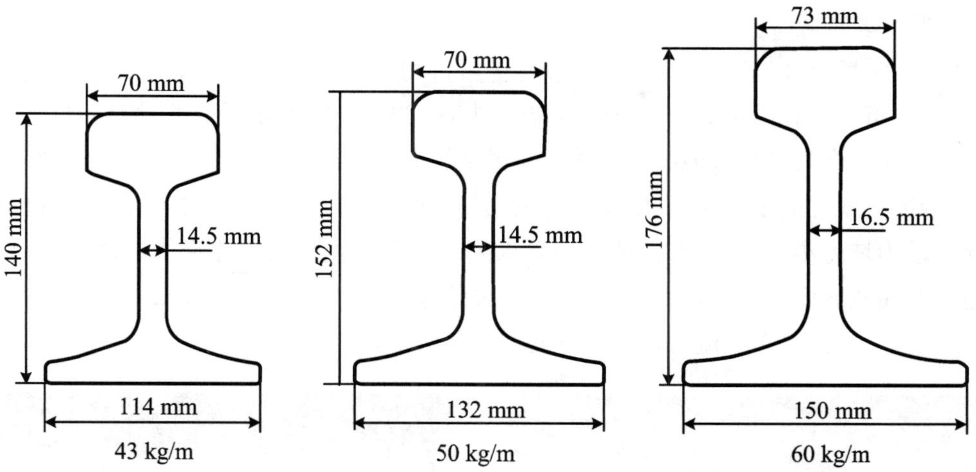

图 3.13　钢轨类型示意图

我国按单根钢轨的长度,将钢轨分为 12.5 m 和 25.0 m 两种,特重型、重型轨采用 25.0 m 的标准长度钢轨,其他类型轨道可采用 12.5 m、25.0 m 标准长度钢轨。城市轨道交通一般采用 25 m 长度钢轨;在曲线地段,曲线内股使用厂制标准缩短轨,与 25 m 钢轨对应的缩短轨有 3 种:24.96 m、24.92 m、24.84 m。

由于钢轨直接承受列车动荷载和车轮的磨耗,因此钢轨应有足够的承载能力,包括抗弯强度、韧性、耐磨性及耐腐蚀性。选择钢轨类型时还应着重考虑以下因素:

(1) 地铁隧道空气潮湿,钢轨及零配件易发生锈蚀,故应采用耐腐蚀钢轨或较重一级的钢轨。

(2) 地铁线路小曲线半径较多,曲线钢轨的磨耗较为严重,因此应考虑钢轨的耐磨寿命,选用耐磨钢轨。

(3) 钢轨是地铁电力牵引系统的负回流电路,应具备较大的断面,以减小阻抗,减小迷流,降低能耗和运营成本。

钢轨更换作业

(二) 轨枕

轨枕用于承受来自钢轨的各个方向的压力,并将该压力弹性地传布给道床,从而达到有效地保证轨道几何形位的目的。因此,轨枕应满足的基本要求是:具有足够的坚固性、弹性和耐久性;另外,还必须满足便于固定钢轨、有抵抗钢轨发生横向和纵向移位的能力的要求。轨枕按照其材料可分为木质轨枕、混凝土轨枕。

1. 木质轨枕

轨道交通系统中,最早使用的轨枕就是木质轨枕,如图 3.14 所示。其优点在于:弹性好,可有效地缓和车轮的冲击作用;加工容易,运输方便,便于铺设、养护和维修;易于与钢轨进行连接;绝缘性能好等。其缺点在于:要消耗大量的优质木材,材质本身价格较贵,使用成本较高;磨损速度快,容易被腐蚀,因此其使用寿命较短。因寿命短、维护成本高等问题,木枕正被混凝土枕逐步替代,但在部分特定场景中仍有应用价值,如部分城市轨道交通车辆段或停车场、部分道岔过渡区等。

2. 混凝土轨枕

相比于木质轨枕,混凝土轨枕的优点在于:材料源较多,外形尺寸易于保证,轨道的弹性均匀,因此,可以提高列车运行轨道的稳定性;其次,混凝土轨枕不受气候、腐朽、虫蛀及火灾的影响,使用寿命长;另外,混凝土轨枕能够提供较高的道床阻力,增加无缝线路的横向稳定性能。混凝土轨枕的缺点在于:轨枕自身质量重、刚度大;与木枕线路相比其轨底挠度较平顺,轨道动力坡度小;对轨下部件的弹性要求高。混凝土轨枕在高速正线区段、隧道桥梁区段、道岔及曲线区段都具有良好的适用性,通过预应力技术、减振垫层复合材料等应用,已成为城市轨道交通的绝对主流轨枕类型,如图 3.15 所示。

图 3.14 木质轨枕

图 3.15 混凝土轨枕

(三)连接零件

连接零件分为两种:一种用于两根钢轨间的连接,称为接头连接零件;另一种用于钢轨与轨枕间的连接,称为中间连接零件或轨枕扣件。连接零件的功用在于:有效地保证钢轨与钢轨可靠连接,尽可能地保持钢轨的连续性与整体性;阻止钢轨相对于轨枕发生横向移动和纵向移动,确保钢轨间距不发生改变;在机车车辆的动力作用下,充分发挥缓冲减震性能,延缓线路残余变形的积累。

1. 接头连接零件

钢轨接头连接零件是由鱼尾板、螺栓、弹簧垫圈等构成的。图 3.16 为钢轨接头零件示意图。其作用是:在接头处将两根钢轨有效地连接起来,使钢轨接头与钢轨保持同样的整体性,用以抵抗钢轨的弯曲和位移。

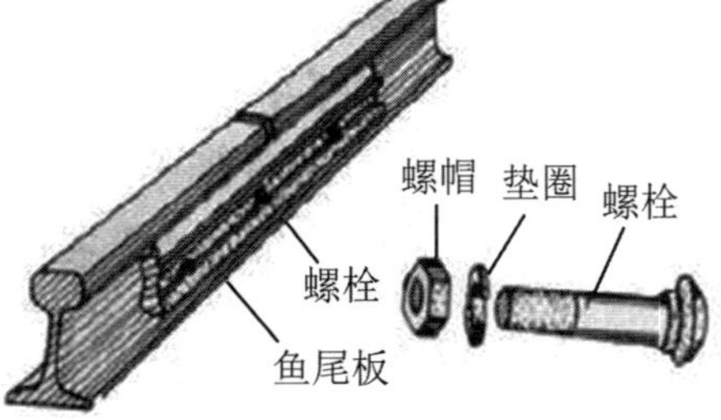

图 3.16 钢轨接头零件

2. 中间连接零件

钢轨与轨枕间的连接是通过中间连接零件实现的。中间连接零件亦称扣件，是钢轨与轨下基础之间的重要连接零件，是保证轨道稳定的重要部分，它由钢轨扣压件和轨下垫层两部分组成。钢轨扣件的作用是保持钢轨的正确位置，防止钢轨纵横向位移，提供一定的轨道弹性，并将钢轨所受的力传递给轨下基础。

(1) 木枕扣件。木枕扣件主要包括道钉和垫板。其连接方式是先用道钉将垫板与木枕扣紧，再另用道钉将钢轨、垫板与木枕钉连在一起，如图 3.17 所示。在钢轨与木枕面之间置有垫板，其目的在于增加木枕与轨底的接触面积，使木枕经久耐用。

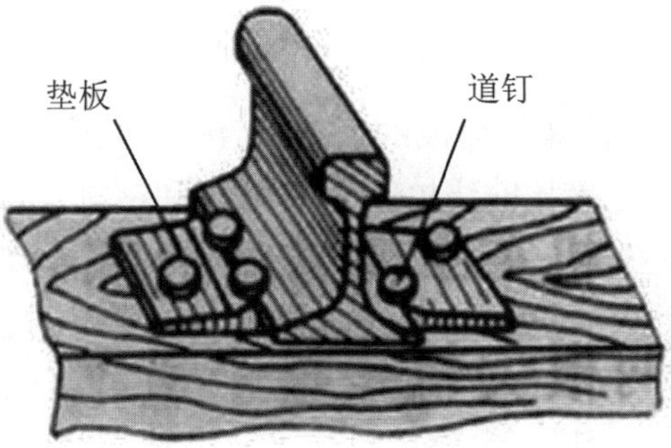

图 3.17　木枕扣件

(2) 混凝土扣件。混凝土枕扣件按其结构分为扣板式、拱形弹片式和 ω 形弹条式三种，其中扣板式扣件属于刚性扣件，其弹性不足，扣压力较低，在使用过程中容易松动，如图 3.18 所示；拱形弹片式扣件虽然属于弹性扣件，但强度相对较低，容易出现弹片折断的情况，扣压力也相对较小，难以满足现代轨道交通运输对钢轨固定的高要求，因此这两种扣件现在使用较少，尤其在正线上已经被淘汰。ω 形弹条式扣件强度高，弹性好，能很好地吸收和缓冲列车运行时产生的震动和冲击能量，现使用广泛，如图 3.19 所示。

图 3.18　扣板式扣件

图 3.19　ω 形弹条式扣件

(四) 道床

道床通常指的是轨枕下面、路基面上铺设的石砟(道砟)垫层，主要作用是支承轨枕，把来自轨枕上部的巨大荷载，均匀地分布到路基面上，减缓路基的变形；为轨枕提供稳定的支撑，阻止轨枕纵向或横向移动；具有良好的排水性能，能够防止雨水在道床中积聚；便于轨道养护维修作业，可以校正线路的平、纵断面。

道床类型

1．碎石道床

碎石道床是指用碎石、卵石或砂等道砟材料组成的轨道基础，用以将轨枕的荷载均匀地传布到路基上，以及防止轨枕的纵向和横向移动，如图 3.20 所示。其广泛应用于各种普通铁路线路，包括国铁干线、地方铁路、厂矿专用线等，部分城市轨道交通的地面线路和车辆段库外线也会采用碎石道床，可降低建设成本和噪声污染。

2．整体道床

整体道床是由混凝土整体灌筑而成的道床，道床内可预埋木枕、混凝土枕或混凝土短枕，也可在混凝土整体道床上直接安装扣件、弹性垫层和钢轨，如图 3.21 所示。整体道床优势明显，稳定性好，耐久性强，具有良好的几何形位保持能力，日常的维护作业量小，便于清洁和管理，同时还可以减少隧道开挖面积，增加隧道或桥梁净空。在地铁线路中广泛应用，特别是在隧道内、车站及车辆段的库内线等区域。在一些对轨道稳定性要求较高的特殊地段，如长大隧道、桥梁、高填方地段等，整体道床也被优先选用，以确保轨道在复杂地质条件和特殊环境下的安全稳定运行。

图 3.20　碎石道床

图 3.21　整体道床

每课一思

地铁所有线路都可以采用整体道床吗？

（五）道岔

道岔是机车车辆从一股轨道转入或越过另一股轨道时必不可少的线路设备，是轨道的一个重要组成部分。由于道岔具有数量多、构造复杂、使用寿命短、限制列车速度、行车安全性低、养护维修投入大等特点，与曲线、接头并称为轨道的三大薄弱环节。

道岔种类很多，常见的有单开道岔、单式对称道岔、三开道岔、交分道岔、交叉渡线等。各种类型道岔中，城市轨道交通线路中使用最多的是单开道岔，其主线为直线，侧线的岔出方向决定了单开道岔的类型，分为左开道岔（侧线由主线向左侧）或右开道岔（侧线由主线向右侧），其数量占各类道岔总数的90%以上。

普通单开道岔，其构造相对简单，具有一定代表性，由三部分组成，分别为转辙部分、连接部分、辙叉及护轨部分，如图3.22所示。

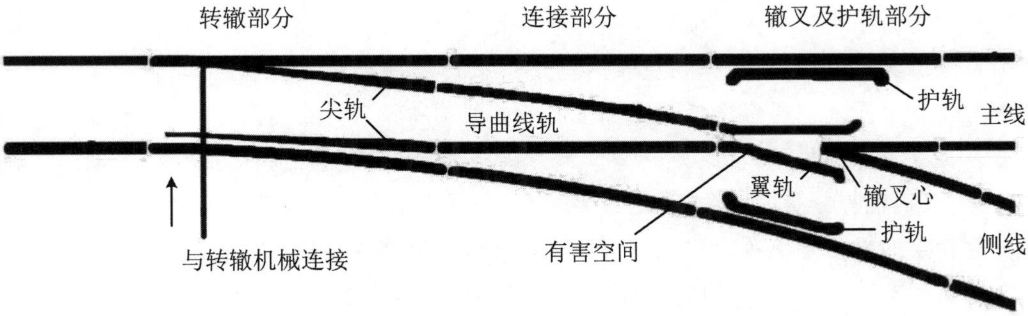

图3.22　单开道岔组成

1. 转辙部分（转辙器）

转辙器由两根基本轨、两根尖轨、各种连接零件和道岔转辙机构组成。当需要改变道岔的开通方向时，通过转辙装置操纵尖轨移动位置，使一根尖轨密贴基本轨，另一根尖轨脱离基本轨，从而开通相应的股道，关闭另一股道。道岔转辙机构能够实现转换（改变道岔方向）、锁闭和显示三种功能。

道岔工作原理

2. 连接部分

连接转辙器和辙叉的轨道称为道岔的连接部分，分为直股和曲股连接线，使列车能够从转辙器顺利地驶向辙叉，保证列车在道岔上的平稳运行。曲股线路一般采用圆曲线，受长度及限界的限制，一般不设超高。

3. 辙叉及护轨部分

辙叉及护轨设置于道岔主线轨与侧线轨相交处，使车轮从一股轨道越过另一股轨道。辙叉由心轨、基本轨、翼轨、护轨和连接零件组成，实现铁路线路的交叉和连接，引导列车安全、平稳地通过道岔区域。叉心两侧作用边之间的夹角，称为辙叉角。辙叉角 α 愈小，道岔号数 N 愈大。

每课一查

地铁线路中常见的道岔号有哪些？

课外阅读

钢轨、轨枕、道床、道岔、扣件，身处呼啸的地铁列车，我们或许没有在意过这些或熟悉或陌生的名词。但有这样一群人，他们不分白天黑夜、无惧酷暑严寒，常年抵御着昏暗隧道内的幽闭与单调，化身守护城市地铁线网的“钢轨卫士”，他们就是地铁线路检修工。

每天承受上百列电客车的碾压，地铁钢轨的尺寸可能发生细微变化，线路检修工需头顶探灯，借助手中工器具仔细查找并处理各类隐患。四磅锤、扳手、螺栓等，身背10多千克的巡道工具包，线路检修工在狭长的隧道中抵御着周身环境的沉闷、单调，保持着高度集中的注意力。他们要精准抓住隧道里的各种结构和设备异常：隧道管片、疏散平台、联络通道、线缆管道、拱顶、轨底……每千米的线路巡检，脚步所至、目力所及，长轨枕、单趾扣件弹条、钢轨焊缝接头，各类型的线路标牌、轨号牌、钢轨涂油器与车挡，无一不是巡道人员肩膀上的责任与使命，而这份沉甸甸的责任，将陪伴他们巡检的线路。

地铁列车从一个站点驶向另一个站点只需数分钟，而承载列车的每一根枕轨、每一处道岔甚至每一颗螺丝钉，在线路检修工看来，都关乎责任，都意味着必须全力以赴。

拓展课堂

无缝线路指的是钢轨连续焊接的轨道结构。采用焊接长轨条铺设而成的列车运行轨道，由于长轨条不存在轨缝而称之为无缝线路。通常先将不钻孔、不淬火的长12.5 m或25 m的标准轨在基地焊接厂内采用接触焊焊接工艺焊接成为长200～500 m焊接长轨条，然后通过运轨车将长轨条运输到轨道铺设现场，再使用气压焊焊接工艺或铝热焊焊接工艺将长轨条焊接成1 000～2 000 m的超长轨条并铺到线路上形成一段无缝线路。在无缝线路中，钢轨所承受的温度力的大小和钢轨温度的变化有着直接的关系，因此，在对钢轨进行锁定时必须要正确、合理地对钢轨的温度进行锁定，用以保证无缝线路的钢轨在冬天不会被拉断，夏天不至于胀轨跑道，以免危及行车安全。无缝线路可根据不同标准作不同的分类。无缝线路根据处理长轨条内部温度应力方式的不同分为温度应力式无缝线路和放散温度应力式无缝线路两种类型，其中温度应力式是无缝线路的基本结构类型。目前，国际上各个国家所采用的均是温度应力式无缝线路。

1. 温度应力式无缝线路

该类型的无缝线路进行铺设锁定后，长轨条是不能随钢轨温度的变化而进行自由伸缩的，因而会在长轨条的内部产生一个温度应力，且温度应力的大小随轨温的变化而变化，因此称该类型的无缝线路为温度应力式无缝线路。

温度应力式无缝线路由一根焊接长轨条及其两端的2～4根标准轨（含厂制缩短轨）组成，并采用普通有缝连接的形式，即使用鱼尾板及螺栓进行连接。如图3.23所示，图中

Δ_1 为长轨条与标准轨间轨缝；Δ_2 为标准轨与标准轨间轨缝。温度应力式无缝线路由伸缩区、固定区和缓冲区三部分组成，如图 3.24 所示。

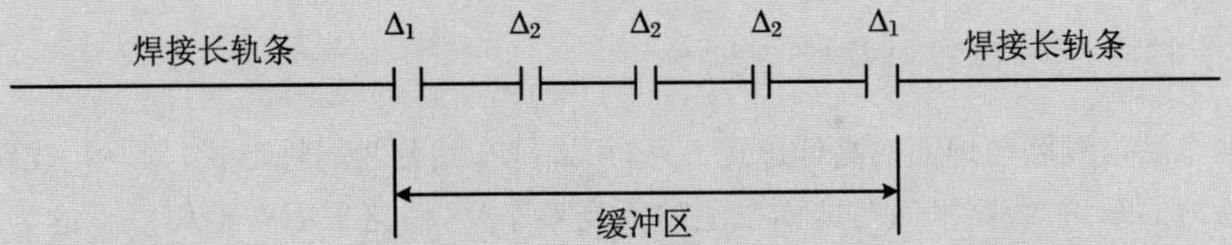

图 3.23　温度应力式无缝线路示意图

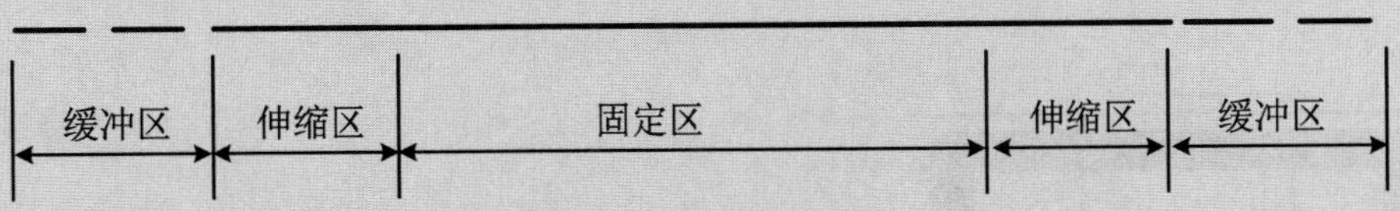

图 3.24　温度应力式无缝线路组成示意图

2. 放散温度应力式无缝线路

放散温度应力式无缝线路适用于一年内钢轨温度差较大的地区，并分自动放散式和定期放散式两种。

(1) 自动放散式无缝线路可以消除和减少钢轨内部的温度力，通常用于温差较大的地区和特大桥梁之上。由于在钢轨两端都设有温度伸缩调节器，可以随时释放温度力，因此该类型的无缝线路是允许长轨条进行自由伸缩的。为了防止长轨条出现爬行现象，通常会在长轨条的中部使用特制的中间扣件进行锁定。

(2) 定期放散式无缝线路需要在每年的春秋季节温度适当的条件下，更换不同长度的缓冲区钢轨，并调节钢轨温度应力。进行放散时，首先要松开焊接长轨条的全部扣件，使它能够自由伸缩，将内部温度应力放散掉。然后对缓冲区的标准轨进行更换，并保持必要的轨缝。每次进行温度应力的放散工作都会耗费大量的劳动力，操作起来很不方便。该类型的无缝线路，其结构形式与温度应力式相同。

任务二　城市轨道交通车站

城市轨道交通车站是客流的节点，是乘客出行的基地，旅客上下车以及相关的作业都是在车站进行的，也是列车到发、通过、折返、临时停车的地点。车站是城市轨道交通线路的电气设备、信号设备、控制设备等集中的场所，也是运营、管理人员工作的场所。

一、城市轨道交通车站的分类

（一）按车站的建筑结构特点划分

根据车站内线路与地面的高低位置关系，可以把车站分为三种形式。其中，线路平面在地面的为地面车站，线路平面在地面以上的为高架车站，线路平面在地面以下的为地下站。根据空间位置的不同，地下站又可分为地下车站和半地下车站，这四种类型的车站土建结构截然不同，如图 3.25 所示。

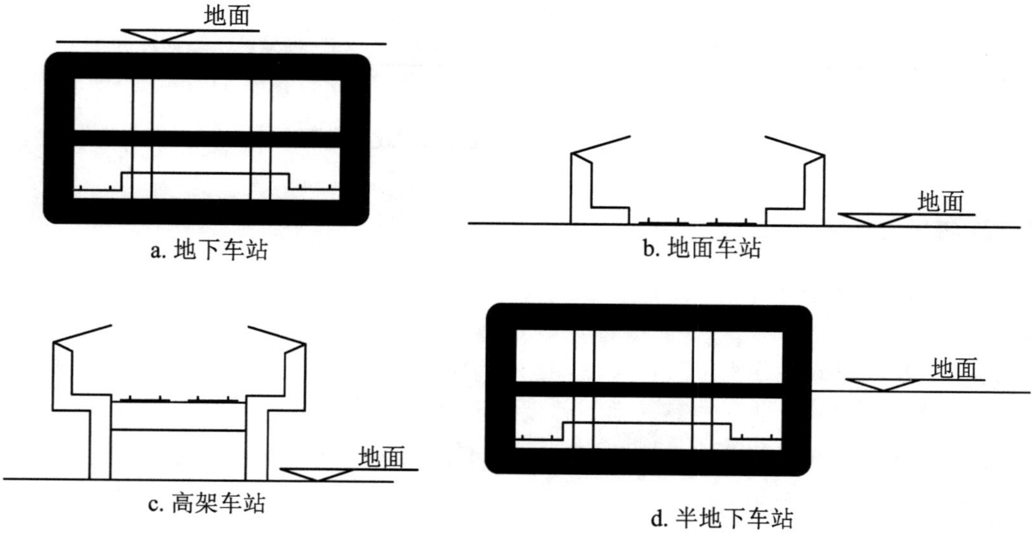

图 3.25　按车站与地面相对位置划分的各类车站土建结构

1. 地面车站

地面车站造价较低，但会对轨道交通线路所经过区域造成分割，一般修建在用地面积不受限制的区域。在城市尤其是城市中心范围内，已有的地面建筑往往难以改变，地面空间资源又十分有限，因此城市轨道交通车站常设置于地下或地上（高架），其造价比地面车站高。

2. 高架车站

为了节省车站周边的地面资源，并充分利用线路与地面之间的垂直空间，高架车站多采用双层设计，站台层在上方，站厅层在下方，也可以利用高架桥下的站外广场。

3. 地下车站

根据车站顶板与地下深度的不同，地下车站又可分为浅埋式和深埋式两种。浅埋车站通常为矩形断面，分为单跨、双跨、三跨及多跨框架结构，一般分为 2 层。深埋车站可按横断面形式分为单拱、双拱、三拱及多拱式，一般设置 2～3 层，最多 4 层。深埋式车站通常受周围环境影响和线路走向等条件的制约，必须建于地下较深处，一般设在稳定地层或坚固地层内，技术难度、土方量和投资量大。

地下车站除了其结构的特点以外，在防火、防灾及环控方面还有更特殊的要求，与地面站和高架站有着显著的区别。

4．半地下车站

车站站厅与出入口处在地面，而站台层处在地下，具有地面车站与地下车站的共同特征，济南地铁 4 号线泉城公园站是典型的半地下站。为避开泉水敏感区，该站采用半地下结构，施工深度较浅，车站站厅层位于地上，整体向上抬升近 7 m，减少了地下埋深，成功避开了泉水敏感区。

济南地铁半地下车站泉城公园站

（二）按车站在线路运营中的功能划分

为了按照特定的列车运行计划实现不同车站间的输送任务，车站被赋予了不同的功能，可以划分为中间站、折返站、换乘站、枢纽站和终点站。

1．中间站(一般站)

中间站仅供乘客上、下车之用，功能单一，配线形式简单，是最为常见的车站。少数中间站还设有具备临时停车功能的配线，以便在列车故障时能快捷、有效地进行列车调整，尽快恢复列车正常运行秩序。

2．折返站(区域站)

折返站是设在两种不同行车密度交界处的车站，站内设有折返线和设备，具有折返功能，能够进行折返作业。根据客流量大小，为合理组织列车运行可在两个区域站之间的区段上增加或减少行车密度。折返站兼有中间站功能。折返功能的实现可以通过折返线和存车线的不同组合实现。根据折返作业过程与站台的相对位置可分为站前折返、站后折返、站前站后混合设置等多种折返方式。

3．换乘站

换乘站是位于两条及两条以上线路交叉点上的车站，其主要功能是实现客流在线路间的转换。

4．枢纽站

枢纽站是两种及以上交通工具在空间上集中，实现大量客流在交通方式间交换的车站，往往是衔接地面公交、出租车、铁路、航空等交通方式的综合性站点。

5．终点站

终点站是设在线路两端的车站。就列车上、下行而言，终点站也是起点站(或称始发站)，终点站设有可供列车全部折返的折返线和设备，也可供列车临时停留检修。如线路远期延长后，则终点站变为折返站。

上述几种车站的示意图如图 3.26 所示。

（三）按站台形式分

根据车站站台建筑形式的不同，可以分为岛式站台车站、侧式站台车站、混合式站台车站，如图 3.27 所示。

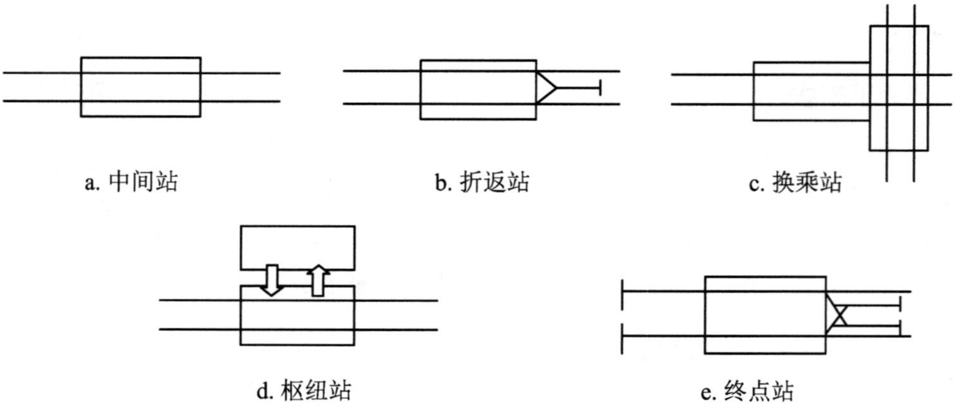

图 3.26　按车站在线路运营中的功能划分的车站

图 3.27　不同的站台形式

1. 岛式站台车站

站台位于上、下行行车线路之间，具有站台面积利用率高、能调剂客流、乘客中途改变乘车方向方便、车站管理集中、站台空间宽阔等优点，是较为常见的站台形式。一般适用于客流量较大的车站，如合肥地铁 1 号线朱岗站、秋浦河路站。

2. 侧式站台车站

站台位于上、下行车线路的两侧，上、下行乘客可避免相互干扰，结构简单，造价低，改建容易，但乘客换乘不同方向列车时需要通过天桥、地道或站厅等设施。一般多用于两个方向客流量较均匀的车站及高架车站，如南京地铁 1 号线南京交运站、中国药科大学站。

3. 混合式站台车站

在一个车站同时设有岛式站台及侧式站台，主要用于两侧站台换乘或列车折返，可布置成一岛一侧式或一岛两侧式，其造价高，管理复杂。一般主要于两侧站台换乘和分离进出站客流。如广州地铁 1 号线公元前站、北京地铁 13 号线西直门站。

每课一查

选择 10 个当地城市轨道交通(或者周边城市轨道交通)车站进行查验：哪些属于枢纽站？哪些属于混合式站台车站？

（四）按运营管理的职能划分

为方便管理，通常将一条线路划分为若干区域，每个区域设置一个中心站，管理多个下属自然站。这样，在车站管理层与线路管理层之间增加了中间管理层，每个中心站管理 3～5 个自然车站，某线的车站客运管理职能层次如图 3.28 所示。

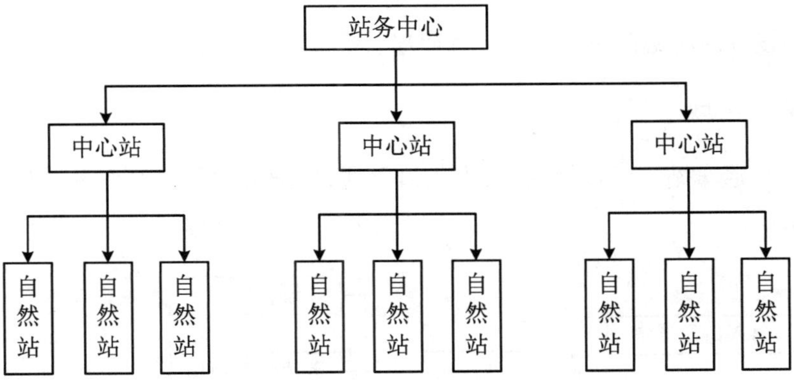

图 3.28　按运营管理的职能划分的车站

1．中心站

中心站通常是指在地铁运营网络中具有核心管理和协调功能的车站，一般也被称为区域站或主控站。中心站负责对周边一定范围内的多个自然站进行集中管理和协调，包括人员调度、物资调配、培训晋升、绩效考核、应急协同等。中心站能够集约化管理各类物资；提高设施设备使用效率；能安排员工在辖区各站轮岗，实现人才培养系统化；在突发事件应急处置中，可靠性能大大提升。

2．自然站

自然站是地铁线路上的基本站点，是根据城市的地理布局、人口分布、交通需求等自然因素设置的车站，为乘客提供便捷的出行服务，包括乘客的乘降、票务服务、安全保障等。自然站根据自身的客流特点和周边环境，配备相应的票务设备、安检设施和工作人员，以满足本站乘客的日常出行需求。

二、城市轨道交通车站设计

（一）设计原则

(1) 车站的规模和布局应根据远期客流量合理确定，包括站台宽度、站厅面积、楼梯和通道的数量及宽度等，确保在高峰时段能够快速、顺畅地疏散和容纳乘客，避免出现拥挤和堵塞。

(2) 车站公共区应按客流需要设置足够宽的、直达地面的人行通道，出入口的布置应积极配合城市道路、周围建筑、公交的规划等因素综合考虑，通道和出入口不应有影响乘客紧急疏散的障碍物。车站设计要尽量兼顾过街人行通道的要求。

(3) 车站站位应尽可能地靠近人口密集区和商业区，最大限度地方便乘客出行。

(4) 车站的设计应简洁、明快、大方，易于识别，并应体现现代交通建筑的特点。

(5) 贯彻以人为本的思想，车站需解决好通风、照明、卫生等问题，以便为乘客提供安全、快捷和舒适的乘降环境。在经济许可的条件下，也应尽量从以人为本的出发点来考虑设计标准。

(6) 车站设计应考虑防灾安全和无障碍出行。

(二) 建筑构成

城市轨道交通车站一般包括主体、出入口及通道、通风道及风亭和其他附属建筑物，如图 3.29 所示。

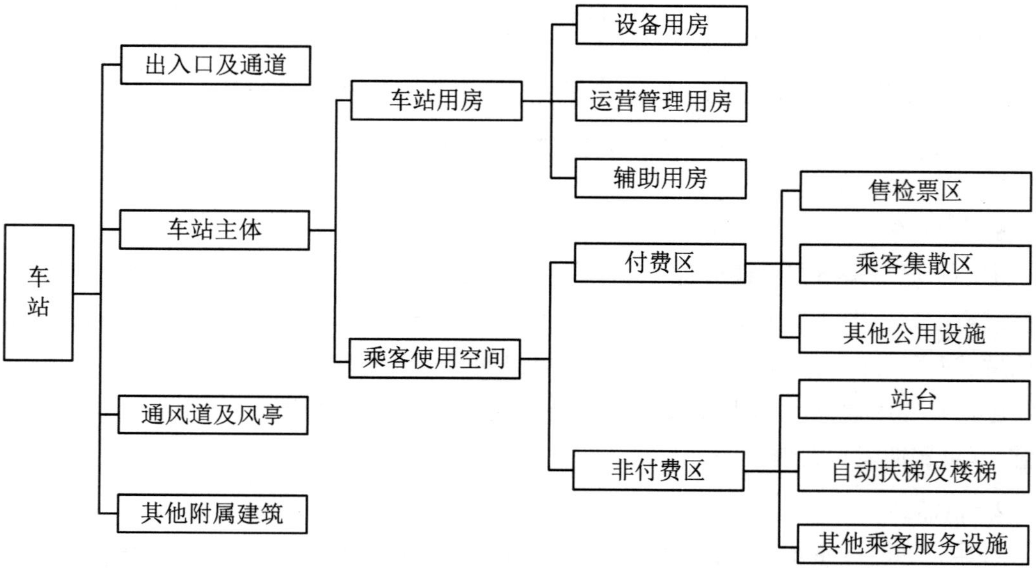

图 3.29 车站建筑构成

1. 出入口及通道

车站出入口及通道是连接地铁车站内部与地面的建筑设施，供人员和物资进出。

出入口用于为乘客提供进出地铁车站的通道，在地铁运营过程中发生火灾、地震等紧急情况时，作为乘客紧急疏散的主要通道。一般设在城市道路两侧、交叉路口及有大量人流的广场附近，且宜分散均匀布置，以最大程度吸引客流。根据《地铁设计规范》，车站出入口数量不得少于两个，通常还会根据车站规模、客流量等因素合理增设出入口。宽度总和应大于该站远期预测超高峰小时设计客流量所需的总宽度，最小宽度一般不小于 2.5 m。

通道是连接车站不同区域以及车站与外部的纽带，如连接出入口与站厅、站厅与站台，或实现不同站台、不同线路车站之间的换乘，方便乘客在地铁系统内的通行。在出现紧急情况时，如火灾、爆炸等，作为乘客疏散的重要通道，确保乘客能安全、快速地撤离到安全区域。通道大部分位于地下，与车站主体结构一同建设，也可以在地面上设置，一般用于连接地面出入口与站厅，或在换乘站中连接不同车站的地面部分，而天桥通道通常用于连接车站与道路另一侧的出入口或建筑物。通道宽度根据预测客流量确定，一般单向通行通道宽度不小于 1.8 m，双向通行不小于 2.4 m。

2. 车站主体

车站主体是列车在线路上的停车点，其作用是供乘客集散、换乘，同时它又是地铁运营设备设置的中心和办理运营业务的地方。车站主体根据功能的不同，分为乘客使用空间和车站用房两部分。

(1) 乘客使用空间。乘客使用空间又可分为非付费区和付费区。非付费区是乘客购票、进入进站闸机前的活动区域，一般设有售票、咨询、商业、公用电话、银行自动取款机等设施。付费区是乘客进入进站闸机之后、上车之前活动的区域，通常包括站台、楼梯、自动扶梯、垂直电梯和候车座椅等设施。乘客使用空间是车站设计的重点，设计时要注意客流流线的合理性，以保证乘客方便、快捷地出入车站。

(2) 车站用房。车站用房包括运营管理用房、设备用房和辅助用房三部分。车站用房应根据运营需求设置，在不同车站配置不同，应尽可能减少用房面积，以降低车站投资。

① 运营管理用房：是车站运营管理人员使用的办公用房，直接或间接服务于列车运行和乘客，主要包括车站控制室、票务室、站长室、会议室和警务室等，负责车站的日常运营、调度、安全等工作。图 3.30 为车站车控室。

图 3.30　车控室

② 设备用房：用于保证列车正常运行、保证车站内良好环境条件和在发生事故灾害情况下保障乘客安全，可分为弱电设备房和强电设备房，它通常包括环控机房、变电所、配电室、信号设备室、消防泵房、排水泵房等，为车站提供必要的设备支持和安全保障。

③ 辅助用房：辅助用房是为车站运营提供辅助支持的用房，如卫生间、茶水间、更衣室、休息室、储藏室等，为了保证车站内部工作人员正常生活、工作而设。

3. 通风道及风亭

城市轨道交通车站通常处于地下或相对封闭的空间，通风道和风亭能够将地面的新鲜空气引入站内，为乘客和工作人员提供足够的氧气，保证他们在站内的呼吸需求，维持良好的空气环境，避免因空气不流通而产生闷热、憋闷等不适感。

在不同的季节，通风道和风亭可以配合车站的空调系统，实现对站内温度的有效调节。在夏季，通过引入相对凉爽的室外空气，辅助空调系统降低站内温度，减少空调的能耗；在冬季，则可以适当引入室外空气，避免站内温度过高，使乘客在进出车站时不会因温差过大而感到不适。图 3.31 为通风亭。

风亭的类别

通风道是车站通风空调系统与外界连通的通道。风亭是风道出地面的部分，具有将站内污浊湿气排出站外、将地面新鲜空气送入站内的作用，根据通风功能可分为新风亭、排风亭和活塞风亭。

图 3.31　通风亭

（三）设计风格

城市轨道交通车站是城市建筑的组成部分，在一定程度上也反映出城市的内在底蕴、文化特色和发展魅力。车站在设计上通常会注重与当地的地域文化、管理理念或者艺术主题相结合，通过建筑造型、装饰材料、色彩搭配以及艺术作品等元素，展现出独特的设计风格，具体包括现代简约风格、地域文化风格、科技动感风格、自然生态风格、复古风格等。

1. 现代简约风格

(1) 北京国贸站：设计理念注重高效与便捷，以简洁的线条和几何形状为主，空间开阔通透，采用大面积的玻璃、金属等现代材料，搭配明亮的灯光，营造出简洁、大气的氛围。在功能布局上，强调人流的快速疏导和换乘的便捷性，各种导向标识清晰明确，让乘客能够快速找到自己的出行方向，体现了现代城市交通枢纽的高效性和功能性。

(2) 杭州火车东站站：以现代简约风格为基础，强调与交通枢纽功能的融合。车站采用简洁的造型和明快的色彩，空间宽敞明亮，通过合理的布局，将地铁与火车、公交等多种交通方式无缝衔接，为乘客提供了便捷的换乘体验，同时，运用现代化的技术手段，如智能照明、自动售票系统等，提升了车站的服务品质和运营效率。

2. 地域文化风格

(1) 西安大雁塔站:设计理念围绕着对西安历史文化进行传承与展示,如图 3.32 所示。车站以大雁塔及佛教文化为主题,站厅内通过大幅的艺术壁画,生动地描绘了大雁塔的历史故事和佛教文化场景,立柱采用仿唐建筑的装饰风格,整体色调古朴典雅,让乘客在进出车站的过程中,仿佛穿越时空,感受到这座古城深厚的历史底蕴,凸显了西安作为十三朝古都的文化魅力。

图 3.32　西安大雁塔站

(2) 成都宽窄巷子站:以成都独特的宽窄巷子文化为核心设计理念。车站装修融入了大量川西民居的元素,如青瓦、木门、雕花等,墙面采用了具有宽窄巷子特色的街景壁画,展示了老成都的生活百态,将成都的地域文化和生活气息巧妙地融入地铁空间中,使乘客在地铁站就能感受到成都的独特韵味。

3. 科技动感风格

(1) 重庆光电园站:以科技与未来为设计理念,车站运用了大量的科技元素,如动态灯光系统、智能显示屏等。灯光可以根据不同的时间段和场景进行变化,营造出独特的视觉效果,智能显示屏不仅提供地铁运营信息,还展示了一些与科技相关的内容和互动体验项目,整体造型采用了富有动感的曲线和几何形状,体现了科技的创新与活力,让乘客仿佛置身于一个未来世界的交通枢纽中。

(2) 合肥量子科学中心站:设计理念聚焦于量子科技这一前沿领域,车站通过独特的灯光设计和装饰元素,营造出充满科技感的氛围。例如,采用了象征量子能量的发光线条和图案,在墙面上展示量子科学的相关知识和成果,运用智能交互设备,让乘客可以了解量子科学的奥秘,体现了对科技创新的关注和对未来科技发展的展望。

4. 自然生态风格

(1) 南京苜蓿园站:以自然生态为设计理念,将车站与周边的自然环境相融合。车站内部以绿色为主色调,采用了大量的植物造型和自然元素的装饰,如仿木的立柱、树叶形状的灯具等,仿佛将森林搬进了地铁站,让乘客在繁忙的城市中感受到大自然的宁静与美好。

(2) 昆明潘家湾站:以昆明的自然景观和花卉文化为设计灵感,站厅内采用了大量的花卉图案和绿色植物元素，通过壁画、装饰灯等形式展现了昆明四季如春、繁花似锦的自然美景，营造出一种自然、清新的氛围，让乘客在地铁站内就能感受到昆明独特的自然生态魅力。

5. 复古风格

(1) 天津小白楼站：设计理念是重现天津的历史风貌和文化记忆。车站以民国时期的建筑风格为蓝本，采用了复古的地砖、雕花的门窗、老式的灯具等元素，墙面装饰有反映天津历史文化的老照片和艺术画，整体营造出一种怀旧、典雅的氛围，让乘客仿佛穿越回了民国时期，感受到天津这座城市的历史变迁和文化底蕴。

(2) 广州农讲所站：以红色文化和复古风格为设计理念，车站的装修风格借鉴了周边农讲所的建筑元素，采用了红墙、黄瓦等标志性色彩和建筑符号，立柱和天花板的装饰也融入了传统的中式图案，营造出庄重、古朴的氛围，让乘客感受到这不仅是一个交通站点，更是一个传承和弘扬红色文化的重要场所，如图 3.33 所示。

图 3.33　广州农讲所站

任务三　城市轨道交通车辆基地

车辆基地是城市轨道交通系统中，集车辆停放、检修、维护、保养，以及相关物资存储、人员培训、运营管理等多功能于一体的综合性场所，是保障城市轨道交通车辆安全、高效运行的重要支撑系统。基地根据功能和规模的大小可分为停车场和车辆段。一般情况下一条线路设一个车辆段，当线路长度超过 20 km 时，可以考虑设一个车辆段、一个停车场。

一、车辆基地的形式

(一) 停车场

停车场为城市轨道交通车辆提供专门的停放区域，确保车辆在非运营时间有安全、规范的停放位置。其具备的功能还包括：负责车辆的日常运用调度，根据运营计划安排车辆的出车、收车等工作；完成车辆的整备作业，包括车辆的清洁、检查、补充燃油等工作；完成车辆的日常检查和一些简单的故障处理，如对车辆的机械部件、电气系统进行常规检查，及时发现并处理一些小故障。一般占地面积相对较小，通常在$(5\sim10)\times10^4$ m^2。如果是服务于小型线路或支线的停车场，可能会更小，在$(3\sim5)\times10^4$ m^2；而一些大型的停车场，可能会达到$(1\sim1.5)\times10^5$ m^2。

（二）车辆段

车辆段除了具备停车场的所有功能外，还配备有更高级别的检修设备和设施，能够完成车辆的架修、镟轮、调试等较高级别的检修任务。由于其功能更为复杂，承担的检修任务更多，占地面积一般较大，通常在$(1\sim3)\times10^5$ m^2。一些大型的、承担多条线路车辆检修任务的车辆段，占地面积可能会超过30万平方米，甚至达到$(4\sim5)\times10^5$ m^2。

车辆段的主要功能有：

（1）负责地铁车辆的停放和管理，司乘人员每日出、退勤前的技术交接，对运行车辆进行日常维修保养及一般性临时故障处理，还有车辆内部的清扫、洗刷及定期消毒等工作。

西安地铁车辆段

（2）依据地铁车辆的检修周期，定期对地铁车辆进行计划性修理，包括定修、架修和大修等不同级别的检修任务，确保车辆的性能和安全。

（3）当列车发生事故，如脱轨、倾覆或接触网中断供电时，能迅速出动救援列车，对故障列车进行救援，恢复行车秩序。

（4）负责地铁系统在运营过程中所需各种材料、设备器材、备品备件、劳保用品以及其他设施的采购、储存、保管和供应工作。

（5）为工作人员提供学习、办公、生活场所，负责对城轨系统的普通职工和技术人员进行技术培训。

二、车辆基地的组成

（一）停车库

停车库兼有停车、整备、清扫、日常检查和驾驶员出乘等多种功能。为实现这些功能，停车库除设有停车线外，还设有运用车库、运转值班室、驾驶员待班室等驾驶员出乘用房，还设有列车以及列车车载信号检修用房。

由于列车本身价值昂贵，在地铁运行中占据重要地位，因此停车库需设置火灾自动报警系统，并与整个消防系统联系在一起。库内应引入架空触网或接触轨，接触轨应加装防护装置。每条库线两端、库外线路与停车线区域还应设置接触网或接触轨供电状态及列车出入库的音响报警装置。停车线兼作列检线，应有检查地沟以便进行车底作业。

（二）检修库

检修库的平面布置主要取决于车辆的配置数量、车辆的修程、检修方式及其工艺流程，同时要综合考虑自然地形条件、工件运输线路以及安全、防火和环保要求等因素。

1. 双周、双月检修库

双周、双月检都要在库内对列车的走行部、车体及车顶设备进行检查。为便于作业和保证安全，线路应采用架空形式。除线路中间设置地沟外，在检查线两侧应设三层立体检查场地，底层地坪低于库内地坪，可以对走行部分以及车下布置的电气箱、制动单元、蓄电池进行检查。同时，要对车辆顶部的受电弓、空调设备进行检修，车顶平台设有安全栏杆。

双周、双月检修库根据作业的要求可设悬臂吊，以便对需要进行拆、装作业的受电弓和空调设备进行吊装，还可以配置液压升降车、蓄电池电气箱搬运车等运输车辆，如图 3.34 所示。

图 3.34 双周、双月检修库

为了完成对车辆双周、双月检作业，还应设置受电弓、空调装置、车载信号、实验设备等辅助检修库以及备品工具间。

2. 定修库

定修库和周、月检一样，线路采用架空形式，线路中间设置检修地沟，线路两侧设置三层检修场地。车辆的定修和临修有时也可以在一个车库进行，合并为定修、临修库，这时必须根据列车编组在车库设置架车机组，在列车解钩后可以同步架起一个单元的车辆。车库内应设有 10 t 起重机，其起重量可吊起车辆的大部件。其辅助工间应和其他检修库统一考虑。

3. 架修、大修库

架修、大修库的布置应根据车辆检修工艺流程确定。对车辆设备和零部件的检修方式采用互换修为主，作业流程根据实践情况，一般采用流水作业和定位修方式相结合。采用部件互换修可以减少列车的停库时间，并且可以合理安排计划，做到均衡生产，避免因某一部件检修周期长，影响整列车的检修进度。联合检修厂房内应设置车辆的待修、修竣部件和备用部件的存放场地。图 3.35 为车辆段架修库。

（三）办公生活区

办公生活区是行车人员、司乘人员以及其他人员工作、休息的场所，如信号楼、变电所、综合办公楼等，为保证车辆的正常运营和满足维修需要提供支持。此外，该区可以设立职工培训基地，针对车辆检修、驾驶、调度等不同岗位，利用车辆、信号、行车、应急等实训平台，开展专业技能培训，提升职工业务能力。

图 3.35　架修库

三、车辆基地的常见设备

(一) 不落轮镟床

转向架的轮对在运行中会发生踏面的擦伤、剥离和轮缘磨耗，需要及时镟销。不落轮镟床可以在不拆卸轮对的情况下对其踏面和轮缘及时进行镟销，如图 3.36 所示。

(二) 列车自动清洗机

列车自动清洗机是通过其端部和两侧不同形式的清洗毛刷组，将水和清洁剂喷洒射在车体上，用清洁毛刷对列车的前后端部、两侧车体侧面、车门和车窗玻璃进行滚刷。目前列车自动清洗机一般采用室内侧刷固定型，如图 3.37 所示。

图 3.36　不落轮镟床

图 3.37　列车自动清洗机

清洗机按程序对车头、车尾、车侧、车体连接折篷进行清洗，另外该机还可以进行水洗和化学清洗选择，以及进行水污染循环等工作。

(三) 地面式架车机

地面式架车机(图 3.38)可同步提升多节不解钩的列车单元组，以便对列车车体下部的机械、电气部件进行维修、保养和更换等操作。每 4 台架车机为一组，提升一节车，可选定一组、二组和三组同步提升。地面式架车机可分为固定式和移动式两种。

架车机的使用

（四）地下式架车机

架车机组最高平面与地面轨道处于同一水平面，由两个独立的车体架车机和转向架架车机组成。该架车机组不但能提升起转向架，还能轻易落下车辆中任意一个转向架或轮对。配合铲车和液压升降台等专用设备，它还能对车体下的所有部件进行拆卸维修。两套提升装置能单独进行转向架和车体的升降，如图 3.39 所示。

图 3.38　地面式架车机

图 3.39　地下式架车机

（五）空调悬臂吊

空调悬臂吊是能够起吊、安装、拆卸、运输列车顶部空调总成和受电弓等部件的专用设备，如图 3.40 所示。吊车动臂能在车顶和接触网中伸缩，以进行车顶部件的拆装起吊作业。悬臂吊电源与接触网电源联锁，不能同时有电。

（六）轮对压装机

轮对压装机用于车轮和车轴在设定压力下装配成轮对或将轮对分解成车轮和车轴，如图 3.41 所示。

图 3.40　空调悬臂吊

图 3.41　轮对压装机

自测练习

一、判断题

1. 通常规定正线方向，以由南向北运行为上行，以由西向东运行为上行。（　　）

2. 安全线是列车运行的隔开设备之一，其他隔开设备还包括脱轨器、脱轨道岔等。（　　）

3. 轨枕按照其材料可分为木质轨枕、混凝土轨枕。（　　）

4. 辙叉角 α 愈小，道岔号数 N 愈大。（　　）

5. 枢纽站是位于两条及两条以上线路交叉点上的车站，其主要功能是实现客流在线路间的转换。（　　）

6. 停车库兼有停车、整备、清扫、日常检查和驾驶员出乘等多种功能。（　　）

二、单选题

1. 辅助线不包括（　　）。

A. 折返线　　B. 停车线　　C. 车辆段(场)出入线　　D. 试车线

2. 在城市轨道交通车辆段或停车场中，车场线一般采用（　　）钢轨。

A. 75 kg/m　　B. 60 kg/m　　C. 50 kg/m　　D. 43 kg/m

3. 合肥火车站站台形式属于（　　）。

A. 岛式站台　　B. 侧式站台　　C. 混合式站台　　D. 无站台

4. 车站出入口宽度总和应大于该站远期预测超高峰小时设计客流量所需的总宽度，最小宽度一般不小于（　　）。

A. 2.5 m　　B. 2.8 m　　C. 3 m　　D. 3.5 m

5. 运营管理用房不包括（　　）。

A. 票务室　　B. 车控室　　C. 警务室　　D. 更衣室

6. 车辆基地常见的设备不包括（　　）。

A. 轮对压装机　　B. 架车机　　C. 自动清洗机　　D. 编码分拣机

拓展训练

1. 以小组形式，体验乘坐某条地铁线路，并标注该线路每个车站的类型、站台的形式和出入口的数量及宽度，制作成调研报告。

2. 结合本地的文化特色，为城市轨道交通车站设计建言献策，在地铁 APP 中为地铁车站主题设计提出合理化建议。

项目四　城市轨道交通机电设备认知

学习导读

每到酷暑盛夏，地铁车站内凉爽宜人的环境令人倍感舒适。地铁车站空调通风系统，不仅为乘客打造了惬意的出行空间，有效缓解了高温给人们带来的烦躁与不适，提升了乘客的出行体验；还向社会的环卫工人、快递小哥等户外工作者敞开怀抱，为他们提供纳凉休憩之所，彰显城市人文关怀。其通过科学调控温度、湿度，置换新鲜空气，既保障了站内人员的呼吸健康，又维持了设备的良好运行环境。那么地铁车站中除了通风空调系统，还有哪些机电设备呢？本项目不仅会介绍乘客乘车时能看见的设备，还会讲解那些隐藏在工作区域的陌生设备。

学习目标

1. 素养目标

(1) 培养学生良好的人文素养、科学素养。

(2) 培养学生爱岗敬业的职业精神和精益求精的工匠精神。

2. 知识目标

(1) 掌握自动售检票系统的定义、架构和组成。

(2) 了解扶梯、电梯和升降平台的特点。

(3) 了解车站用电负荷的类别。

(4) 掌握站台门的组成。

(5) 了解环控系统的构成。

(6) 了解乘客信息显示系统的控制方式。

(7) 了解给排水系统的构成。

(8) 了解环境与设备监控系统的功能。

3. 能力目标

(1) 能描述 AFC 终端设备的特点。

(2) 能描述车站设备的配电方式。

(3) 能操作滑动门、应急门的紧急开闭。

(4) 能识别空调通风系统的不同构件。

(5) 能判断火灾情况下不同设备的联动状态。

建议学时

8 学时。

任务一　自动售检票系统

一、自动售检票系统概述

自动售检票系统(automatic fare collection,AFC),是基于计算机、通信、网络、自动控制等技术,实现轨道交通售票、检票、计费、收费、统计、清分、管理等全过程的自动化系统。AFC 系统显著提升了地铁运营效率,减少了人工成本,改善了乘客体验,是智慧轨道交通的关键组成部分。

自动售检票系统的发展

二、AFC 系统的组成

AFC 系统通常由五层结构组成,包括自动清分中心(ACC)、线路中央计算机系统(LC 或 MLC)、车站计算机系统(SC)、车站终端设备和乘车凭证等(图 4.1)。开通互联网票务服务的,还应包括互联网票务平台。AFC 的各级设备都可以独立运作,确保系统出现局部故障时,不至于影响整个系统的运作。

(一) 自动清分中心

自动清分中心(automatic clearing center,ACC),即清分系统,其主要功能是统一轨道交通自动售检票系统内部的各种运行参数、收集城市轨道交通自动售检票系统单程票产生的交易和审计数据并进行数据清分和对账;负责单程票的初始化和调配,制作应急票(或预付值票);进行线路之间的票款清分和客流统计;进行数据挖掘并辅助各业务部门进行分析决策,同时负责城市轨道交通自动收检票系统与城市"一卡通"清算系统以及与银行、票卡供应商等主体之间的对账、清分和结算等。

(二) 线路中央计算机系统

线路中央计算机系统(line central system,LC),是城市轨道交通自动售检票系统的核心组成部分,负责整条线路的管理和控制。具体功能如下:

(1) 票务管理:票价表管理、交易数据处理、票卡库存管理、收益对账。

(2) 运营监控:实时监控车站设备状态、客流统计分析、运营参数(费率表、运营时间等)

下发、设备参数配置。

(3) 数据管理：交易数据采集与存储、运营数据备份、数据统计分析报表生成。

(4) 系统安全：时钟同步、黑名单管理、版本管理、权限管理、操作日志记录、系统异常报警。

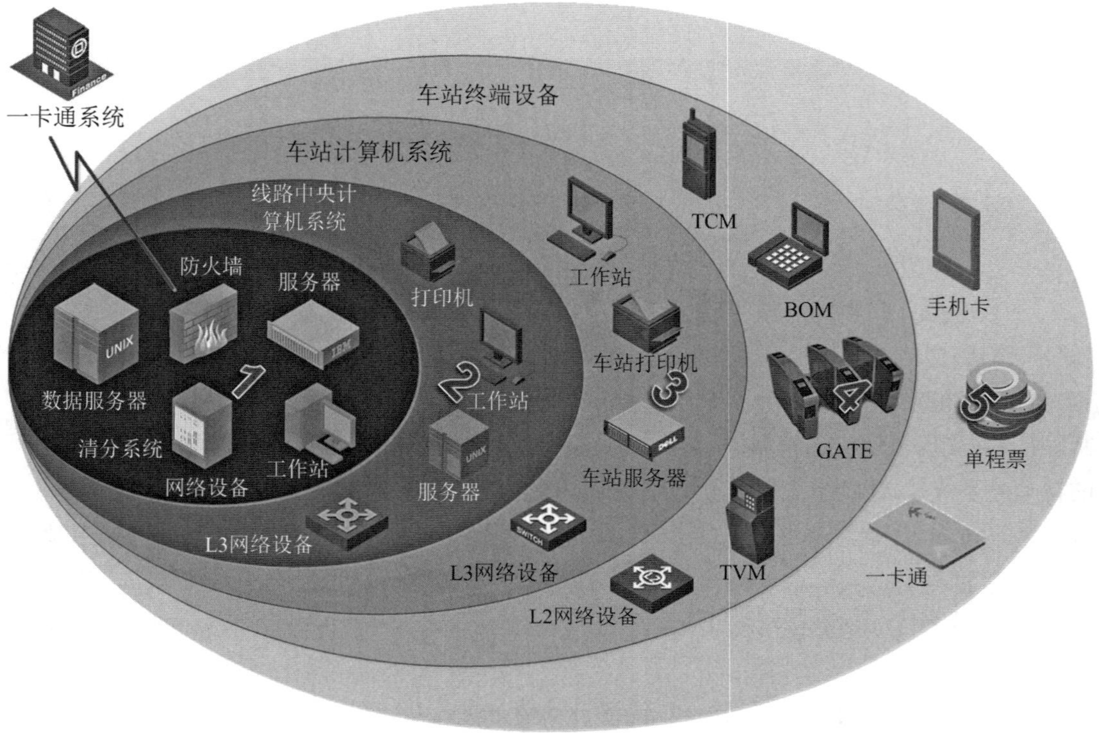

图 4.1　AFC 五层结构

(三) 车站计算机系统

车站计算机系统(station computer system，SC)，将实现对车站 AFC 系统运营、票务、收益及维修的集中管理功能。

车站计算机系统具体功能如下：

(1) 票务管理：车票发售、充值、回收等数据处理，交易数据采集与处理，票务结算与对账。

(2) 设备监控：实时监控自动售票机、自动检票机、半自动售票机等设备状态，设备故障报警与日志记录。

(3) 客流统计：实时客流数据采集与分析，生成客流统计报表。

(4) 运营管理：运营模式控制(正常/降级/紧急等)，参数下发与版本管理。

(四) 车站终端设备

车站终端设备(station level equipment，SLE)，包括自动售票机、闸机、半自动售票机等，直接与乘客交互，完成购票、检票等操作。

1. 自动售票机

乘客自助购票

自动售票机(ticket vending machine,TVM)通常安装在地铁站内,用于乘客自助购买车票、充值交通卡或查询票价等信息(图 4.2)。可以提供自助售票服务,提升购票效率;支持多种支付方式,满足乘客需求;提供信息查询服务,改善乘客体验;实现票务自动化管理,降低运营成本;为运营决策提供数据支持。

图 4.2　自动售票机

2. 半自动售票机

半自动售票机(booking office machine,BOM)通常位于车站客服中心,兼顾服务与票务处理,由售票人员操作(图 4.3)。可以实现人工售票与票卡处理;退票、改签、补票与罚款;信息查询与打印;特殊票务处理;数据管理与统计;应急处理与乘客服务。

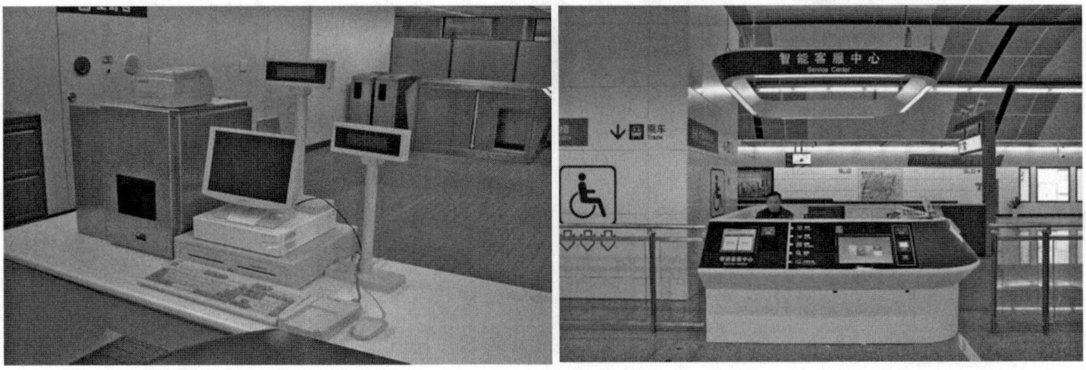

图 4.3　半自动售票机

3. 自动检票机

自动检票机(automatic gate machine,AGM)是实现乘客自助进出站检票交易(在非付费区和付费区之间通行)的设备,乘客持有效车票刷卡,检票机解除通道阻挡(释放旋杆或扇门开启),允许乘客进出站(图 4.4)。可以实现自动检票与票卡验证;阻挡模块控制与异常处理;数据记录与上传;支持多种票卡;乘客引导与提示;安全监控与紧急处理;设备维护与自检;客流统计与分析。

图 4.4　自动检票机

(五) 乘车凭证

乘车凭证是乘坐城轨交通工具时的有效证明。票卡是乘客乘坐城轨时用于支付车费的媒介,通常由城轨运营公司发行。随着技术的发展,票卡的形式和功能不断演变,从传统的磁卡、IC 卡到现代的二维码电子票等(图 4.5)。

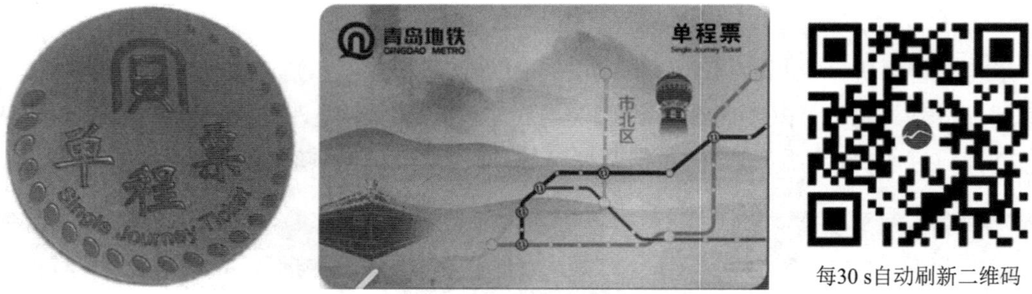

图 4.5　车票凭证

拓展课堂

随着技术进步和乘客需求变化,地铁自动售检票(AFC)系统正经历快速演进,以下是主要发展趋势:

1. 无感支付与多元化支付方式

生物识别技术,如人脸识别、指纹支付逐步普及;手机 NFC/二维码,取代实体票卡成为主流支付方式;无感支付,基于信用体系的"先乘后付"模式;数字货币应用,支持央行数字货币(DCEP)支付。

2. 系统云化与智能化

云计算架构，从本地部署转向云端部署，提高系统弹性；AI应用，智能预测客流、动态调整票价、识别异常交易；大数据分析，深度挖掘乘客出行数据以优化运营。

3. 系统集成与互联互通

多交通方式融合，城轨、公交、共享单车等“一码通行”；城市群互联，跨城市轨道交通票务互通(如长三角、粤港澳大湾区)；与城市服务对接，整合商业、文旅等城市服务功能。

4. 安全与可靠性提升

区块链技术，用于交易数据防篡改和审计；多重安全认证，支付安全等级持续提升；灾备能力强化，确保系统高可用性。

5. 可持续发展方向

绿色节能，低功耗设备应用；无障碍设计，更好地服务特殊人群；降本增效，通过技术创新降低全生命周期成本。

未来AFC系统将更加智能化、人性化和生态化，成为智慧城市交通体系的重要组成部分，不仅实现票务功能，还将成为城市数字化服务的重要入口。

任务二　电扶梯系统

一、电扶梯系统概述

电扶梯系统是城市轨道交通中重要的机电设备，用于乘客的垂直运输，提供便捷的上下行通道。电扶梯系统不仅提高了乘客的通行效率，还为出行有困难的乘客乘坐地铁提供了帮助，享受地铁带来的便捷。城市轨道交通中常见的电梯有自动扶梯、垂直电梯、升降平台(图4.6)，新建车站配备前两种，少数早期建成运营的车站因未设计电梯，后期加装升降平台。

二、垂直电梯

垂直电梯(也称为直梯或升降机)是一种以电动机为动力，通过轿厢在垂直轨道上运行来运输人员或货物的设备(图4.7)。

(一) 垂直电梯的组成

1. 轿厢系统

承载乘客或货物的封闭空间。由金属框架、地板、墙壁和天花板组成，部分电梯内设镜子、扶手和通风口。

图 4.6　自动扶梯、电梯与升降平台

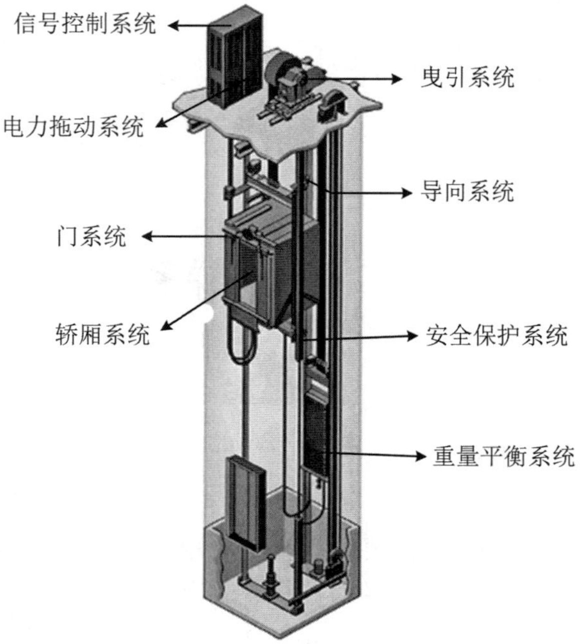

图 4.7　垂直电梯组成

2．导向系统

确保轿厢和对重沿固定路径平稳运行。主要由导轨、导轨支架、导靴等部件构成。其核心作用是限制电梯在运行过程中的横向摆动和振动，保证精准平层，同时减少噪音和磨损。

3．重量平衡系统

平衡轿厢重量，减少电机负载。主要通过平衡轿厢与对重的重量关系，减少电机负载、降低能耗，并提升运行平稳性。

4．曳引系统

提供动力，通过钢丝绳牵引轿厢上下。其性能直接关系到电梯的安全性、效率和平稳性。

5. 门系统

包括轿厢门、层门、门机、门锁装置等。轿厢门位于轿厢出入口，层门安装在各楼层电梯出入口，它们配合工作，确保乘客和货物安全进出电梯。

6. 信号控制系统

包括按钮、传感器和微处理器，负责调度和运行逻辑。负责接收乘客指令、调度电梯运行、控制开关门、监控安全状态等。其性能直接影响电梯的响应速度、运行效率和乘坐舒适度。

7. 安全保护系统

包括限速器、缓冲器、紧急制动等，确保突发故障时的安全。能够在电梯出现异常情况(如超速、断电、轿厢不平层等)时及时干预，防止事故发生。

8. 电力拖动系统

电梯运行的核心部分，负责将电能转换为机械能，驱动电梯轿厢的升降运动。其性能直接影响电梯的运行效率、舒适性和能耗。

(二) 电梯使用

城轨车站每个出入口至少配备1部电梯，确保残障人士、老年人、携带大件行李者使用。站厅至站台也至少配备1部，连接付费区与非付费区，方便乘客进出站。正确使用电梯可以确保安全、延长设备寿命，并提高运行效率。

(1) 呼叫电梯，按键操作呼叫电梯。

(2) 进入电梯，确认电梯状态，快速进入。

(3) 选择楼层，按键操作选择楼层。

(4) 乘坐期间站稳扶好，避免蹦跳或倚靠门；如遇突发情况，如急速下坠，保持冷静，按下所有楼层按钮；使用紧急呼叫按钮或拨打救援电话(通常张贴在轿厢内)。

(5) 离开电梯，确认到达，注意脚下，快速离开。

(6) 其他注意事项，火灾、地震时禁用电梯，使用楼梯通道逃生，避免被困。

三、自动扶梯

自动扶梯由一台特种结构形式的链式输送机和两台特殊结构形式的胶带输送机组合而成，带有循环运动梯路，用以在建筑物的不同层高间向上或向下倾斜输送乘客的固定电力驱动设备(图4.8)。

扶梯的运行原理

(一) 自动扶梯的组成

1. 梯级系统

这是自动扶梯的核心部分，负责输送乘客。它包括梯级、驱动主机和主驱动轴等关键组件，通过梯级链的传动，实现梯级的循环运动。

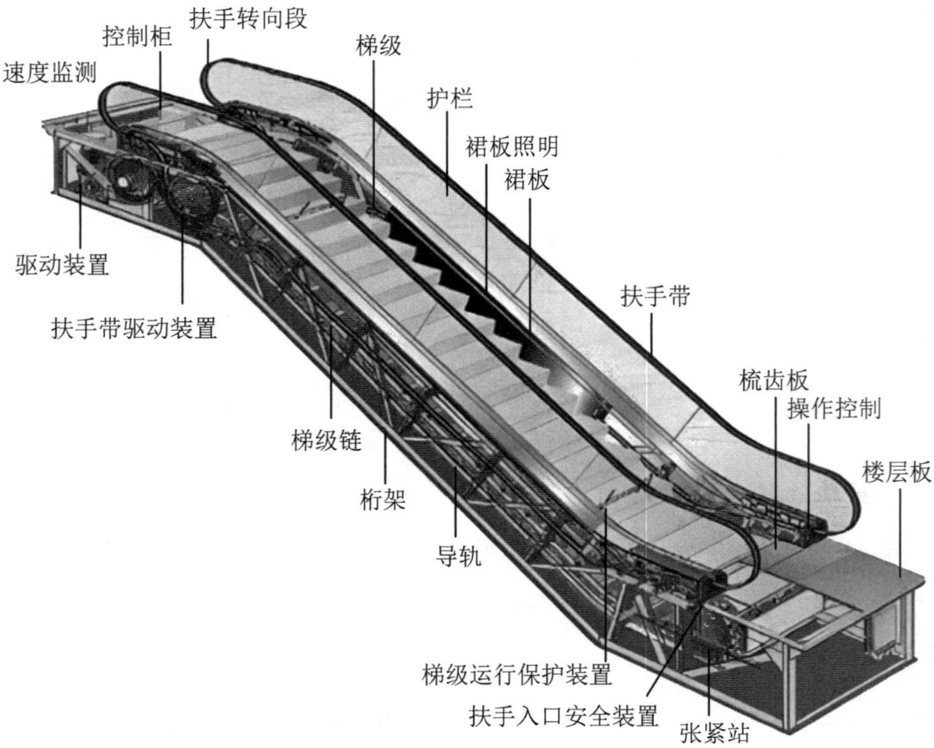

图 4.8　自动扶梯组成

2. 驱动装置

这是整台设备的核心动力系统，主要由电动机、减速箱、驱动链轮和制动器等部件组成。整个驱动装置通常安装在扶梯上端的机房内，通过精密的机械传动和电气控制，保证梯级与扶手带保持同步运行，为乘客提供安全、舒适的乘坐体验。

3. 扶手系统

扶手系统为乘客提供与梯级同步的运动扶手，确保乘坐的舒适度。该系统包括扶手带、驱动装置和导轨等组件，共同构成了一套完整的扶手带输送系统。

4. 桁架

桁架为金属框架结构，支撑整个扶梯的重量和载荷，内部容纳所有运动部件。

5. 安全装置

自动扶梯的安全装置通过多重保护机制确保乘客安全，通常由紧急控制、机械防护、运行监测、结构安全、辅助防护等组成。

6. 外部结构

自动扶梯的外部结构主要包括桁架、梯级、扶手带、围裙板、梳齿板、外盖板等，它们共同保障扶梯的稳定运行和乘客安全。安全装置（如梳齿板开关、防夹毛刷）与外部结构紧密配合，减少事故风险。正确使用和定期维护是确保自动扶梯安全运行的关键。

7. 控制系统

控制系统负责自动扶梯的操纵和运行控制。它涵盖了电气控制电路和电控柜等组件，通过精确的控制，确保了自动扶梯的稳定运行。

(二) 电扶梯安全设计

电扶梯(自动扶梯)的数量和位置通常根据车站的客流量、空间布局、安全规范以及无障碍设计等因素综合确定。其安全措施是确保乘客安全的关键，主要包括机械安全装置、电气保护系统。

1. 机械安全装置

(1) 梳齿板安全装置。位于扶梯入口和出口处，带有弹性结构。若异物(如鞋、衣物等)卡入梯级与梳齿板之间，将触发开关，扶梯立即停止(图 4.9)。

图 4.9　梳齿板

(2) 围裙板防夹装置。在梯级两侧的围裙板上安装有毛刷或橡胶条，防止衣物、鞋子被夹入缝隙。部分扶梯采用微动开关，当围裙板受到异常压力时自动停机。

(3) 梯级缺失/下沉保护。检测梯级是否缺失或下沉，防止因梯级异常导致乘客跌落。

(4) 扶手带入口保护。在扶手带进入扶梯结构的入口处设置防夹装置，防止手指或异物被卷入。

(5) 超速与逆转保护：

① 超速保护：若扶梯速度超过设定值(如额定速度的 120%)，制动系统启动。

② 逆转保护：防止扶梯突然反向运行(如电机故障时)。

2. 电气保护系统

(1) 急停按钮(紧急停止开关)。通常位于扶梯上下端部，为红色按钮，按下后扶梯立即停止(图 4.10)。部分扶梯在中间位置(如大型扶梯)也设有急停装置。

(2) 防静电与接地保护。防止静电积累导致设备损坏或乘客不适。

(3) 过载保护。当扶梯负载过大时，自动降低速度或停机，防止电机损坏。

(4) 故障自诊断。现代扶梯配备 PLC(可编程逻辑控制器)，实时监测运行状态，发现异常可自动报警或停机。

图 4.10 急停按钮

四、升降平台

地铁车站中的升降平台是一种为方便特殊人群，如残疾人、老年人、携带大件行李者等使用的无障碍设施，一般安装在楼梯旁边或出入口处，不占用太多空间(图 4.11)。在一些无法安装垂直电梯的狭窄位置较为常见，也可以作为替代设施，当垂直电梯因故障维修或其他原因无法使用时，继续为有需要的乘客提供服务，如南京地铁南京站 2、4 号出入口设有楼梯升降平台。

图 4.11 地铁车站升降平台

地铁升降平台的使用

(一) 升降平台的组成

升降平台主要由平台本体、驱动装置、控制系统、安全保护装置等部分组成。

1. 平台本体

承载乘客和物品的部分，通常采用坚固的金属材料制成，表面有防滑设计。

2. 驱动装置

一般采用液压或电动驱动系统，通过电机或液压泵提供动力，使平台能够在垂直方向上平稳升降。

3. 控制系统

用于操作平台的升降，通常配备有按钮或遥控器，方便使用者控制。

4. 安全保护装置

包括限位开关、安全锁、超载保护等，以确保平台在运行过程中的安全。

（二）升降平台的使用

1. 呼叫工作人员

乘客在地铁出入口或设备旁找到带有“求助按钮”或“无障碍服务”标识的装置，按下按钮后，车站控制室会收到通知并安排工作人员到现场协助操作，乘客也可以事先进行电话或APP预约，拨打地铁服务热线或使用地铁APP的“爱心预约”功能提前预约服务，以便车站提前准备。

2. 设备操作

工作人员到达后，使用遥控器或手动操作展开升降平台。例如，上海地铁9号线醉白池站的斜坡升降平台通过遥控器展开踏板和扶手，耗时约1 min。乘客在工作人员协助下将轮椅推上平台，系好安全带或者抓稳扶手。平台上升或下降过程中需保持平稳，速度通常为0.1 m/s，载重一般不超过250 kg。平台到达目标楼层并停稳后，乘客在工作人员的协助下松开轮椅刹车，将轮椅推离升降平台。最后工作人员将升降平台折叠收起，恢复原位。

任务三　低压配电与照明系统

一、低压配电与照明系统概述

低压配电与照明系统负责为车站及区间设备提供安全、可靠的电能分配与照明保障，确保运营环境的安全性与舒适性（图4.12）。车站低压配电系统为车站站台、站厅和设备用房的车站机电设备，售检票设备及通信、信号系统等提供稳定的电源，保障地铁内环境舒适、乘客安全以及正常运营秩序。照明系统为地铁车站和隧道提供必要的光照，确保乘客有序进出站、乘车以及职工正常工作等。

图 4.12 低压配电柜

二、低压配电系统

低压配电系统主要采用 380 V(三相)和 220 V(单相)交流电,允许电压波动范围为 ±10%。覆盖车站设备、隧道设备、动力设备、通信及信号系统、应急备用等多个关键部分,确保供电安全、稳定、可靠。

(一) 负荷等级

轨道交通将车站用电负荷按照用电可靠性要求及失电影响程度分为一级负荷、二级负荷、三级负荷。

1. 一级负荷

属于一级负荷的有:火灾自动报警系统设备、防排烟风机及各类防火排烟阀防火(卷帘)门、消防疏散用自动扶梯、消防电梯、应急照明、主排水泵、雨水泵、防淹门及火灾或其他灾害情况下仍需使用的用电设备;通信系统设备、信号系统设备、综合监控系统设备、电力监控系统设备、环境与设备监控系统设备、门禁系统设备、安防设施、自动售检票设备、屏蔽门(安全门)设备、变电所操作电源、地下站厅站台等公共区照明、地下区间照明等。

2. 二级负荷

属于二级负荷的有:乘客信息系统、变电所检修电源、地上站厅站台等公共区照明、附属房间照明、普通风机、排污泵、电梯、非消防疏散用自动扶梯和自动人行道。

3. 三级负荷

属于三级负荷的有:区间检修设备、附属房间电源插座、车站空调制冷及水系统设备、广告照明、清洁设备、电热设备。

(二) 配电方案

在低压配电系统中,放射式和树干式是两种常见的配电方式。放射式配电系统是指从电源出发，通过单独的线路直接向各个负荷点供电，可靠性高，但成本也相对较高。树干式配电系统则通过一条主干线向多个负荷点供电，成本低，但可靠性相对较低。

车站低压配电兼顾系统的可靠性和经济性，采用的是放射式和树干式相结合，以放射式为主的配电方式。具体来说，系统可以分为以下两种供电方式：车站降压所直接供配电和环控电控式供配电。

1．车站降压所直接供配电

一级负荷供电方式必须采用双电源双回线路供电，一级负荷中特别重要的负荷，除有双电源双回线路供电外，应增设应急电源，并严禁其他负荷接入。

二级负荷供电方式宜采用双电源单回线路专线供电。

三级负荷供电方式可采用单电源单回线路供电，当系统中只有一个电源工作时可切除三级负荷。

2．环控电控室供配电

系统采用单母线断路器分段接线形式供电，并设有电源自动切换装置，通过母联断路器（连接两端母线）的备用电源自动投切装置，实现两路电源互备供电。

环控电控室供配电为以下系统提供电源：

（1）通风空调系统：风机、风阀、空调机组采用变频驱动，配电回路设软启动器以减少冲击。

（2）给排水系统：水泵电机需配液位联动控制，消防水泵需防火电缆供电。

（3）照明系统：公共区照明分正常与应急回路，应急照明由 EPS 供电。

（4）监控系统：BAS（环境监控系统）、FAS（火灾报警系统）采用 UPS 供电，后备时间≥1 h。

三、车站照明系统

车站照明系统是保障乘客安全、舒适出行的重要设施，需满足功能性、节能性、应急疏散等多重需求。

（一）照明系统组成

1．正常照明

为车站提供日常的基本照明，包括站厅、站台、通道、楼梯、设备房等区域的照明。通常采用荧光灯、LED 灯等灯具，通过合理的布局和安装，使整个车站空间获得均匀、充足的光照。

2．应急照明

在正常照明电源故障或停电时自动投入使用，为乘客和工作人员提供必要的照明，以便安全疏散和进行应急操作，照明持续时间需符合消防规范（如持续供电≥90 min）。

3．导向标识照明

通过照亮车站内的各种导向标识，如出入口标识、站台指示标识、换乘标识等，帮助乘客顺利进出车站、完成换乘。

4. 广告照明

用于照亮车站内的广告灯箱和宣传栏，通常采用与正常照明不同的灯具和控制方式，以突出广告效果，同时也为车站增添了一定的商业氛围。

（二）特殊区域照明

1. 站台边缘

加强照明提示安全界限，防止乘客跌落轨道。

2. 出入口

适应室内外光差，设置过渡照明，避免出现“黑洞效应”。

3. 艺术照明

文化主题车站可结合装饰性灯光（如光带、造型灯）。

（三）控制方式

1. 就地控制

在车站的各个区域设置照明配电箱，工作人员可以在配电箱上直接手动控制相应区域的照明灯具开关，方便在局部区域进行照明维护或根据实际需要临时调整照明状态。

2. 集中控制

通过车站机电设备监控系统或综合监控系统对整个车站的照明进行集中管理和控制。可以实现对不同区域、不同类型照明灯具的分组控制，根据不同的时间段、客流量等因素自动或手动调整照明亮度和开关状态。

3. 智慧控制

利用智能照明控制系统，结合传感器技术（如光线传感器、人体感应传感器等）和网络通信技术，实现照明系统的智能化管理。例如，根据环境光线的强弱自动调节照明亮度，在无人区域自动关闭或降低照明亮度，以达到节能的目的。

任务四　站台门系统

一、站台门系统概述

城市轨道交通站台门系统（platform screen doors，PSD），常安装于地铁、轻轨等车站的站台边缘，是能与列车门同步开启和关闭，用于隔离列车轨行区和站台候车区的机电一体化设备。该系统由机械和电气两部分组成，机械部分包括门体结构和门机系统，电气部分包括电源系统和控制系统。

二、站台门的分类

站台门介绍

站台门从结构形式上可分为全高闭式站台门、全高开式站台门和半高开式站台门。

(一) 封闭式站台门

封闭式站台门为全封闭结构，高度通常与站台天花板齐平(2.5～3 m)，将乘客候车区与列车轨道完全隔离，形成独立空间，如图 4.13 所示。

图 4.13　封闭式站台

封闭式站台门在设有空调系统的地下车站中应用广泛。地下车站空间相对封闭，列车运行产生的活塞风较强，封闭式站台门能够有效解决活塞风问题，同时配合空调系统，为乘客提供舒适的候车环境。

(二) 全高开式站台门

全高开式站台门是一道上不封顶的玻璃隔墙和滑动门，仅在近天花板处留一道缝隙，如图 4.14 所示。主要应用于没有空调系统的地下车站。在地下环境中，列车高速行驶会形成强劲的隧道风，全高开式站台门可在保证一定空气对流的同时，阻挡隧道风将隧道内的粉尘、垃圾、颗粒等吸入车站，以免造成安全隐患。

(三) 半高开式站台门

半高开式站台门高度一般在 1.2～1.5 m，不超过人体高度，属于上不封顶的玻璃隔墙和滑动门或不锈钢篱笆门(图 4.15)。常见于地面或高架车站，成本较低，主要防止乘客意外跌落轨道。

图 4.14　全高站台门

图 4.15　半高站台门

三、站台门系统的组成

站台门系统技术要求高，需具备安全可靠、控制精准、环境适应强、高强度耐用以及智能监控维护等特性，以确保在各种复杂条件下能与列车精准配合，保障乘客安全和运营高效，通常由机械结构、电气控制等多个子系统组成。

（一）机械结构系统

1．固定门

固定门（fixed panel）设置在滑动门之间以及滑动门与端门之间，起到隔离和密封的作用，将站台区域与轨行区隔离开来，为乘客提供安全屏障。通常采用高强度防火铯钾玻璃制成，具有良好的耐火性能，能在一定时间内抵御火灾蔓延。

图 4.16　滑动门

2．滑动门

滑动门（sliding door）位于站台门系统中列车车门对应的位置，是乘客上下列车的主要通道（图 4.16）。正常运行时，列车到站，控制系统接收到信号打开滑动门，乘客上下车完毕后，再接收信号关闭。关门时若检测到障碍物，会自动停止并重新打开，或进行报警，阻止列车启动。关门遇障碍物会先进行三次关闭，三次均检测到障碍物则车门完全打开，需要工作人员进行处理。

3．应急门

应急门（emergency door）一般位于两扇滑动门之间，在列车进站无法对准滑动门，或者遇到停电、火灾等紧急情况时，作为乘客疏散的通道(图 4.17)。在轨道侧，乘客可通过按压推杆打开应急门；在站台侧，工作人员使用通用钥匙可开启应急门。应急门的关闭和锁紧状态通过行程开关监测，并接入安全回路，若未达到“关闭且锁紧”状态，相邻滑动门会发出声光报警。

4. 端门

端门(end door/barrier door)布置在整个站台门的两端，主要供工作人员进出隧道进行设备维护、检修等作业，在紧急情况下也可作为乘客从隧道疏散的通道(图 4.18)。端门开启状态不直接影响站台门安全回路，但开启超过设定时间(如 30 s)，系统会发出报警，以确保列车进出站时端门不能处于打开状态，防止风压导致门扇快速开关造成损坏。

图 4.17　应急门

图 4.18　端门

5. 顶箱

顶箱位于门体的上部，是门单元的重要组成部分，用于安装门机系统及相关设备，为门的开启和关闭提供动力和控制，顶箱盖板兼作车站导向指示牌和站台边缘导向灯带反射板。

6. 门槛

门槛位于门体的底部，是乘客上下车时踩踏的部位。采用不锈钢材料制成，表面刻有多条防滑槽，防止乘客滑倒。

(二) 电气控制系统

1. 中央控制单元

中央控制单元(platform screen door controller，PSC)是站台门电气控制系统的核心，负责接收来自信号系统的控制命令，如开门、关门信号等，并对这些信号进行处理和分配，然后将指令发送到各个门控单元，以实现对站台门的统一控制。同时，它还能实时监测站台门的状态，如门的开关位置、故障信息等，并将这些信息反馈给车站的综合监控系统，以便工作人员及时了解站台门的运行情况。

2. 门控单元

每个滑动门都配备有一个门控单元(door control unit,DCU),它是控制单个滑动门运行的关键部件。门控单元接收中央控制盘发送的控制指令,精确控制滑动门的开启和关闭动作,包括门的开关速度、位置控制等。同时,它还能对门的状态进行实时监测,如检测门是否关闭到位、是否有障碍物阻挡等,并将这些状态信息反馈给中央控制盘。

3. 电源系统

电源系统为站台门电气控制系统提供稳定的电力供应,确保系统各个部件能够正常工作。电源系统的稳定性和可靠性对站台门的安全运行至关重要,一旦电源出现故障,可能导致站台门无法正常开关,影响列车的正常运营和乘客的安全。

4. 通信网络

通信网络负责在中央控制盘、门控单元以及其他相关设备之间传输控制命令、状态信息等数据,确保整个电气控制系统的信息交互和协同工作。通信网络的可靠性和实时性直接影响站台门系统的运行稳定性和安全性。

四、站台门系统的控制模式

站台门(也称为屏蔽门或安全门)系统的控制模式通常根据运营需求、安全等级和自动化程度进行设计。

(一) 系统级控制(系统自动)模式

这是站台门正常运行时的主要控制模式。信号系统根据列车的运行状态,向站台门的中央控制盘(PSC)发送开门和关门命令,中央控制盘再将这些命令通过通信网络传输给各个门控单元(DCU),从而实现对站台门的统一控制。列车到站停稳后,信号系统会发送开门命令,使站台门与列车门同步打开;列车准备离站时,信号系统会发送关门命令,将站台门关闭。

(二) 站台级控制(就地控制)模式

在站台级控制模式下,工作人员可以通过设在站台端头的站台门就地控制盘(PSL)来对站台门进行操作。当需要进行局部的站台门维护、测试或在系统级控制出现故障时,可以使用 PSL 进行站台门的开关控制。PSL 上通常设有“开门”“关门”“互锁解除”等按钮,工作人员根据实际需要按下相应按钮。

(三) 紧急控制模式

当车站发生火灾、地震等紧急情况时,需要通过紧急控制模式来确保乘客的安全疏散。紧急控制信号可以由火灾自动报警系统(FAS)或车控室 IBP 盘发出,信号传至站台门的中央控制盘,中央控制盘接收到紧急信号后,会强制打开所有站台门,以便乘客快速疏散。

（四）手动模式

每个滑动门都配备有手动操作装置，在紧急情况下或进行单个门的维护时，可以通过手动操作装置来打开或关闭滑动门。手动操作装置一般位于门机的侧面或顶部，通过拉动把手或使用专用工具，可以实现对单个滑动门的手动开关。此外，应急门和端门也可以通过手动方式进行开启和关闭，通常在轨道侧可以通过按压推杆打开，站台侧则可使用通用三角钥匙开启。

站台门的手动操作

任务五　环控系统

一、环控系统概述

环境控制系统简称环控系统，它是确保轨道交通系统正常运营的一个重要组成部分。环境控制的对象是地面车站（含高架车站）、地下车站、地下区间隧道、主变电站、牵引变电站等。通过环控系统对轨道交通（尤其是地下车站）的温度、湿度、空气等进行处理，在正常运行期间为城市轨道交通乘客提供舒适、良好的乘车环境，并为工作人员提供必要的安全、卫生、舒适的环境条件，同时对车站各种设备和管理用房按工艺和功能要求提供满足要求的环境条件，为列车及设备的运行提供良好的工作条件。车站或列车内发生火灾、毒气事故时，环控系统能提供新鲜空气，及时排除有害气体，为人员撤离事故现场创造条件。

二、环控系统的组成

它分为车站通风空调系统（公共区、设备管理用房、空调水系统）和隧道通风系统（车站隧道、区间隧道），用于排除余热、调节温湿度，如图 4.19 所示。

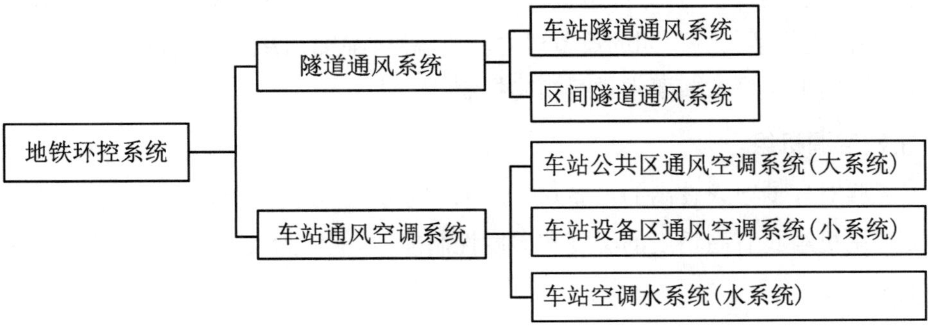

图 4.19　环控系统组成

三、车站通风空调系统

（一）车站公共区通风空调系统

为车站的站厅、站台等公共区域提供舒适的环境条件，满足乘客和工作人员的舒适性要求，同时保证公共区域的空气质量和通风效果，确保在正常运营和紧急情况下的人员安全和疏散。

空调制冷黑科技

1. 组合式空调机组

通常安装在车站的空调机房内，对进入公共区的空气进行集中处理，包括过滤、冷却、加热、加湿等操作，以调节空气的温度和湿度。

2. 送风口和回风口

送风口将经过处理的空气均匀地分布到公共区域，回风口则收集公共区域的空气，使空气形成循环。送风口和回风口的位置和数量根据公共区的布局和气流组织要求进行合理设置。

3. 风道

采用金属或非金属材质制成，用于输送空气。风道包括送风道和回风道，送风道将空调机组处理后的空气输送到各个送风口，回风道则将回风口收集的空气送回空调机组。

4. 风机

风机包括送风机和回风机，送风机为空气的输送提供动力，将处理后的空气送入公共区；回风机则协助将公共区的空气抽回空调机组，保证空气循环的顺畅。

5. 空气幕

一些车站的出入口处设置有空气幕，通过高速气流形成一道无形的屏障，阻止室外冷热空气与室内空气的交换，减少能量损失，同时也能起到阻挡灰尘、蚊虫等进入车站的作用。

（二）车站设备区通风空调系统

为车站内的各类设备房，如配电室、通信机房、信号机房、环控机房等提供适宜的环境条件，确保设备的正常运行。不同的设备房对环境温度、湿度、洁净度等有不同的要求，设备房通风空调系统需要根据这些要求进行精确控制。

1. 精密空调机组

对于一些对环境要求较高的设备房，如通信机房、信号机房等，通常会采用精密空调机组。这类空调机组具有高精度的温度和湿度控制能力，能够为设备提供稳定的运行环境。

2. 风机

风机包括排风机和送风机，用于设备房的通风换气。排风机将设备房内的污浊空气和热量排出室外，送风机则将室外新鲜空气送入设备房，保持室内空气的新鲜和流通。

3. 过滤装置

为了保证设备房内空气的洁净度，防止灰尘和杂质对设备造成损害，一般在通风系统中设置空气过滤装置，对进入设备房的空气进行过滤。

（三）空调水系统

负责为公共区通风空调系统和设备房通风空调系统的空调机组（图 4.20）、风机盘管等末端设备提供冷源或热源，通过循环流动的空调水在制冷或制热设备与末端设备之间传递热量，实现对室内环境温度的调节。主要设备包括冷水机组、冷却水泵、冷冻水泵、冷却塔（图 4.21）、分集水器等。

图 4.20　空调机组

图 4.21　冷却塔

四、隧道通风系统

隧道通风系统能保证区间隧道内空气的流通和质量，并及时排除列车在车站制动时产生的热量、灰尘以及各种有害气体，使区间隧道内的环境参数满足设计要求，为列车的安全运行和乘客的舒适提供保障。在发生火灾、阻塞等紧急情况时，能够迅速有效地调控气流，为乘客和工作人员提供必要的新风供应，同时排出烟雾和有害气体，为人员疏散和救援创造有利条件。它分为车站隧道通风系统和区间隧道通风系统，主要的设备包括隧道风机、射流风机、活塞风井、风阀、风道。

（一）隧道风机

隧道风机通常安装在车站两端的隧道风机房内，是车站隧道通风系统的核心设备。其作用是在正常运行时推动隧道内空气流动，实现通风换气；在火灾等紧急情况下，可根据需要改变风机运行方向，进行排烟和送风，以控制烟雾扩散。

（二）射流风机

部分车站隧道内还会设置射流风机（图 4.22），它通过喷射高速气流，诱导周围空气流动，从而提高隧道内空气的流通速度和换气效果，辅助隧道风机更好地实现通风功能。

(三) 活塞风井

活塞风井是区间隧道与外界大气相通的通道，列车在隧道内运行时会产生活塞风，活塞风井利用活塞风的作用，使区间隧道内的空气与外界空气进行自然交换，起到通风换气的辅助作用。同时，活塞风井也可作为区间隧道通风系统的进风口或出风口，在不同工况下发挥不同的作用。

活塞风原理

(四) 风阀

风阀包括电动调节阀、防火阀等。电动调节阀用于调节风道内的风量，根据车站不同区域的通风需求，精确控制空气流量；防火阀则在火灾发生时，能够自动关闭，防止火势通过风道蔓延到其他区域，起到防火分隔的作用，如图 4.23 所示。

图 4.22 射流风机

图 4.23 风阀

(五) 风道

风道采用金属或复合材料制成，连接隧道风机、射流风机、风阀以及车站内的各个通风口，形成完整的通风通道，确保空气能够在隧道内顺畅流动。风道的布置需要考虑车站的结构布局、设备安装空间以及气流组织的合理性。

任务六 乘客信息显示系统

一、乘客信息显示系统概述

乘客信息显示系统(PIS)是利用显示技术、计算机技术、网络技术等，向乘客提供各种信息的系统，旨在为乘客提供便捷、及时、准确的信息服务，提升乘客的出行体验，如图 4.24 所示。它能够在乘客出行过程中，提供诸如车辆到站时间、线路信息、换乘指引、票价信息、安全提示、广告宣传等各类信息，帮助乘客更好地规划行程，了解出行相关的各种情况，同时也能为运营方提供信息发布和宣传的渠道。

图 4.24　乘客信息显示系统

二、乘客信息显示系统

（一）系统组成

PIS 由控制中心子系统、车站子系统、车载子系统、网络子系统、电源子系统五大子系统组成。PIS 按照“两级管理、三级控制”方式来组织。一级管理是控制中心（OCC）系统，二级管理包括车站子系统和车载子系统。网络子系统用于连接不同系统，电源子系统为整个系统提供电力。

（二）两级管理

1. 中央级管理

为 PIS 的核心管理层级，负责对整个系统进行集中管理和控制。控制中心的工作人员可以通过专业的编辑软件制作各种节目内容，如新闻、广告、列车运行信息、安全提示等，并按照一定的时间顺序和播放规则编排成播放列表。同时，控制中心还可以对所有车站和列车的 PIS 设备进行实时监控，了解设备的运行状态，及时发现并解决设备故障等问题，如突发疫情时，中心统一向所有车站发布防疫广播，高峰时段推送客流疏导信息等。

2. 车站级管理

它接收来自控制中心的信息，并根据车站的实际情况，如列车到站时间、客流情况等，在车站的站厅、站台、通道等位置的显示屏上显示相应的内容，如车站电梯故障处于维修状态，车站管理员通过 PIS 发布临时引导信息，仅影响本站。

（三）三级控制

1. 中央控制级

中央控制级控制主要是指控制中心对车站、列车核心设备（服务器）的控制。控制中心通过网络将制作好的节目内容和播放指令发送到各个车站和列车的服务器上，控制这些核心设备的运行，确保它们按照预定的播放列表和时间要求进行信息播放。

2. 车站控制级

车站控制级控制是指由车站、车载核心设备对下辖范围内的播控设备进行控制。车站服务器在接收到中心的指令后，会根据本地的实际需求，对车站内的各个播控设备进行进一步的控制和管理。比如，车站发生火灾，工作人员在播控设备发布乘客疏散信息。

3. 现场设备级

现场设备级控制是指播控设备对终端显示屏等现场设备的控制。播控设备负责将服务器传来的数字信号转换为适合终端显示屏显示的信号格式，并控制显示屏的开关、画面切换、亮度调节等操作。同时，对于音频设备，播控设备也会控制其音量大小、播放内容等，以实现最终的信息展示和传播。

任务七　给排水系统

一、给排水系统概述

城市轨道交通给排水系统是现代城市轨道交通中不可或缺的重要设备，其作用是为城市轨道交通运营提供必要的用水，并及时排除各种污水和废水，以保证城市轨道交通设施的正常运行和环境的安全卫生。给排水系统由给水系统、排水系统和水消防系统组成。给水系统由城市自来水官网供水，主要负责为城市轨道交通运营提供所必需的生产用水、生活用水和消防用水；排水系统主要负责将收集的生产、生活中产生的废水、污水，自然界的雨水、雪水和结构渗漏水等排出车站；水消防系统由城市自来水管网提供两路独立供水，主要负责为城市轨道交通运营提供必要的消防灭火用水。

给排水系统不仅保障了列车运营的安全与稳定，还为乘客提供了舒适的乘车环境，同时维护了轨道设施的完好状态。作为城市轨道交通基础设施的重要组成部分，给排水系统的完善与否直接影响着城市轨道交通整体运营效率和服务质量。

二、给水系统

给水系统(图 4.25)是为车站及附属设施提供生产、生活、消防等用水需求的核心设施，其设计需兼顾安全性与效率，主要包含以下子系统：

(一) 生产生活给水系统

取自城市自来水管网，通过引入管将城市自来水引入地铁车站或车辆段。为地铁车站内的工作人员和乘客提供日常饮用水及生活用水，包括卫生间冲洗、洗手、清洁等用途。同时为地铁运营中的各种生产设备提供用水，如车辆段内的列车清洗设备。

图 4.25　给水系统

（二）消防给水系统

消防给水系统能够迅速将水输送到火灾现场，通过消火栓、自动喷水灭火系统等消防设备进行灭火，有效控制火势蔓延。一般地下车站采用环状管网设计，站厅、站台及区间隧道内设置独立管道，确保消防用水的可靠性。地面或高架车站若市政水压不足时，需设置消防泵房和消防水池，通过加压设备供水。

（三）空调冷却循环水系统

它负责为车站的空调系统提供必需的冷却水，从而确保空调设备能够稳定运行，该过程中，循环水泵会从冷却塔中抽取冷却水，并通过冷却水管路将其输送到冷凝器中。冷却水会与空调系统的制冷剂进行热交换，吸收制冷剂中的热量。随后，升温后的冷却水会再次回到冷却塔。冷却水在系统中持续循环，为空调系统提供持久的冷却效果。

三、排水系统

城市轨道交通建筑排水系统的任务是收集建筑内生活、生产中使用过的水并排放到室外的雨水、污水管道系统，如图 4.26 所示。

（一）污水排水系统

生活污水主要来源于车站内的卫生间、盥洗室以及车辆段内的职工宿舍、食堂等区域。生产污水则产生于车辆段的检修车间，如车辆清洗废水、含油废水，以及车站内的一些设备机房，如空调机房的冷凝水排水等。在这些区域，通过设置地漏、排水管道等设施，将污水收集起来，依靠重力作用或局部提升设备，将污水汇集到污水泵房。污水泵将污水提升至一定高度后，排入城市污水管网，最终进入城市污水处理厂进行进一步处理。

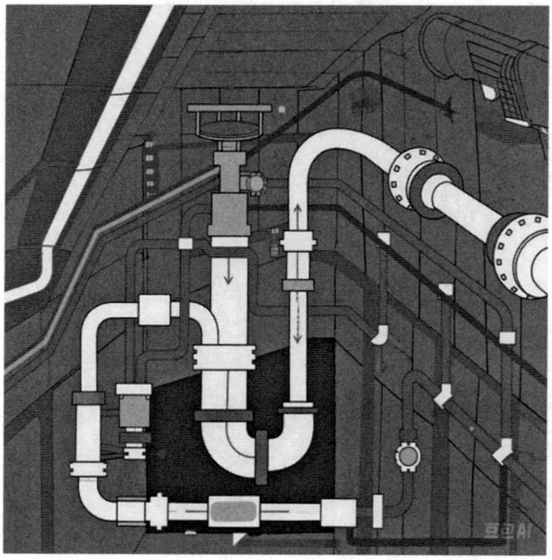

图 4.26 排水系统

城轨排水系统

（二）废水排水系统

废水主要包括车站和区间隧道的结构渗漏水、消防废水、冲洗废水等。在车站的站台层、站厅层以及区间隧道的底部，设置有排水明沟或排水地漏，用于收集这些废水。废水自流汇集到废水泵房，废水泵将废水提升后，排至城市雨水管网或污水处理厂。对于一些含有少量杂质或轻度污染的废水，如结构渗漏水和冲洗废水，经过简单的沉淀、过滤等预处理后，可直接排入城市雨水管网；而对于消防废水等可能含有较多杂质和污染物的废水，则需要根据实际情况进行进一步的处理。

（三）雨水排水系统

地铁车站出入口、风亭、车辆段露天停车场等区域是雨水的主要来源。在这些区域的地面上，设置有雨水箅子，雨水通过雨水箅子进入雨水收集管道。雨水收集管道通常采用排水性能良好的塑料管道或钢筋混凝土管道，按照一定的坡度铺设，将雨水引导至雨水泵房或直接排入城市雨水管网。

地铁车站防汛设备

四、水消防系统

城市轨道交通水消防系统通过快速控制火势、高效灭火、保护人员与设备安全，在保障地铁消防安全方面发挥着不可或缺的重要作用，如图 4.27 所示。

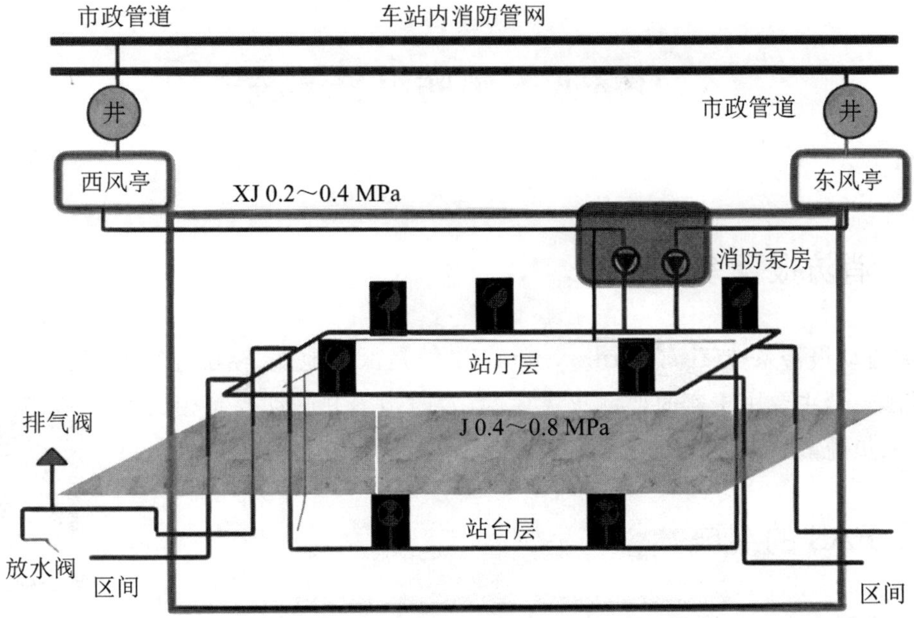

图 4.27　水消防系统

（一）消火栓灭火系统

由消防水池、加压水泵、室内消火栓及管道构成，车站多采用独立消防水池并配备双路水源以保障供水稳定性。每处消火栓均设置消防泵启泵按钮和手动报警装置，灭火效率高且维护成本低，是地铁最可靠的灭火装置。

（二）自动喷水灭火系统

能够在火灾发生的初期自动感应并通过喷头均匀喷水，能够大面积覆盖火灾现场，对燃烧物进行冷却和窒息，大大提高了灭火的及时性和有效性，能够在火势还较小时就进行扑救，有效控制火势蔓延。

（三）高压细水雾灭火系统

通过高压水泵或高压氮气瓶等动力源，将水加压至较高压力（通常为 10 MPa 及以上），然后通过特殊设计的细水雾喷头，使水以极细的雾滴形式喷出。这些细水雾滴在火场中迅速蒸发，吸收大量的热量，从而降低火场温度；同时形成的水蒸气会使氧气浓度降低，达到窒息灭火的效果。

任务八　消防报警系统

一、消防报警系统概述

火灾自动报警系统(fire alarm system，FAS)是保障地铁、轻轨等轨道交通运营安全的核心系统之一，主要用于实时监测火灾风险、及时报警并联动控制相关设备，确保人员疏散和火灾扑救的高效性。

车站消防演练

二、FAS 的组成

FAS 主要由火灾探测器、手动报警装置、FAS 主机及联动设备构成。

(一) 火灾探测器

火灾探测器负责实时监测火灾信号，如烟雾、温度等，并将信号传输给火灾报警控制器，如图 4.28 所示。它们被安装在建筑物的各个关键位置，如走廊、楼梯间、电气设备房等。这些探测器能够实时监测环境中的火灾信号，如烟雾、温度异常等。一旦探测到火灾信号，探测器会立即将信号转化为电信号，并通过有线或无线方式传输给火灾报警控制器，确保火灾信息能够迅速、准确地被处理。

烟雾传感器　　湿度传感器

图 4.28　火灾探测器

(二) 手动报警装置

手动报警器是一种人工触发的火灾报警装置，主要用于在发现火灾时，人员手动操作向 FAS 发送火灾报警信号，以便及时通知相关人员采取灭火和疏散等措施，如图 4.29 所示。在自动报警系统出现故障或未及时探测到火灾的情况下，能够发挥关键作用。通常安装在公共场所的墙壁上，如地铁车站的站厅、站台、通道等位置。

（三）FAS 主机

FAS 主机主要作用是接收探测器和手动报警装置所发送的电信号并进行报警，如图 4.30 所示。在工作人员对火势情况进行确认后，发出相关设备的联动指令使火灾造成的危害降到最小。

图 4.29　手动报警器

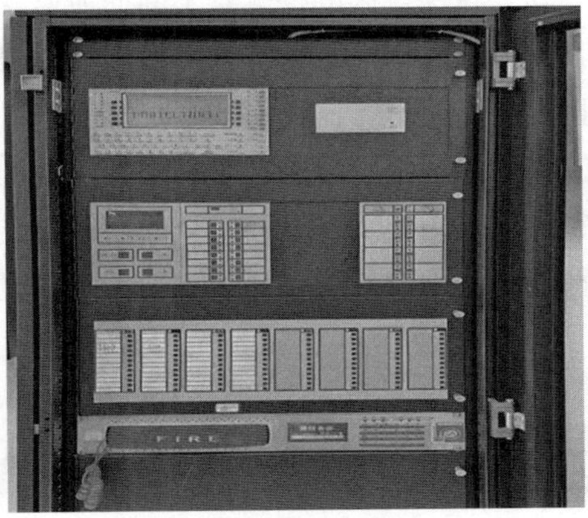

图 4.30　FAS 主机

三、FAS 的功能

FAS 设置了三级（中心级、车站级、就地级）控制，以实现对运营线路火灾探测报警和消防系统设备的监控管理。在发生火灾时，FAS 发出模式指令使消防系统和各相关设备转入火灾模式运行，执行消防联动，实现防救火灾功能。

（一）中心级火灾自动报警系统

中心级火灾自动报警系统设立在 OCC，主要包括中心级火灾报警控制器、图形工作站、打印机、系统软件、全线系统网络接口设备、主备电源、火警电话等设备，可以实现对全线火灾自动报警控制系统、气体灭火控制系统和联动设备等的监控和管理。

（二）车站级火灾自动报警系统

车站级火灾自动报警系统设立在车控室，主要包括火灾自动报警控制器、图形工作站、探测器、气体灭火控制器、手动报警按钮、消火栓启泵按钮、消防电话系统、防救灾设备、现场各种监控模块等设备，可实现对本站管辖范围内 FAS 设备的自动监视与控制以及手动控制，并与 BAS 的控制器进行通信，可以由 FAS 的火灾报警控制器直接发送确认后的火灾报警信号给 BAS 控制器，并由 BAS 联动相关共用设备。

（三）就地级火灾自动报警设备

就地级火灾自动报警设备主要包括消防泵、防排烟设备、防火卷帘、气体灭火系统、电梯、自动扶梯等。这些设备可在现场通过自身控制装置进行就地操作,作为最后一道控制防线,确保在紧急情况下即使上级控制系统出现故障,也能及时响应火灾情况。

四、FAS 的工作原理

安装在保护区的探测器不断向所监视的现场发出巡检信号,监视现场的烟雾浓度、温度等,以及捕捉自动报警装置的触发信号,并反馈给报警控制器,控制器将接到的信号与内存的正常整定值进行比较、判断以确定是否发生火灾。当发生火灾时,发出声光报警,显示火灾区域的地址编码,并打印报警时间、地址等,同时向火灾现场发出警铃报警,在火灾发生的相邻区域也同时发出报警信号以显示火灾区域。各应急疏散指示灯亮,指明疏散方向,联合多种现场消防设备实现消防联动。FAS 的工作原理如图 4.31 所示。

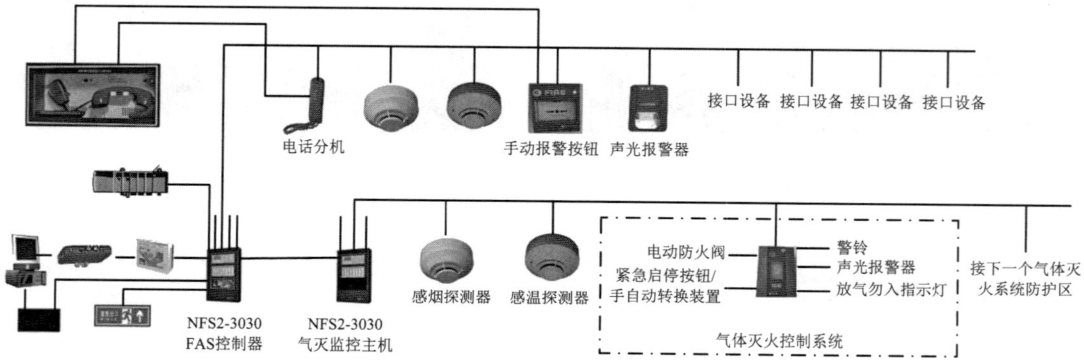

图 4.31　FAS 的工作原理

一旦 FAS 确认执行火灾模式,相关设备执行消防联动如下:

(1) 消防泵联动控制。当火灾报警控制器、消防泵处于自动方式下,FAS 接收到消火栓按钮启泵请求信号后,火灾报警控制器报警,消防泵启泵并反馈状态信息:当火灾报警控制器处于手动方式、消防泵处于自动方式下,FAS 接收到消火栓按钮启泵请求信号,需人为确认后(灭火需用消防水的情况下)人工启动消防泵。

(2) 防烟/排烟联动控制。火灾发生时,FAS 向综合监控系统(ISCS)发送控制优先指令,使 ISCS 停止对共用设备的控制,BAS 启动相应火灾模式,FAS 按预先编制的联动控制逻辑通过输入/输出模块开启相应区域内的排烟防火阀、防烟防火阀、排烟风机、送风机,进行排烟与通风。

(3) 防火卷帘门联动控制。火灾发生时,FAS 接到报警信息后,根据监控程序,向卷帘门控制器发出下降指令,使卷帘门自动下降。

(4) 非消防电源切除。火灾发生时,按照防火分区 FAS 自动切除空调、非疏散用扶梯、电梯系统等非消防电源。

(5) 气体灭火系统联动控制。当气体灭火保护区发生火灾时,探头将火警信息传输给火灾报警控制器,火灾报警控制器向气体灭火控制器发控制指令,对火灾区域进行灭火控制。

（6）开启应急照明系统（含应急疏散指示）。火灾发生时，FAS 发送指令强制点亮所有应急照明灯（含疏散指示标志），且需满足 90 min 续航要求。

（7）电梯联动控制。发生火灾时，由 FAS 通过 BAS 发指令给电梯控箱，电梯控制箱接到指令后自动停靠在基站，打开电梯门并由电控箱反馈信号给 FAS，同时屏蔽其他呼叫操作，FAS 收到反馈信号后切除电梯电源。

（8）自动扶梯联动控制。发生火灾时，由 FAS 通过 BAS 发联动指令给自动扶梯电控箱，非疏散用自动扶梯停止运行。消防疏散用自动扶梯如果运行方向与疏散方向一致，则继续运行，与疏散方向不一致则停止运行。疏散方向为站台到站厅方向并反馈信号给 BAS，通过 BAS 传给 FAS，FAS 收到返回停运信号后切除自动扶梯电源。

五、消防灭火系统

（一）消火栓灭火系统

当发生火灾时，相关人员应打开消火栓箱门，按下箱内的启泵按钮，启动消防水泵。同时，将消防水带一端连接到消火栓上，另一端接上水枪，打开消火栓阀门，消防水在消防水泵的作用下，通过消防给水管网输送到水枪，由水枪喷射出水流进行灭火。

若消防给水管网中的压力下降到设定值以下，稳压泵会自动启动，补充管网压力；当压力继续下降到消防水泵启动压力时，消防水泵会自动启动，以确保消防用水的供应。

消火栓的使用

（二）自动喷淋灭火系统

（1）湿式自动喷淋灭火系统：系统管网内始终充满有压水，当火灾发生时，环境温度升高，喷头的感温元件受热动作，喷头开启喷水。此时，管网中的水流动，水流指示器动作，向消防控制中心发出报警信号。同时，湿式报警阀阀瓣因压力差而开启，水通过报警阀流向管网，驱动水力警铃发出警报声，压力开关动作启动消防水泵，持续为系统供水灭火。

（2）干式自动喷淋灭火系统：系统管网内平时充满压缩空气，报警阀后的管路内无水。火灾发生时，喷头感温元件动作，首先排出管网内的压缩空气，使报警阀阀瓣开启，水进入管网，然后从喷头喷出灭火。由于需要先排气再充水，干式系统的响应时间相对较长。

（3）预作用自动喷淋灭火系统：该系统结合了湿式和干式系统的特点，管网内平时充以低压空气或氮气，火灾发生时，由火灾自动报警系统先发出信号，开启预作用报警阀组，使管网充水变为湿式系统，然后喷头动作喷水灭火。预作用系统可避免干式系统的延迟喷水问题，同时又能防止湿式系统因误动作而造成水渍损失。

（三）气体自动灭火系统

（1）当火灾发生时，防护区内的火灾探测器探测到火灾信号，将其传输给火灾报警控制器。

(2) 火灾报警控制器接收到信号后,经过确认,发出声光报警信号,提醒人员疏散。同时,向气体自动灭火系统的驱动装置发出启动信号。

(3) 驱动装置收到信号后,启动相应的容器阀和选择阀。容器阀打开,使灭火剂储存容器中的灭火剂通过集流管、选择阀和管网输送到防护区的喷头。喷头将灭火剂均匀地喷洒在防护区内,迅速灭火。

(4) 在灭火剂喷洒过程中,压力信号器会将灭火剂的喷放信号反馈给火灾报警控制器,以便监控系统的工作状态。

气体灭火系统的使用

任务九　环境与设备监控系统

一、环境与设备监控系统概述

环境与设备监控系统(building automation system,BAS)是为监控地铁全线各车站、场段、隧道区间相关机电设备而设的自动监控系统,如图 4.32 所示。被监控的设备包括隧道通风系统设备、车站/场段通风空调大系统、通风空调小系统、空调水系统设备、给排水设备、自动扶梯、电梯、卷帘门、照明系统、应急照明电源、区间给排水等设备的运行状态和系统参数,以及车站公共区和设备房环境温湿度的参数等。

图 4.32　BAS

二、BAS 的组成

BAS 主要由中央级架空系统、车站级监控系统、就地级设备组成。

（一）中央级监控系统

一般位于地铁控制中心，由监控计算机、服务器、显示器、打印机等设备组成。它通过通信网络收集各车站的设备运行信息，实现对全线地铁车站环境与设备的集中监控和管理，能够实时显示设备状态、环境参数等信息，并可进行远程控制和参数调整。

（二）车站级监控系统

一般设置在车控室，主要包括车站监控计算机、可编程逻辑控制器（PLC）或分布式控制系统（DCS）、接口模块、显示器、打印机等设备。车站级监控系统负责对本站的各类设备进行监控，如通风空调系统、给排水系统、照明系统、电梯系统等，采集设备运行数据，实现本地控制和管理，同时将相关信息上传至中央级监控系统。

（三）就地级设备

就地级设备是直接与现场设备相连的控制设备和传感器，包括各类传感器（如温度传感器、湿度传感器、压力传感器等）、执行器（如电动风阀、电动水阀、风机、水泵等）以及现场控制箱等。就地级设备负责采集现场环境参数和设备运行状态信息，并根据车站级或中央级的控制指令对现场设备进行控制，实现对设备的就地操作和保护。

三、BAS 的功能

（一）设备监控

对地铁内的通风空调、给排水、照明、电梯、自动扶梯等各类设备进行实时监测，获取设备的运行状态、故障信息等，如监测通风空调系统的风机运行状态、水系统的水位和水压等，以便及时发现设备异常。

（二）环境监测与控制

监测车站内的温度、湿度、空气质量等环境参数，并根据设定的标准值自动调节通风空调系统的运行模式，以提供舒适的乘车环境。例如，在夏季高温时，自动增加空调制冷量，维持站内适宜温度。

（三）节能管理

通过对设备运行数据的分析，实现优化控制，达到节能目的。如根据客流量自动调整照明亮度、空调负荷，在非高峰时段降低设备运行功率等，有效降低地铁运营的能耗成本。

（四）故障报警与处理

当设备出现故障或环境参数超出正常范围时，系统立即发出声光报警信号，提醒工作人员及时处理。同时，系统会记录故障发生的时间、地点和详细信息，帮助维修人员快速定位和解决问题，保障设备的正常运行和地铁的安全运营。

（五）联动控制

与城市轨道交通车站的其他系统，如火灾自动报警系统（FAS）、安防系统等进行联动。例如，当 FAS 发出火灾报警信号时，BAS 会自动关闭火灾区域的通风空调系统，启动防排烟系统，配合消防工作，确保人员安全。

（六）数据管理与统计

存储和管理大量的设备运行数据和环境参数数据，可生成各种报表和统计分析图表，为设备维护、运营管理提供数据支持，帮助管理人员制定合理的设备维护计划和运营策略。

（七）远程控制

允许相应控制权限的工作人员通过网络对各车站的设备进行远程操作和控制，实现对全线或某车站机电设备的集中管理，提高运营管理的效率和灵活性。

自测练习

一、判断题

1. 自动售检票系统（AFC）的核心设备包括自动售票机（TVM）、自动检票机（AGM）和半自动售票机（BOM）。（　）
2. 电扶梯在无人乘坐时会自动停止运行以节省能源。（　）
3. 低压配电系统的接地方式中，TN-S 系统的工作零线（N）和保护地线（PE）是分开的。（　）
4. 站台门（安全门）系统必须与列车车门完全同步开关，否则会影响列车正常运营。（　）
5. 地铁乘客信息系统（PIS）在列车紧急情况下会自动切换为预录制的应急广播，覆盖车厢内所有显示屏和扬声器。（　）
6. 当地铁站台发生火灾时，消防报警系统（FAS）会立即联动环控系统启动排烟模式，并自动切断站内非消防电源。（　）

二、填空题

1. 自动检票机（AGM）的阻挡装置常见形式有________和三杆式。
2. 乘坐电扶梯时，应紧握________，站立在________侧，避免走动或嬉戏。
3. 在低压配电系统中，________是指带电导体与大地之间的短路故障，通常采用漏电保护器进行防护。
4. 地铁火灾工况下，环控系统需启动________模式，通过风阀切换确保________流向，避免烟气扩散至站台。
5. 地铁车站的排水系统主要包括________、________和________三个子系统，分别用于收集站厅/站台废水、隧道渗漏水和消防废水。

6. 环境与设备监控系统的核心功能包括__________、__________和__________，实现对通风、照明、电扶梯等设备的智能化管理。

拓展训练

1. 查询资料，对比地铁通风系统与煤矿通风系统的特点，分组制作 PPT 并汇报。

2. 地铁自动售检票系统(AFC)、高铁自动售票/检票设备以及银行自助终端(如 ATM、自助存取款机)在技术原理、功能设计和运维管理上存在诸多相似之处，通过实地考察和搜集材料，整理一份关于此的调研报告。

项目五　城市轨道交通车辆认知

学习导读

当清晨第一缕阳光洒向城市，流线型车体划破晨雾疾驰而来，现代轨道交通正以科技重塑人类出行图景。从地下铁龙到高架飞虹，当代轨道交通车辆已突破传统机械框架，演变为融合尖端材料、智能控制与绿色能源的移动科技综合体。本项目将带你深入解轨道交通车辆的科技密码。

学习目标

1. 素养目标

(1) 树立职业安全责任意识，遵守轨道交通行业规章制度及操作规程。

(2) 具备良好的团队合作精神、服务意识和跨部门沟通能力。

(3) 关注城市轨道交通行业发展趋势，能结合新型技术分析应用前景。

2. 知识目标

(1) 掌握城市轨道交通车辆的定义、功能及分类。

(2) 掌握城市轨道交通车辆的基本组成。

(3) 掌握车门、车钩、转向架、受电弓等主要部件的结构及原理。

3. 能力目标

(1) 能通过技术手册或实物区分不同车型的特征，并解析各子系统间的协同关系。

(2) 能初步判断车辆机械或电气设备的运行状态。

建议学时

8 学时。

任务一　城市轨道交通车辆类型和编组

一、城市轨道交通车辆概述

（一）城市轨道交通车辆的含义

城市轨道交通车辆是以电能为动力，大多采用轮轨运转方式（另有单轨车辆、磁浮车辆等其他形式的运转方式），承担城市中短距离快速大运量运输功能的一种服务于城市公共交通的运输工具。

（二）城市轨道交通车辆的特点

不同地区和厂家生产的城市轨道交通车辆各有技术差异，但普遍具有以下特点。

1. 高效性与大运量

城市轨道交通车辆采用固定编组电动列车组，牵引和制动性能优异，从而保证车辆快速、正点运行。城市轨道交通车辆可根据客流变化情况动态编组，实现大运量运输。地铁系统最高运能达 8 万人次/h，轻轨为 1 万～3 万人次/h，可大大缓解城市交通拥堵状况。

2. 安全性与智能化

城市轨道交通车辆配备自动化信号控制系统，实现列车精准调度和自动驾驶。车辆结构满足防火、防碰撞要求，转向架和制动系统采用冗余设计。同时，城市轨道交通全自动驾驶技术（GoA4 级）正在全面推开，其集成了智能调度、故障预测与健康管理系统，运行更加智能、便利。

3. 舒适性与环保性

城市轨道交通车辆车厢内均配备空调、乘客信息系统及无障碍设施，提升了乘客的乘坐体验。同时，城轨车辆以电力驱动为主，真正实现了零排放或低污染，符合绿色交通要求。科研人员们正在研发试验新型储能装置（如超级电容、氢燃料电池），以减少对外接供电依赖，同时优化车体轻量化设计（如铝合金/碳纤维材料），达到进一步降低能耗的目的。

4. 技术灵活性

上海、广州、成都等城市已在快慢车运行线路上试验虚拟编组技术，即通过无线通信实现列车间实时状态共享，替代传统机械联挂，支持运营过程中动态重联或解编，实现灵活编组调度。通过动态解编缩短追踪间隔，提升线路通过能力。为满足城市群及卫星城的通勤需求，市域快线车辆（D 型车）正在普及推广中，其设计速度提升至 160 km/h。

二、车辆的类型

国内城市轨道交通车辆的种类很多，各城市由于运营要求和条件不同，对列车的要求也不同，主要可以从以下几个方面来进行分类。

（一）按照车体的宽度分类

新型地铁车辆

按车体宽度的不同进行分类可以分为以下三类：

（1）A 型车车宽 3.0 m，普通四轴车的车长在 22 m 左右，属于宽车。

（2）B 型车车宽 2.8 m，普通四轴车的车长在 20 m 左右。

（3）C 型车车宽 2.6 m，普通四轴车的车长在 18 m 左右。

城市轨道交通车辆的选型，主要依据线路远期高峰小时的客流量大小来确定。通常，单向小时客流量在 5 万～7 万人次选择 A 型车；单向小时客流量在 3 万～5 万人次选择 B 型车或 A 型车；单向小时客流量在 1 万～3 万人次选择 B 型车。国内城市中上海地铁、北京地铁、广州地铁等均选用 A 型车，合肥地铁、无锡地铁等则选用 B 型车辆。

（二）按照牵引动力配置分类

根据是否携带牵引动力装置可分为动车和拖车。动车为整列车的牵引提供动力，其中带受电弓的动车记为 Mp，不带受电弓的动车记为 M。而拖车则用 T 来表示，安装司机室的拖车记为 Tc，一般列车两端车厢带司机室。车辆分类如图 5.1 所示。

图 5.1　车辆分类

拓展课堂

截至 2025 年 1 月，合肥地铁 8 号线 1 期投入运营的列车及芜湖轨道采用的跨座式单轨车辆均可实现 GoA4 级的无人驾驶，如图 5.2 所示，无人驾驶车辆司机室不再与客室施行硬隔离。合肥轨道交通 8 号线一期工程采用 6 节车厢编组 B 型车，最高运行速度可达 100 km/h。线路采用基于通信的列车自动控制系统（communication based train control system，CBTC），根据网络指令下发给牵引、制动、车门等各个系统，实现列车自动唤醒、休眠、启动、加速、制动、停车、车门开关等功能。列车首次配置车厢拥挤度智能显示功能，除了在车内屏幕上实时显示，车站站台也可同步显示每节车厢的载客状态，乘客可根据拥挤情况精准选择车厢。乘客服务方面同时配备无线充电装置，列车更加智能、先进。

图 5.2　无人驾驶车辆外观和司机室

三、车辆的编组

无人驾驶科普

城市轨道交通列车是由若干节车辆通过车钩连接而成的动车组。车辆通过车钩连接成一个相对固定的编组成为一个单元，一个列车可以由一个或几个单元编组而成。决定车辆编组的主要因素有：运营密度、客流大小、站间距离、舒适度、安全可靠性、工程投资和线路坡度等。

国内城市轨道交通车辆编组大多采用六节编组的形式，如合肥、无锡等地。也有部分城市如重庆、上海等地会根据客流变化灵活地配置有四节编组、六节编组、八节编组等多种形式的列车，如图 5.3 所示。

a. 六节编组

b. 四节编组

c. 八节编组

图 5.3　灵活的编组形式

当列车由六节车辆编组时一般采用四动二拖配置(图 5.4)。编组方式为:

+ Tc * Mp * M = M * Mp * Tc +

“ + Tc * Mp * M = ”构成最小动力单元,具有独立运行的能力,但只能低速运行且用于非运营的情况。其中“ + ”为全自动车钩;“ = ”为半自动车钩;“ * ”为半永久车钩。

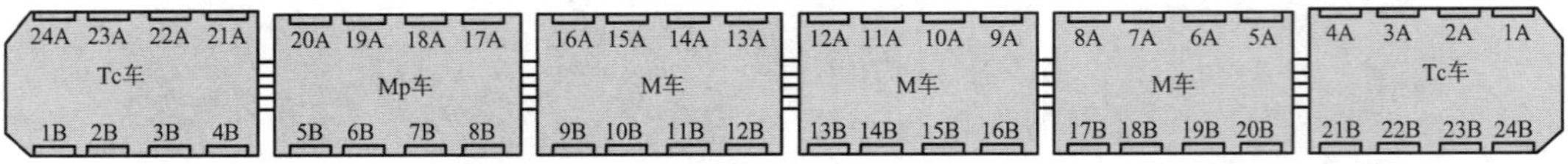

图 5.4　6 节车辆编组形式

另外,广州地铁 1 号线六节编组也采用四动二拖形式,但编组形式记为:

- A * B * C = C * B * A -

广州地铁 3 号线早期也采用过两动一拖的 3 节编组,编组形式为: - A * B * A - 。上海地铁 2 号线采用八节编组,“六动两拖”,即:

- A = B * C = B * C = B * C = A -

其中,A 车为带驾驶室的拖车,B 车为装有受电弓的动车,C 车为不带受电弓的动车;“ - ”表示全自动车钩,其余符号含义同上。

另外,每节车辆都有自己的固定编号,但各城市轨道交通车辆制造商或运营商的编号方式不尽相同。合肥地铁编号规则为每节车辆由六位数字组成,前两位是线路号,中间两位是列车顺序号,最后两位是车辆编号,如编号:010101,第一个 01 指的是 1 号线,第二个 01 是所属线路中的列车编号,即 1 号线第 01 列车,第三个 01 则表示第一节车辆。也有的地铁由数字加字母加数字组成。图 5.5 右图所示的编号“08A134”,08 表示车辆所属线路为 8 号线,A 表示车辆类型为 A 型车,134 表示车辆在线路中的编号。

a. 编号: 010101　　b. 编号: 08A134

图 5.5　地铁车辆编号示意图

每课一思

你能分辨 A 型车、B 型车、C 型车与 A 车、B 车、C 车的区别吗?

任务二　城市轨道交通车辆机械组成部分

一般城市轨道交通车辆由车体、车门、转向架、车辆连接装置、制动装置、空调系统及电气系统等几部分组成。本节主要介绍车辆机械组成部分的结构、原理以及功能等。

一、车体

车体是容纳乘客和司机(对于有司机室的车辆)的部分,又是安装和连接其他设备及组件的基础,它是城市轨道交通车辆较重要的部件之一。车体底架下部及车顶上部安装有大量的机电设备,构成车辆的主体。车体设计要求其具有较好的隔音、减振、隔热、防火等性能,在事故状态下尽可能保证旅客安全,同时车体自身的重量要求也较为严格。

(一) 车体的结构

城市轨道交通车辆的车体采用模块化设计,是由底架、侧墙、车顶和端墙、防爬器、司机室等部件组成的封闭筒形结构,如图 5.6 所示。

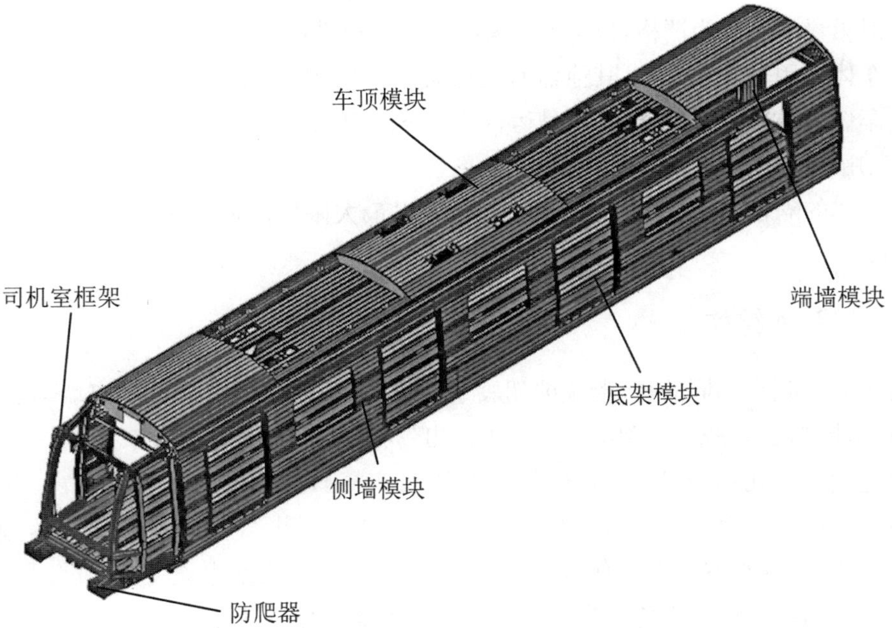

图 5.6　车体结构图

(二) 车体的材料

车体按照所使用的材料不同可分为碳素钢车体、铝合金车体和不锈钢车体三种类型,早期的城市轨道车辆车体材料基本上以碳素钢(包括普通低碳钢和耐候钢)为主,目前主要使用铝合金和不锈钢材料。

1. 碳素钢车体

自重能达到10～13 t,材料和制造成本相对另两种材料最低,但耐腐蚀性最差,维修费用高,因而总成本最高。

2. 不锈钢车体

自重比碳素钢可减轻1～2 t,材料和制造成本比碳素钢高,但耐腐蚀,基本不需要定期维修保养,所以总成本在三者间是最低的。

3. 铝合金车体

自重比钢制车体能减轻3～5 t,是三种中最轻的材料。铝合金材料的优点在于:① 质轻且柔软;② 强度好;③ 耐腐蚀性能好;④ 加工性能好;⑤ 易于再生。但是需定期维护,所以总成本较高。

(三) 车体的特点

城市轨道交通车辆是大城市公共交通或近郊客运所选择的特殊运输工具,因而其车体具有独特的特征:

(1) 由于属于服务于市内及近郊的公共交通,车体的外观造型、色彩应协调于城市市容规划;车体内部布置是座位少、车门多且开度大,服务于乘客的设施较为简单。

(2) 对重量限制较为严格,以降低高架线路的工程投资。

(3) 车体采用轻量化设计,其他辅助设施也尽量采用轻型材料。

(4) 车体的防火要求严格,特别是运行于地下隧道的地铁车辆一旦发生火灾,后果不堪设想,故采用了防火、阻燃、低烟和低毒的材料。

(5) 车体的隔音和减噪措施有严格的要求,以最大限度降低车辆噪声对乘客和沿线居民的影响。

(四) 驾驶室结构

与无人驾驶列车不同的是,传统的驾驶室位于整列车的两端,通过隔离墙与客室分开,未经允许不能进入驾驶室,驾驶员可以自由进出驾驶室和客室。

驾驶室由以下几部分组成:内部设备(驾驶员座椅);驾驶员两侧设有边窗、驾驶室门、开/关客室门的按钮;驾驶室上部设有驾驶室空调、内部照明、外部信息显示器;驾驶室后方设有驾驶室隔墙;驾驶室前方设有驾驶员控制台、遮阳窗帘、无线电设备;在驾驶员的左手边(接触网供电制式下)设有应急逃生门、应急逃生梯、驾驶室灭火器;驾驶员台下设有音频控制单元;外部设有扶手、风窗玻璃、刮水器、外部车头灯、无线电天线(在驾驶室顶)。图5.7为驾驶员驾驶台示意图。

驾驶室前端采用的风窗玻璃用于驾驶员观察线路及信号。风窗玻璃主要包括一个内置的自动调温除霜器装置、一个清洗器装置和一个刮水器装置三个部分。风窗玻璃的刮水器与应急逃生门的刮水器是共同控制的。

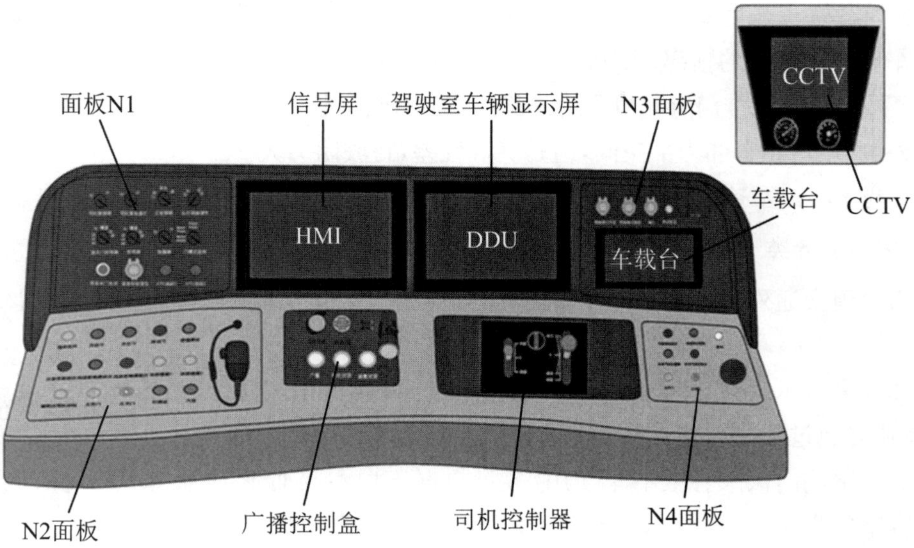

图 5.7　驾驶员驾驶台示意图

二、车门

(一) 车门的种类

目前世界各国城市轨道车辆的车门种类较多，可按其驱动方式和开启方式以及车门功能进行分类。

1. 按驱动方式分类

(1) 电控风(气)动门。电控风动门由压缩空气驱动传动机构完成车门的开关动作。

(2) 电控电动门。电控电动门通过电机驱动螺杆，并配合连接于门页与螺杆间的组件对车门进行开关控制。

2. 按开启方式分类

车门按开启方式分类如图 5.8 所示。

a. 内藏门　　b. 外挂门　　c. 塞拉门

图 5.8　按开启方式分类的车门

(1) 内藏门。开关车门时门翼在车辆侧墙的外挡与内护板之间的夹层内移动,传动装置设于车厢内侧车门的顶部,占用车厢内部空间。

(2) 外挂门。外挂门有时也称为外移门,与内藏门的区别在于开关车门时,门翼均处于侧墙的外侧,不占用车厢内部空间,但是美观性差,行驶阻力大。

(3) 塞拉门。塞拉门关闭时与车体平齐,整体性最好且美观,但是结构复杂。

3. 按功能分类

城市轨道交通列车上的车门按功能分为司机室侧门、司机室通道门、客室侧门以及应急逃生门。

如图 5.9 所示,司机室侧门供司机在站台端门内侧立岗作业时上下车使用,作业时通过端门与站台乘客区域隔开,在全自动运行的列车上已不再设置。客室侧门供乘客上下车使用,数量根据车型不同而不同,一般 B 型车辆客室门为 4 对,A 型车为 5 对。列车行驶时客室门关闭锁紧,车门必须在列车速度为零时方可开启,同时具有防夹功能。紧急情况时可通过内外紧急解锁装置开启。图 5.10 为司机室通道门,供司机与客室联通时使用,只有司机从司机室内部可以打开。

车门防夹测试

图 5.9　司机室侧门与客室侧门

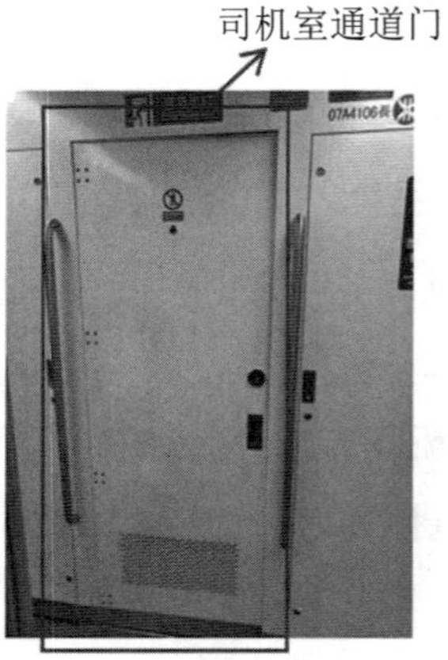

图 5.10　司机室通道门

另外,若车辆行驶线路中无疏散平台还需在驾驶室前端设应急逃生门,如图 5.11 所示。通常情况下紧急前门处于锁闭状态。因紧急疏散或需要按计划对门进行维护时才打开。

图 5.11　紧急逃生门

拓展课堂

2025 年 3 月 20 日，成都地铁 7 号线车门突发故障，工作人员 50 s 极限操作后恢复正常，视频在网上引发热议。由于车门特别是客室车门运营时需要频繁开关，日均开闭数百次，因此车门的机械部件如滚轮、滑道、锁止机构等零件容易出现功能丧失，通常表现为开关门异常、卡滞或误报故障。车门是车辆部件中故障率较高的零件，北京地铁 2019 年统计显示，车门故障占车辆总故障的 26%，而紧随其后的制动系统故障占比约为 18%。每日运营结束后的日检作业中，工作人员都会对车门进行仔细的检查并且验证车门的防夹功能，确保列车安全运营，为乘客提供舒适、高效的交通出行方式。

三、转向架

转向架是支承车体并担负车辆沿着轨道行驶的走行装置，它是城市轨道交通车辆较重要的组成部件之一，也是保证车辆运行品质、动力性能和行车安全的关键部件。转向架安装在车体与轨道之间，用来牵引和引导车辆沿着轨道行驶，承受与传递来自车体及线路之间的各种载荷并具有缓和各种冲击力的作用。

转向架根据是否携带驱动装置可分为动力转向架和非动力转向架，分别配置在动车和拖车上。动力转向架由于要提供动力，通常配置牵引电机、联轴器、齿轮箱悬挂装置以及动力轮对等，这也是动车转向架和非动力转向架的主要区别。两种转向架的其余结构基本相同，一般由构架、轮对轴箱装置、弹性悬挂装置和中央牵引装置、驱动装置、基础制动装置等部分组成，如图 5.12 所示。

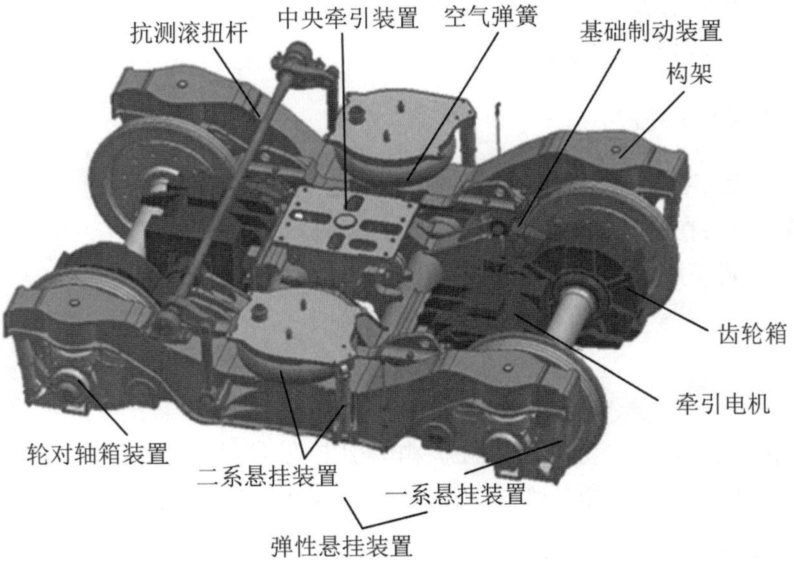

图 5.12　动车转向架整体布置图

（一）构架

构架是转向架的基础，它把转向架的各个零部件组成一个整体，其作用有：承受、传递车体与轨道间的作用力，是转向架各组成部件的安装基础。它不仅承受、传递各种载荷及作用力，而且它的结构、形状和尺寸都应满足各零部件组装的要求（如基础制动装置、弹簧悬挂装置、牵引电机等）。

（二）轮对轴箱装置

如图 5.13 所示，轮对由一根车轴和两个同型号的车轮过盈配合装配而成，轴箱装置是联系构架和轮对的活动关节。轮对在滚动时，除传递车辆的重量外，还传递轮轨之间的各种作用力，它使轮对的滚动转化为车体沿着轨道的平动。

图 5.13　轮对示意图

（三）弹性悬挂装置

为减少线路不平顺、轮对运动对车体的各种动态影响（如垂直振动、横向冲击等），转向架在轮对与构架、构架与车体之间设有弹簧悬挂装置，前者称为轴箱弹簧悬挂装置（又称为一系弹簧悬挂装置），后者称为中央弹簧悬挂装置（又称为二系弹簧悬挂装置）。弹簧悬挂装置包括弹簧、减振器及定位装置等。

（四）中央牵引装置

中央牵引装置（图 5.14）的基本作用是：传递纵向的驱动力和制动力，缓和车体的纵向振动。其基本要求是：在结构上便于车体与转向架的拆装，相应添加的部件不能增加作业工时。中央牵引装置一般由牵引梁、中心销、止挡、牵引叠层橡胶、牵引拉杆和横向缓冲橡胶等部件组成。

（五）驱动装置

动力转向架上还装有驱动装置，它主要由牵引电机、联轴器、齿轮箱、齿轮箱悬挂装置以及动力轮对等组成。它的作用是既可以提供牵引力，也可以提供制动力。

（六）制动装置

为了使运行着的列车能迅速地减速或停车，需要在转向架上安装制动装置。此处的制动装置主要是指安装在转向架构架上的基础制动装置，也称摩擦制动装置。

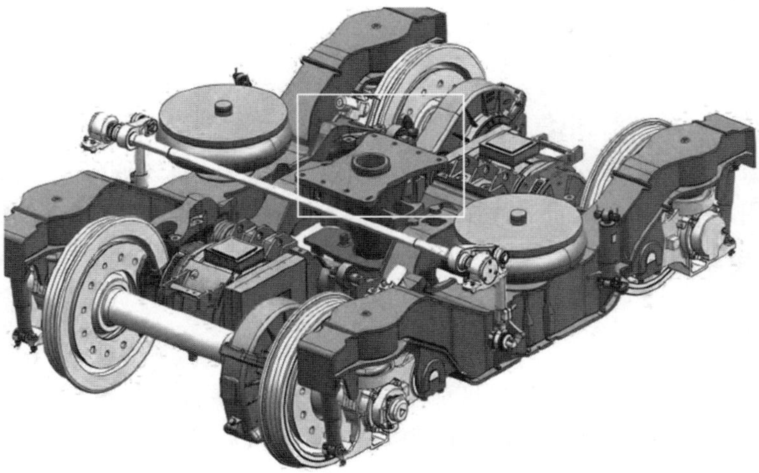

图 5.14　中央牵引装置

踏面制动是最常用的一种摩擦制动方式，目前城市轨道车辆的踏面制动基本上都采用单元制动机的形式，以方便维修时更换，如图 5.15 所示。制动时闸瓦压紧车轮，电动车组的动能通过轮、瓦间的摩擦变成热能，经车轮与闸瓦最终逸散出去。

图 5.15　踏面制动

四、车辆连接装置

车辆连接装置又称车钩装置，主要包括车钩缓冲装置和贯通道装置，用于实现相邻车辆之间的纵向力传递以及客流的平均分布。它的基本作用有：连接列车中的各车辆，并使之保持一定的距离；传递车辆间的各纵向力或冲击力；缓和纵向力或冲击力。

在各种城市轨道车辆上，都有车钩缓冲装置（以下简称车钩），它用来连接列车各车辆，实现车辆之间机械、电路和气路的连接。车钩缓冲装置是车辆最基本的，也是较重要的部件之一。

（一）车钩的基本组成

车钩一般由钩头、缓冲器、电气连接装置和钩尾座等部分构成。钩头主要作用在于机械连接，并完成牵引力和冲击力的传递，通过钩头内的机械连接装置完成待挂、连挂、解钩的三态动作；缓冲器用来缓和列车运行过程中车辆之间的冲击，并吸收冲撞能量；电气连接装置是实现车辆之间电路连接的装置；钩尾座是车钩与车体相连的部件。

（二）车钩的分类

按车钩连接方法的不同，可分为全自动车钩（图 5.16）、半自动车钩（图 5.17）以及半永久牵引杆（图 5.18）。全自动车钩可实现车辆机械、电路、气路的全自动连接，而半自动车钩的电路需要手动连接，半永久车钩的机械、电路、气路则全部需要手动进行连接。

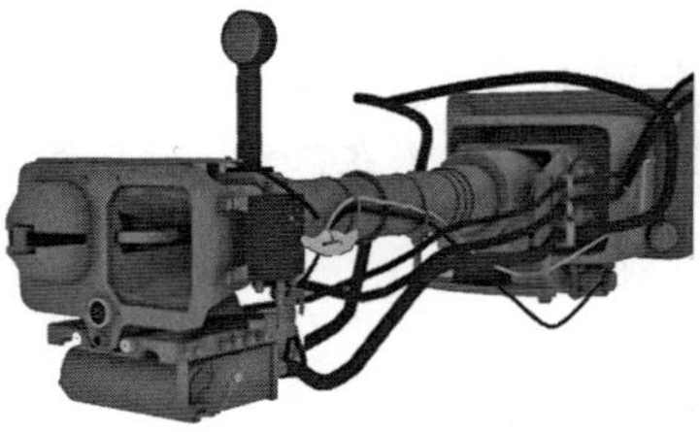

图 5.16　全自动车钩

图 5.17　半自动车钩

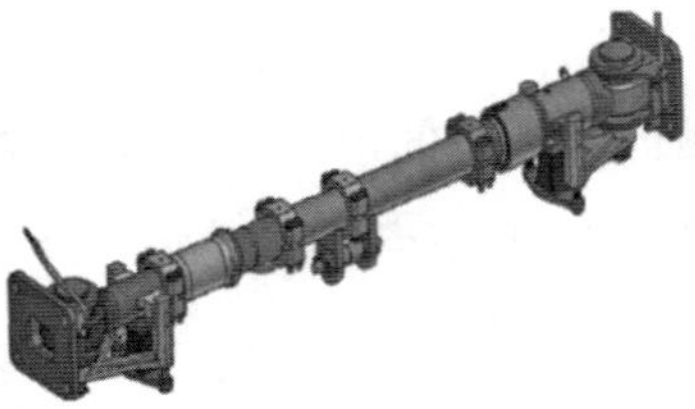

图 5.18　半永久牵引杆

按车钩特点的不同，可分为非刚性车钩和刚性车钩（也称密接式车钩）。非刚性车钩的两车钩在垂直方向上有一定的位移，两车钩各自保持水平位置，同时保证车钩在水平面内可以自由地摆动。刚性车钩连挂时两车钩不允许存在相对位移，两车钩的轴线联挂后处在同一条直线上，钩体尾端销接，以保证车钩间具有相对的位移。铁路上的客货车辆普遍使用非刚性车钩，地铁列车以及高速动车组列车则普遍使用刚性车钩。

车钩连接

五、制动装置

列车制动方式可按制动时动能转移方式、制动力获取方式或制动源动力的不同进行分类。按列车动能的转移方式可以分为两类：一是摩擦制动方式，即动能通过摩擦副的摩擦转变为热能，然后消散于大气。二是动力制动方式。动力制动分为两个阶段，动能首先通过牵引电机反转转化为电能，供车内设备用电或区间上的其他列车牵引使用，此阶段称为再生制动。回收的多余电能则接入制动电阻通过发热消耗掉，此阶段称为电阻制动。

城市轨道车辆在制动时，如仅靠机械摩擦转移车辆动能，将会造成严重的粉尘环境污染和高昂的制动执行装置的维修成本代价。为了减少机械摩擦，应尽量采用无污染的制动方式，目前最好的方法就是使用动力制动。由于现代城市轨道交通车辆一般都是电力牵引的动车组，大多采用直流或交流电动机作为牵引动力，因此动力制动（电气制动）作为主要制动方式已成为潮流，在动力制动不足时转向架上的摩擦制动介入，共同完成列车的制动需求。

为了适应多变的行驶工况，城市轨道交通列车上常设置以下五种制动模式。

（一）常用制动

常用制动是在列车正常进站前或进入如曲线、下坡等限速路段时，列车减速时通过人工或自动施加的制动，常用制动是可以随时调整和终止的，常用制动采取电力制动和空气制动混合施加的方式，混合施加时电力制动优先，不足的部分由空气制动力平均分配到每个转向架。常用制动力比较缓和，需要考虑乘客乘坐的舒适性。

（二）快速制动

当司机将控制手柄拉到“快速制动”时，列车将产生快速制动。快速制动也是电空混合制动，并且优先使用电力制动，制动力比常用制动大，当司机控制器手柄离开制动区域时，快速制动将得到缓解。

（三）保持制动

保持制动是为了防止停在坡道上的列车再次牵引时发生后溜而设置一种制动方式，是常用制动的一部分。与其他制动模式不同的是，保持制动无施加按钮或手柄。

（四）紧急制动

紧急制动由列车的紧急制动环路失电触发，并最终由空气制动执行，是通过一个安全回路控制的纯空气制动模式，是列车运行安全导向保证中最重要的环节，如列车超速、车钩断裂、列车气压不足等故障均会触发列车紧急制动。

（五）停放制动

停放制动是为了满足列车退出运营后长时间停放所设计的一种制动模式。为了避免漏气无法监管造成溜车，停放制动采用纯弹簧制动。通过停放制动单元进行充气缓解、排气施加，并设有机械紧急缓解装置。在零速情况下按下停放制动施加按钮，将使停放制动电磁阀得电，则施加停放制动。停放制动缓解按钮上带有绿色指示灯，当所有的停放制动缓解和未施加停放制动时，该指示灯亮。如图 5.19 所示，停放制动施加后，还可以通过转向架上停放制动手动缓解拉环人工缓解停放制动。

六、空调系统

城市轨道交通车辆一般每节车安装 2 台独立的顶置式空调机组，分别安装在车体的 1/4 和 3/4 处。每台空调机组由蒸发器单元、压缩和冷凝单元构成。空调系统采用微机控制，并具有自诊断功能，可实现客室预冷、预热、通风、制冷、采暖、紧急通风功能的控制（图 5.20）。

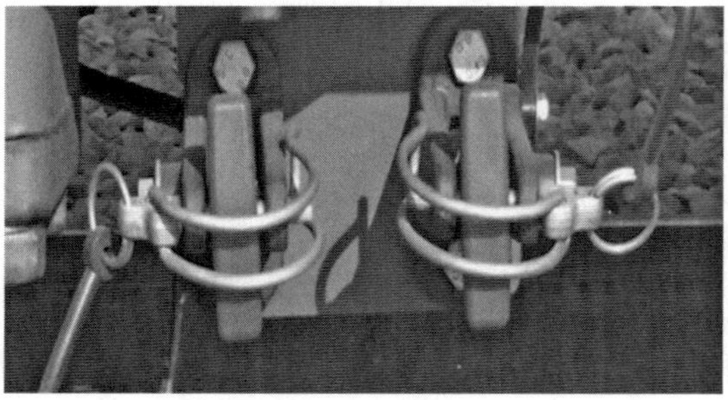

图 5.19　停放制动手动缓解拉环

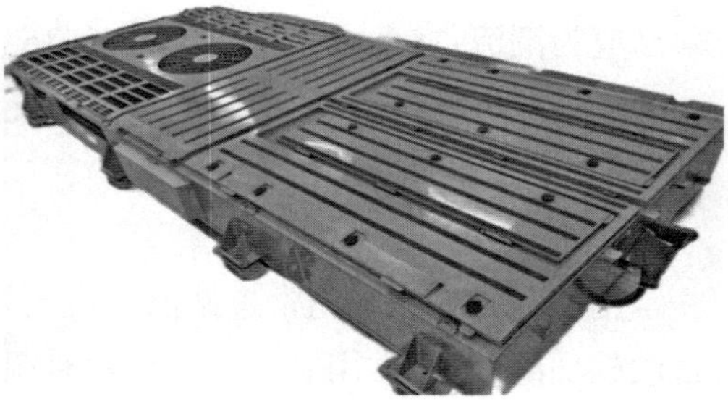

图 5.20　空调系统

任务三　城市轨道交通车辆电气组成部分

城市轨道交通车辆电气控制部件繁多，功能复杂，根据功能大体可分为牵引系统电器和辅助供电系统电器等。

一、牵引系统电器

牵引系统设备主要包括受流装置、高速断路器(HSCB)、接触器、接地装置以及牵引电机、制动电阻等设备。

(一) 受流装置

受流装置作为轨道交通车辆取电的装置，也称为受流器。在采用接触网供电的车辆中，受流器采用受电弓受电；在采用第三轨供电的车辆中，受流器则采用受电靴受流。

1. 受电弓

如图 5.21 所示，受电弓是安装在电力机车车辆顶部，与接触网接触从而获取电能的装置。受电弓靠滑动接触而受流，是城市轨道交通车辆与固定供电装置之间的连接环节。受电弓通过绝缘子安装在城市轨道交通的车顶上。当受电弓升起时，其碳滑板与接触网导线直接接触，从接触网导线上获取电流，并将其通过车顶母线传送至车辆内部，供车辆使用。

受电弓的发展史

2. 受电靴

接触轨是从牵引变电所接收电能，通过受电靴向电动车组提供电能的导电网。在采用第三轨供电的车辆中，受电靴与轨道旁边的供电轨连接，如图 5.22 所示。

图 5.21　受电弓

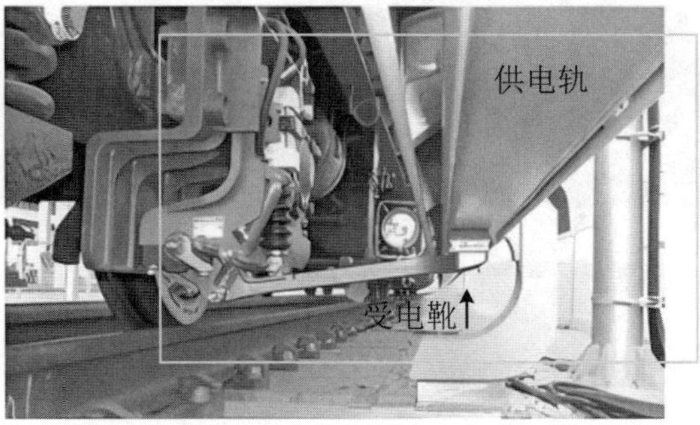

图 5.22　电动机车通过受电靴从接触轨获取电能

（二）高速断路器

高速断路器(HSCB)主要是将牵引变流器与高压电路进行隔离,同时对牵引系统进行保护,其结构如图 5.23 所示。一节动车配置两个,在正常状态下通、断车辆的 DC1500 V 主电路。HSCB 既是主电路的总电源开关,也是总保护开关。

图 5.23　高速断路器

高速断路器测试

（三）接触器

接触器是用来频繁地接通和切断主电路的自动切换电器,图 5.24 所示为接触器的安装布置图。接触器能进行远距离自动控制，操作频率较高，通断电流较大。按通断电路电流种类可分为直流接触器、交流接触器，按主触头数目可分为单极接触器、多极接触器，按传动控制方式可分为电空接触器、电磁接触器。

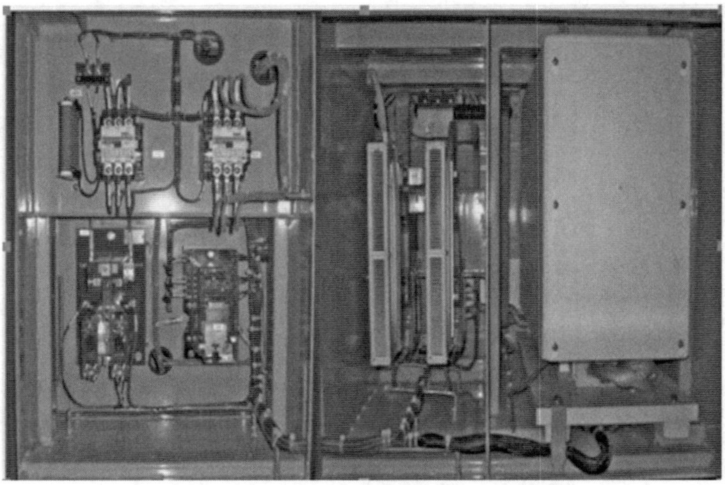

图 5.24 接触器实物安装图

（四）接地装置

接地装置通过受电器将电源从供电网引入车辆，并将电流传递至车轮、钢轨及供电站，形成完整的电源回路，确保主回路电流正常导通。将电流绕开车辆轴承导入大地也可避免电流通过轴承引发电蚀损伤，延长机械部件使用寿命，同时避免静电积累对乘客和设备造成损害。

（五）牵引电机

牵引电机是在牵引模式下将电力转变成机械能且在制动时将机械能转换成电能的设备（图 5.25）。每节动车有四个牵引电机，由一个牵引逆变器进行供电。牵引电机的冷却方式有开放式自通风、开放式强迫风冷、完全封闭式自通风、水冷等。

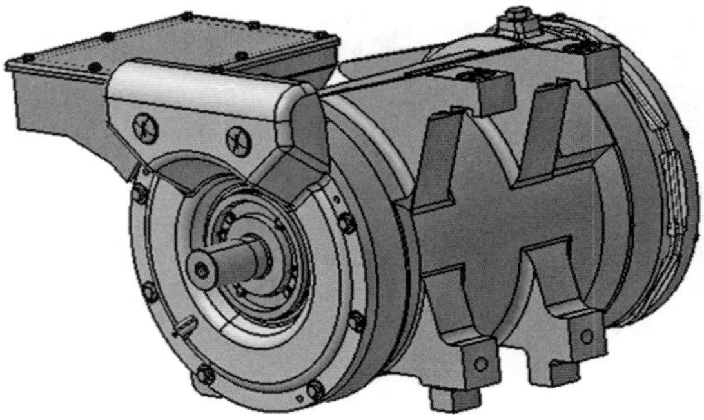

图 5.25 牵引电机外观图

（六）制动电阻

电阻制动时，制动电阻吸收惯性转动产生的电动机发电能量，将电能转换为热能散逸到大气中去。制动电阻箱悬挂安装于车辆底架下方。风扇通过栅格过滤吸入空气，冷却制动电阻。绝缘板会给不同电阻提供绝缘。热量显示盒和压力开关组成的热量监视系统用来控制制动电阻温度。制动电阻的安装如图 5.26 所示。

图 5.26　制动电阻安装图

二、辅助供电电路电器

通常由逆变器或发电机输出中级电压，供车辆除牵引设备外的其他动力设备使用，应急情况下由蓄电池维持供电。

（一）辅助逆变器

如图 5.27 所示，辅助逆变器一般安装在辅助电源箱体内，主要功能如下：辅助高压供电，列车设置一条贯穿全车的辅助高压列车母线，可通过受电弓或车间电源对整车辅助系统电源供电。车间电源互锁，列车可通过车间电源对整车辅助系统电源供电，通过继电器保证仅当两个隔离开关都处于车间电源位时，才能实现车间电源供电。中压配电，提供 AC380 V 和 220 V 电源，为空调、空压机等设备供电。低压配电，每辆 Tc 车设一台低压电源和一组蓄电池。低压电源兼做蓄电池充电机，为全车直流负载提供 DC110 V 输出电源。低压配电系统还提供照明系统供电，主要给车辆的前照灯、司机室照明、客室照明、外部与内部指示灯等供电。

（二）蓄电池

如图 5.28 所示，共有 26 节单体电池串联后安装在蓄电池箱内。为了配重平衡，蓄电池箱一般安装在 Tc 车底部。列车受电弓升起之前，蓄电池组处于预备模式，为列车激活提供电源。升弓后直流电源正常工作时，蓄电池组由 Tc 车的直流电源对其进行浮充电，同时作为电路的滤波装置，改善直流电源的供电质量；直流电源故障时，蓄电池进入紧急工作模式，维持紧急负载供电 45 min，包括维持紧急照明以及头灯、尾灯、状态灯以及位置灯的正常工作等，特别是提供空调 50%的紧急通风以确保乘客的安全、舒适。

图 5.27　辅助电源箱

图 5.28　蓄电池箱

任务四　城市轨道交通车辆检修

一、城市轨道交通车辆检修模式

城市轨道交通车辆检修的核心目的是通过系统化的预防性维护和智能化监测，确保车辆安全、可靠运行，避免重大故障与运营中断，同时延长设备寿命、降低全周期成本。其意义不仅在于保障乘客安全和城市交通高效运转，还推动技术革新与可持续发展，通过绿色工艺和数字化手段减少资源浪费。大多数企业采用以下 4 种检修模式，即计划修、状态修、故障修以及混合检修。

（一）计划修

计划修指按照预先制定的检修计划，根据车辆的运行里程或时间间隔，定期对车辆进行全面检查、维护和修理，一般分为日检、双周检、双月检、定修、架修和大修六级修程。日检是对当天参与运营回库的车辆进行的检查，主要检查车辆的外观、走行部、制动系统、电气设备等关键部位，查看是否有明显的故障或异常，确保车辆能够正常投入次日的运营。双周检是每两周对车辆进行一次较为全面的检查，除了日检的内容外，还会对车辆的一些部件进行功能性测试，如车门的开关性能、空调系统的运行状况等，以及对车辆的清洁度进行检查和维护。双月检是每两个月进行一次的检修，在双周检的基础上，进一步对车辆的一些重要部件进行检查和保养，如对牵引系统、辅助供电系统等进行详细的检查和测试，确保这些系统的性能稳定。定修通常在车辆运营 1 年或行驶 100 000 km 左右时进行，除了对车辆的各个系统和部件进行全面检查、维护和修理外，还会对一些易损部件进行更换。架修在车辆运营 5 年或行驶 500 000 km 左右时进行，需要将车辆架起，对转向架、电机、齿轮箱等重要部件进行分解、检查、修理和更换，同时对车体进行全面的检查和维护。大修在车辆运营 10 年或行驶 1 000 000 km 左右时进行，对车辆进行全面的拆解、检查、修复和更换，包括车体的翻新、电气系统的更新、机械部件的更换等，使车辆的性能和状态基本恢复到新车的水平。

（二）状态修

状态维修是指通过对车辆设备进行实时状态监测和数据分析，评估设备的健康状况，根据实际状态来确定检修的时机和内容。优点在于能够更精准地针对车辆的实际问题进行维修，避免不必要的检修工作，降低检修成本；可以根据设备的实际运行状态灵活安排检修，减少车辆的停修时间，提高车辆的利用率。缺点在于需要依赖先进的监测技术和设备，初期投资较大；对数据分析和处理的要求较高，需要专业的技术人员进行解读和判断。

（三）故障修

故障修也可以称为事后维修，指当车辆设备出现故障后，进行有针对性的修理或更换损坏的部件，主要针对不易发生故障的部件。优点在于只在设备发生故障时进行维修，避免了不必要的预防性维修工作，降低了维修成本；对于一些不影响车辆安全运行的小故障，可以在车辆运营间隙进行维修，不影响正常运营。缺点在于故障发生具有不确定性，可能会导致车辆突然停运，影响运营秩序；如果故障发现不及时或维修不及时，可能会造成故障扩大，增加维修难度和成本。

（四）混合检修

地铁列车保养

混合检修是将计划修、状态修和故障修等多种检修模式相结合，根据车辆不同部件的特点和运行状况，灵活选择合适的检修模式。优点在于可以充分发挥各种检修模式的优势，既保证了车辆的安全性和可靠性，又能提高检修效率、降低检修成本；能够更好地适应城市轨道交通车辆复杂的设备结构和运行环境。缺点在于对检修管理的要求较高，需要综合考虑多种因素来制定检修策略，不同检修模式之间的衔接和协调需要精细安排。上海地铁的均衡修将传统大修内容拆分至日常维护，结合状态监测数据动态调整任务优先级，实用效果明显，最终车辆可用率提升 15%，维护成本降低 10%。

二、城市轨道交通车辆检修新技术

随着机器人、大数据、无人机、人工智能等技术的逐步成熟，一些交叉学科知识在城市轨道交通车辆检修工作中有了广泛的应用。

（一）智能巡检机器人

成都地铁试点应用列车智能巡检机器人，可对转向架、车钩等关键部件进行故障判断及磨耗预警，检测准确率维持较高水平，如图 5.29 所示。北京地铁 3 号线、12 号线引入智能管控系统，通过高清线阵相机对列车外观进行 360°全景检测，实时比对历史图像并报警提示异常点位，提升检修效率。

图 5.29 成都地铁智能巡检机器人

（二）人工智能故障诊断系统

上海地铁构建数字化转型智能平台，通过 AI 算法实现故障实时定位，维修人员可通过手机获取故障原因及应急预案，缩短应急响应时间。南宁地铁应用轨道车辆运行安全地面综合检测系统，通过多传感器数据采集与分析，实现对转向架、轮对等关键部件的实时监控与故障预警，显著提升运营安全性。

（三）智能运维平台

南宁地铁 4 号线集成分析系统与业务系统，通过数据融合技术对车辆关键部件进行健康评估，支撑“八日检”制度实施，降低运维成本。太原地铁 2 号线基于云平台构建车辆智能运维系统，实现日检修程覆盖率达 36%，全自动运行唤醒成功率提升至 99.75%（图 5.30）。

图 5.30　某地铁智慧运维平台

（四）数据驱动预测性维护

无锡地铁建立车辆生命周期健康管理系统，融合车辆自我监测、外部设备监测和人工检修 3 个方面，提供更准确、实时的车辆状态监测和故障诊断，提高城市交通的质量和效率。北京地铁供电专业自主研发刚性接触网异常磨损检测与自动处理装置，实现接触线磨损的实时检测与智能修复。

三、城市轨道车辆主要构件日常检查

（一）转向架检查

1．构架完整性检查

检查转向架构架是否存在裂纹、锈蚀或变形，重点关注焊接拐角、横梁等应力集中区域。闲置支架、二级防护装置须确保无断裂，主承载结构连接件须紧固无松动。部分检修需拆卸构架后清洗，并采用磁粉探伤等无损检测技术。

2．轮对轴箱系统维护

检查车轮踏面擦伤、剥离及轮缘磨损，通过镟修消除局部硬化层，恢复轮轨接触面圆度；检测轴承异响、温升异常，分析振动信号判断早期故障，更换密封失效或润滑不足的轴承。

3．弹性悬挂装置检查

检查一系、二系悬挂的橡胶弹簧、空气弹簧是否存在老化龟裂，螺旋钢弹簧有无塑性变形。确认开口销无变形，弹性元件刚度需符合动态载荷要求。

4．驱动装置与牵引部件检修

拆解齿轮箱检查齿面磨损情况，测量齿轮啮合间隙；牵引电机须测试绝缘性能，清理碳刷积粉，联轴节须校准同轴度。驱动装置润滑油须定期更换并检测金属碎屑含量。

5．中央牵引装置维护

检查车钩缓冲装置连接状态，测试牵引杆、横向止挡的磨损量，牵引橡胶关节须评估疲劳寿命，防止因老化导致力传递失效。

（二）车体检查

车体的检查主要包括客室车门、驾驶员室、通道和各类车钩的检查。

1．客室车门检查

内容主要有客室门外观、橡胶件和紧急手柄检查，要求完好，无明显损伤，同时测试车门开关功能，各门动作应基本一致。

2．驾驶员室检查

主要是检查驾驶员室遮阳帘、两侧刮雨器、左右滑动门及紧固件、通客室门及观察孔，要求功能正常、无损坏、无松动。

3．车钩检查

内容包括检查全自动车钩钩头、橡胶托架、电缆和电缆夹、气管密封环、缓冲器标识环和各紧固件，要求各项目正常，无明显损坏，无明显松动及遗落；检查半自动车钩、橡胶托架、电缆和电缆夹、缓冲器标志环和各紧固件等，要求各项目正常，无明显损坏，无明显松动及遗落；检查半永久车钩抱箍、橡胶托架、电缆、电缆夹和各紧固件等，要求各项目正常，无明显损坏，无明显松动及遗落。

（三）空气气路及制动系统检查

空气气路及制动系统主要包括空压机单元及空气干燥器、各类气管及阀和单元制动机。

1．空压机单元及空气干燥器

对空压机单元及空气干燥器的日检检查主要是检查空压机及空气干燥器外观、紧固件及工作状况，要求外观正常、紧固件无松动。

2．各类气管及阀

对各类气管及阀的日检检查主要是检查各类气管，要求无明显泄漏；检查可见阀门，要求阀门位置正确。

3．单元制动机

对单元制动机的日检检查主要是检查锁紧片、橡皮保护套、闸瓦卡簧及其各螺栓，要求无异常；检查闸瓦，要求闸瓦未磨耗到极限，或更换闸瓦后检查其调整间隙。

（四）受电弓检查

1．受电弓预防性检查

对螺栓连接部位的漆封标识进行检查以及进行力矩校核，目测各转动部位的润滑情况、受电弓各个部位不同规格的导流线是否有断股，如有则更换。检查弓头碳滑条是否有偏磨情况，如有则须调整。当滑板条磨损到极限值时须及时更换滑板条，需要注意的是应同时将弓头所有的滑板条全部予以更换以防磨耗不均匀。新碳滑条更换后应检查受电弓的静态压力，如果需要应进行调整。

2. 受电弓参数调试

主要针对拉杆的尺寸，受电弓的静态接触压力、静态压力特性，滑板条和架空接触网线接触的工作面的水平，受电弓的工作高度，升降弓时间以及落弓位置进行检测及调整。

受流装置维护指导

3. 避雷器检查及维护

主要检查连接电缆是否有损坏，底座是否水平、牢固。同时清洁外伞裙，进行绝缘电阻测试以及泄漏电流测试。

自测练习

一、判断题

1. A型车辆宽度最宽为2.6 m。（　　）
2. A车宽度为2.6 m，B车宽度为2.8 m。（　　）
3. 全自动车钩一般安装在单元车辆的内部。（　　）
4. 车门按功能分类可分为内藏门、外挂门、塞拉门。（　　）
5. 地铁车辆制动时优先采用空气制动。（　　）
6. 一系悬挂连接车辆构架和车厢。（　　）

二、填空题

1. 城市轨道交通车辆按宽度分为__________型车、__________型车和__________型车。
2. 城市轨道交通车辆车门按开启方式分为__________、__________和__________。
3. 按车钩连接方法的不同车钩分为__________、__________和__________。
4. 架空式接触网网压一般为__________伏特。
5. 车体的检查主要包括__________、__________、__________和__________的检查。

拓展训练

1. 通过查询资料比较城市轨道交通车辆全自动驾驶模式与传统驾驶模式的区别，撰写一份对比报告。

2. 手绘地铁列车和铁路货车空气制动系统的结构图，并口述其工作原理。

项目六　城市轨道交通供电系统认知

学习导读

安全、可靠、稳定的电力供给是城市轨道交通正常运营的前提和重要保证。如果供电一旦中断，不仅会造成城市轨道交通运输的瘫痪，还会造成财产损失，甚至危及乘客的生命危险。随着我国城镇化率突破66%，超大城市及都市圈人口、产业加速集聚，轨道交通已成为缓解交通拥堵、支撑低碳出行的核心基础设施。截至2024年底，全国54个城市轨道交通运营里程超 1.1×10^4 km，日均客运量超8 000万人次，其高效运转高度依赖安全、稳定、可靠的供电系统，供电系统由哪些部分组成，又是如何保证供电可靠性呢？本项目将详细讲述。

学习目标

1. 素养目标

(1) 培养高度的安全意识和责任意识。

(2) 培养爱岗敬业、无私奉献的职业素养。

(3) 培养居安思危、思则有备、有备无患的文化理念。

2. 知识目标

(1) 掌握城市轨道交通供电系统的组成及供电方式。

(2) 掌握城市轨道交通变电所的分类及运行方式。

(3) 掌握城市轨道交通牵引供电系统的组成。

(4) 掌握城市轨道交通动力照明供电系统的组成。

(5) 掌握城市轨道交通电力监控系统的组成。

3. 能力目标

(1) 能描述城市轨道交通供电系统的组成及供电方式。

(2) 能判断城市轨道交通变电所的分类及运行方式。

(3) 能描述城市轨道交通各子系统的组成。

(4) 能描述城市轨道交通供电系统中各设备的作用。

建议学时

8学时。

任务一　城市轨道交通供电系统组成及供电方式

一、城市轨道交通供电系统概述

为城市轨道交通运营提供所需电能的系统称为城市轨道交通供电系统。城市轨道交通的种类形式繁杂多样，其供电制式是指供电系统向电力机车供电所采用的方式，主要包括电流制式、电压等级和馈电方式。

（一）电流制式

世界各国城市轨道交通的牵引供电系统大多数都采用了直流电流供电制式。

（二）电压等级

目前国际电工委员会拟定的城市轨道交通的牵引电压等级有DC600 V、DC750 V和DC1 500 V三种，后两种电压为推荐值。我国国家标准《地铁牵引供电系统》规定了DC750 V和DC1 500 V两种电压等级。

（三）馈电方式

牵引网的馈电方式有架空接触网和接触轨两种方式。电压等级与馈电方式密切相关，组合起来共有四种：DC1 500 V架空接触网、DC1 500 V接触轨、DC750 V架空接触网、DC750 V接触轨。一般大运量的城市轨道交通系统，多采用DC1 500 V架空接触网方式，如上海地铁、广州地铁、南京地铁、合肥地铁等；中小运量的城市轨道交通系统多采用DC750 V接触轨方式，如北京地铁1号线、天津地铁部分线路、芜湖单轨等。采用哪种供电制式必须根据城市具体条件与要求综合分析论证后确定。

接触网馈电方式

每课一思

你所在城市轨道交通牵引供电采用何种电压等级？

二、城市轨道交通供电系统的组成及供电方式

（一）系统组成

城市轨道交通的供电负荷包括两类：一类是为城市轨道交通电动列车提供牵引用电；另一类是为城市轨道交通车站运营所需要的动力照明设备提供电能，如风机、给排水站、售检票机以及防灾报警、通信、空调、照明等设备。根据《地铁设计规范》（GB50157—2013），城市轨道交通供电系统由四部分组成：外部电源（主变电所或电源开闭所）、牵引供电系统、动力照明供电系统、电力监控系统，如图 6.1 所示。

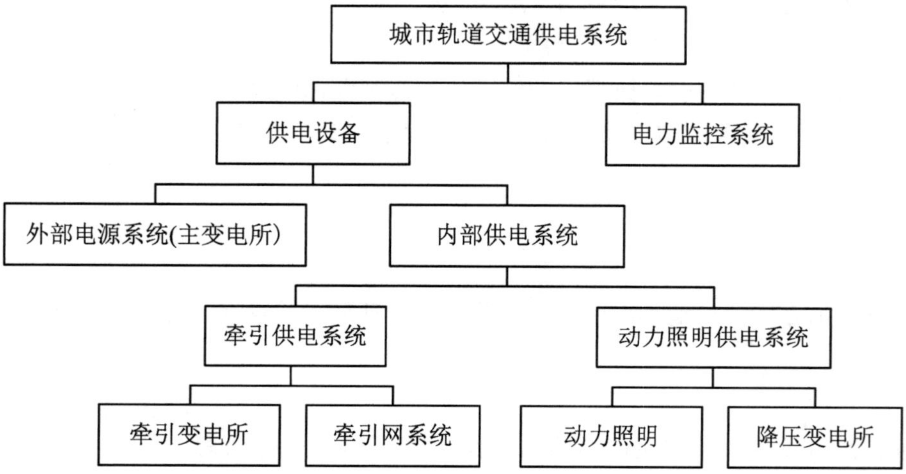

图 6.1　城市轨道交通供电系统的组成示意图

（二）系统要求

城市轨道交通电力机车属于一级负荷，需要由两个独立的电源供电。为了保证城市轨道交通供电的可靠性要求，用电于外部电源提出了以下四个要求：

1．数量要求

两路独立的进线电源。这两路电源可以来自城市电网的不同变电所，也可以来自城市电网的同一变电所的不同母线，但主变电所进线电源应至少有一路为专线电源。

2．运行方式要求

两路电源应分列运行，互为备用。当一路电源发生故障时，由另一路电源保证对城市轨道交通供电系统供电。

3．进线电源容量要求

每路进线电源的容量应满足所内全部一、二级负荷的要求。

4．地理位置要求

为了便于运营管理和减少损耗，外部电源点应尽可能地靠近城市轨道交通线路。线路

越短，电能损耗越小。

(三) 供电方式

城市轨道交通的外部电源按电力系统引入的不同方式，分为集中供电方式、分散供电方式和混合供电方式三种。

1. 集中式供电

集中式供电指轨道交通从城市电网引入较高电压等级的电源(如 110 kV)，经主变电所进行电压转换，将外部电源降压(如 35 kV 或 10 kV)后，由主变电所集中向牵引变电所和降压变电所供电的外部电源引入模式，如图 6.2 所示。主变电所有两路独立的进线电源。集中式供电有利于城市轨道交通供电形成独立体系，便于管理和运营。集中式供电形式是目前城市轨道交通常见形式，如上海、广州、南京、香港、德黑兰的地铁等。

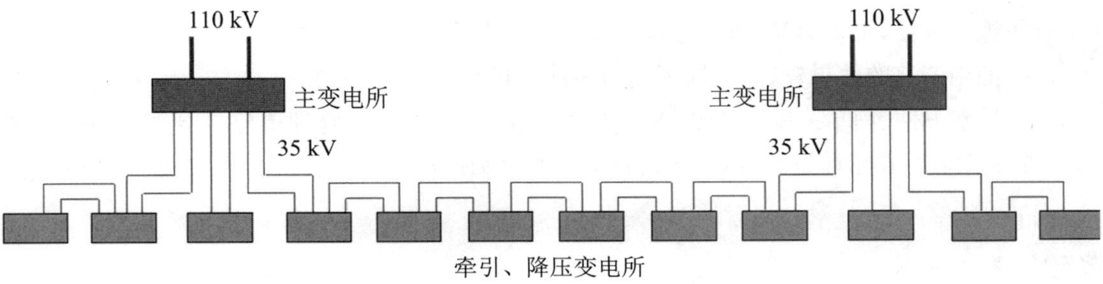

图 6.2　集中式供电示意图

2. 分散式供电

分散式供电是相对于集中式供电而言的，是指轨道交通不设主变电所，由沿线城市变电所直接向牵引变电所和降压变电所提供中压(35 kV 或 10 kV)电源的供电模式，如图 6.3 所示。在地铁沿线直接由城市电网引入多路电源构成供电系统。一般为 10 kV 电压等级。分散式供电要保证每座牵引变电所和降压变电所均获得双路电源，要求城市轨道交通沿线有足够的电源引入点及备用容量，如北京地铁 1 号线、天津地铁部分线路、长春轻轨等。

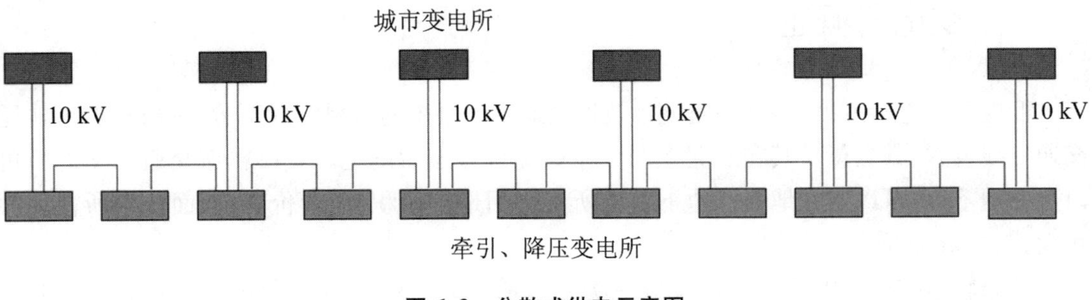

图 6.3　分散式供电示意图

3. 混合式供电

混合式供电将前两种供电方式结合起来，一般以集中式供电为主，个别地段引入城市电网电源作为集中式供电的补充，使供电系统更加完善和可靠，如图 6.4 所示。北京地铁环线、武汉地铁、青岛地铁南北线等采用混合式供电方式。

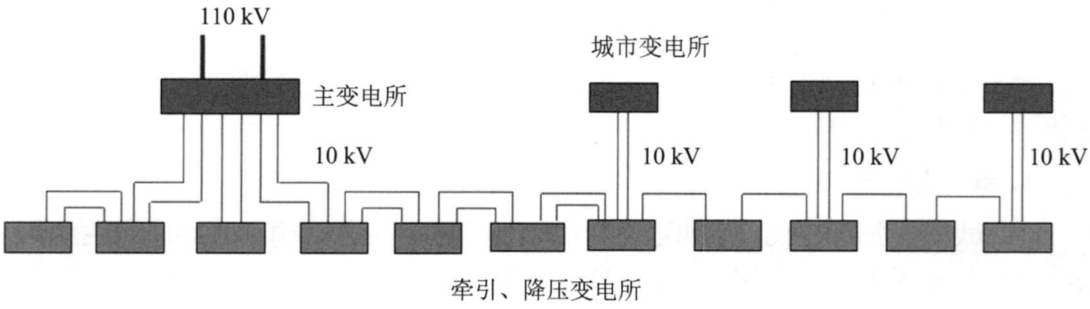

图 6.4　混合式供电示意图

目前新建线路几乎都采用集中供电方式，因为集中供电方式有许多优点：

① 可靠性高，便于集中统一调度和集中管理。

② 施工方便，维护容易，电缆敷设径路比较好设置。

③ 抑制谐波的效果较好，对周围通信线路干扰较小。

④ 计费方便、简单。采用 110 kV 电压集中供电方式，运行管理单位与电力部门的电度计费在主变电所设总计量就行，不必在各变电所分别计量。

每课一查

调查你所在城市轨道交通供电采用何种供电方式。

任务二　变电所及其运行方式

一、变电所概述

变电所是电能变换的场所，是城市轨道交通供电系统的重要组成部分，一般在城市轨道交通沿线设置，其数量及其在线路上的分布应综合考虑后确定。城市轨道交通的变电所可以建在地下，也可以建在地面。地下变电所不占用地上面积，但造价高；地面变电所占地面积大，土建造价低。

城市轨道交通供电系统一般设置三类变电所，即主变电所（分散供电方式为电源开闭所）、降压变电所、牵引降压混合变电所。

（一）主变电所

主变电所是指采用集中供电方式时，引接城市电网 110 kV 及以上电压等级的电源，经其降压后以中压供给城市轨道交通牵引变电所和降压变电所。主变电所位置选取时要考虑供电半径,一般一条地铁线路需要 2～3 座主变电所,两条地铁线路交叉位置附近可共用一座主变电所。

(二) 降压变电所

降压变电所从主变电所(电源开闭所)获得电能并降压变成低压交流电,供给地铁动力、照明等设备使用。当由其他变电所引入中压电源而独立设置降压变电所时,其便成为跟随式降压变电所。

(三) 牵引降压混合变电所

牵引变电所从主变电所(电源开闭所)获得电能,经过降压和整流后,变成电动列车需要的直流电(1 500 V 或 750 V)。牵引变电所根据相邻车站之间距离,一般每隔一座车站设置一个牵引变电所。由于每个车站都需要降压变电所,所以一般没有单独的牵引变电所,而是和降压变电所合并建成牵引降压混合变电所。

变电所的设备

二、变电所的运行方式

(一) 主变电所运行方式

主变电所电源侧(如 110 kV)通常采用单元接线或桥形接线,两路电源同时供电,互为备用。负荷侧(如 35 kV)通常采用单母线分段形式,设置分段联络断路器,正常运行时,分段断路器断开,两台主变压器分列运行,共同负担全所的全部负荷。主变电所示意图如图 6.5 所示。

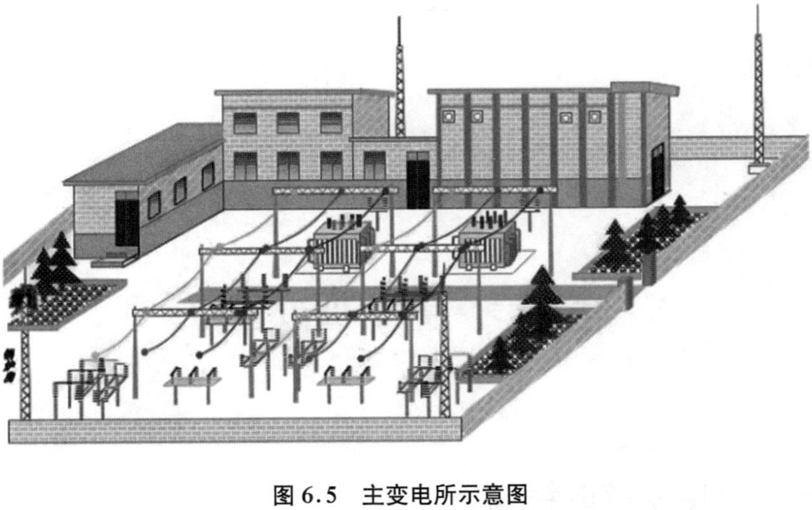

图 6.5　主变电所示意图

（二）降压变电所运行方式

降压变电所高压侧为单母线分段接线，0.4 kV 侧也为单母线分段接线。每个降压变电所或跟随式降压变电所均设置两台降压变压器，分别负责向各变电所所在的半个车站及半个区间内的动力、照明负荷供电。正常运行时，两台动力变压器分列运行，同时供电，如图 6.6 所示。

图 6.6 降压变电所局部

（三）牵引降压混合变电所运行方式

牵引降压混合变电所与降压变电所相比，多了一套牵引供电设备。典型牵引降压混合变电所 35 kV 侧和 0.4 kV 侧均为单母线分段接线，与降压变电所相同。牵引部分有两台牵引整流机组，接在同一段 35 kV 母线上，降压整流后的直流经正负极母线分配出去。牵引降压混合变电所中的牵引部分高压侧和直流侧均采用单母线接线形式。正常运行时，这两组牵引整流机组并列运行。

每课一查

通过查找资料，找出电气主接线图中不同的接线形式并理解其含义。

任务三 牵引供电系统

一、牵引供电系统的组成

牵引供电系统包括牵引变电所和牵引网，其结构组成如图 6.7 所示。电能从牵引变电所经馈电线、接触网输送给电动列车，再从电动列车经钢轨、回流线流回牵引变电所。牵引负荷为一级负荷，规定有两路独立的电源双边供电，当任何一路电源发生故障中断供电时，另一路应能保证一级负荷的全部用电。

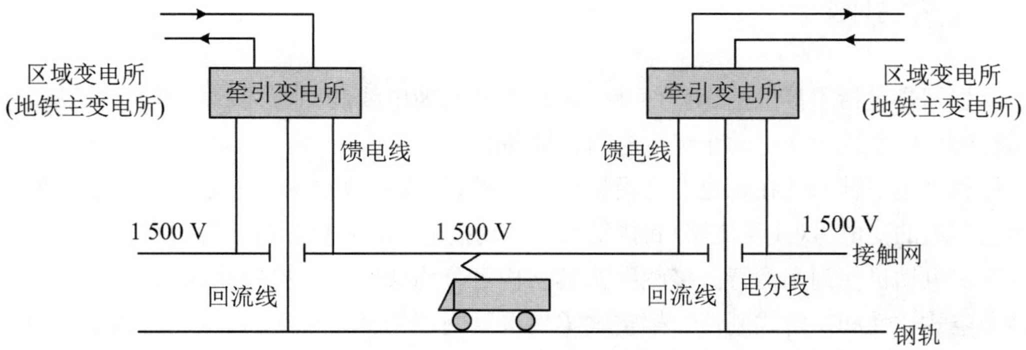

图 6.7　牵引供电系统的结构组成

各部分功能简述如下：

1．牵引变电所

牵引变电所是供给城市轨道交通一定区域内牵引电能的变电所。

2．接触网(或接触轨)

接触网是经过电动列车的受电器向电动列车供给电能的导电网(包括接触轨和架空接触网两种方式)。

3．馈电线

馈电线是从牵引变电所向接触网输送牵引电能的导线。

4．回流线

回流线是供牵引电流返回牵引变电所的导线。

5．电分段

电分段是将接触网分成若干段的分段设备。

6．钢轨

钢轨是用于引导列车运行的设备。列车走行时，利用钢轨作为牵引电流回路的组成部分。在采用跨座式单轨电动车组时，需沿线路专门敷设单独的回流线。

二、牵引变电所

牵引变电所是为城市轨道交通电力牵引等提供电能和变换、分配电能的电气装置与设施。其功能是将电力系统的三相交流电经降压、整流后，供电力机车和动车组使用。牵引变电所主要由变压器和整流器组成，将主变电所所获取的中压电压等级电能，经降压与整流变换为可供列车牵引用直流电(1 500 V 或 750 V)，并以直流电的形式把电能经馈电线送至接触网。

牵引变电所引入两个独立的中压交流电源，并将交流电能转换为直流电能，承担着向电动列车提供直流牵引电能的功能。

三、牵引网

牵引网是包括了接触网、钢轨回路（包括大地）、馈电线和回流线的一个大的范畴，它是轨道交通供电系统中向电动车组供电的直接环节。

接触网是一种悬挂在轨道上方沿轨道敷设的、和铁路轨顶保持一定距离的输电网。通过电动车组的受电弓（或受流器）和接触网的滑动接触，牵引电能就由接触网进入电动车组，驱动牵引电动机使列车运行。接触网按其结构可分为架空式和接触轨式，架空式接触网又包括架空式柔性和架空式刚性。架空式柔性接触网用于铁路干线、城市地面和工矿地面的电气化铁道，架空式刚性接触网和接触轨多用于地下铁道。

（一）架空式柔性接触网

架空式柔性接触网是沿铁路线上空架设的向电力机车供电的特殊形式的输电线路。其由接触悬挂、支持装置、定位装置、支柱与基础几部分组成。其结构组成如图 6.8 所示。

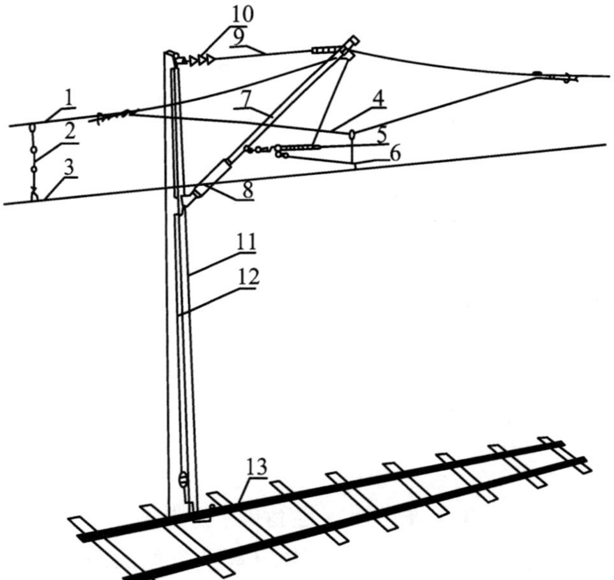

图 6.8　架空式接触网基本结构组成

1. 承力索；2. 吊弦；3. 接触线；4. 弹性吊弦；5. 定位管；6. 定位器；7. 腕臂；8. 悬式绝缘子；9. 水平拉杆；10. 悬式绝缘子串；11. 支柱；12. 接地线；13. 钢轨

1. 接触悬挂

接触悬挂包括接触线、吊弦、承力索以及连接零件。接触悬挂通过支持装置架设在支柱上，其功用是将从牵引变电所获得的电能输送给电力机车。

2. 支持装置

支持装置用以支持接触悬挂，并将其负荷传给支柱或其他建筑物。支持装置根据接触网所在区间、站场和大型建筑物而有所不同。支持装置包括腕臂、水平拉杆、悬式绝缘子串、棒式绝缘子及其他建筑物的特殊支持设备。

地铁接触网换线作业

3. 定位装置

定位装置包括定位管和定位器，其功用是固定接触线的位置，使接触线在受电弓滑板运行轨迹范围内，保证接触线与受电弓不脱离，并将接触线的水平负荷传给支柱。

4. 支柱与基础

支柱与基础用以承受接触悬挂、支持和定位装置的全部负荷，并将接触悬挂固定。

（二）架空式刚性接触网

架空式刚性接触网的功能与架空式柔性接触网相同，但应用于城市轨道交通地下线路。相较于架空式柔性接触网，刚性接触网用汇流排取代承力索，将接触线夹装在汇流排中，既承载电流，又靠其自身刚性保持接触线处于恒定位置，具有结构紧凑、载流量大、适用于低净空隧道等优点，如图 6.9、图 6.10 所示。

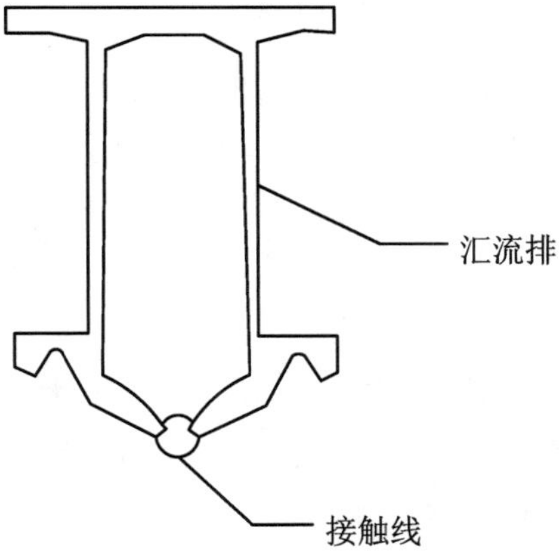

图 6.9　刚性接触网示意图

图 6.10　架空式刚性接触网应用

架空式刚性接触网主要由汇流排、定位绝缘子、汇流排防护罩、中心锚结、分段绝缘器、隔离开关、架空地线等零部件构成。

（三）接触轨式接触网

接触轨是沿电牵引线路敷设的与走行轨道平行的附加轨，故又称第三轨，如图 6.11 所示。其功能与架空式接触网一样，通过它将电能输送给电动车组。不同点在于，接触轨是敷设在铁路旁的具有高导电率的特殊软钢制成的钢轨，电动车组伸出的受流器与之接触而取得电能。在城市轨道交通牵引供电系统中，直流 750 V 供电一般采用第三轨。它的优点是隧道净

接触轨供电特点

空高度低、结构简单、造价低，缺点是人身和防火方面安全性差，与架空式接触网难以衔接。

图 6.11 采用第三轨的轨道交通线路

接触网日常维护

接触轨系统主要由接触轨、接触轨支架或绝缘子、绝缘防护罩、弯头、连接板、膨胀接头、锚结、隔离开关、电缆等零部件构成。其中接触轨、弯头、连接板、膨胀接头、锚结一般由接触轨厂家配套。

每课一问

你所在城市轨道交通接触网采用何种形式?

四、牵引供电运行方式

牵引变电所向接触网(或接触轨)供电的方式有三种，即单边供电、双边供电和大双边供电(越区)方式。在每个牵引变电所附近的城市轨道交通接触网(或接触轨)由电分段进行电气隔离，分成两个供电单元，每个供电单元也称为一个供电臂。

(一) 单边供电

单边供电指馈电区只从一侧牵引变电所取得电源，如图 6.12 所示。

单边供电只是运行中一种可能采用的临时供电方式，而不是牵引供电计算的限制条件。单边供电只是在特定条件下(如试车线、线路终端的牵引变电所等)运营中可能采用的一种措施。

(二) 双边供电

双边供电是指任何一个馈电区同时从两侧牵引变电所取得两路电源，如图 6.13 所示。

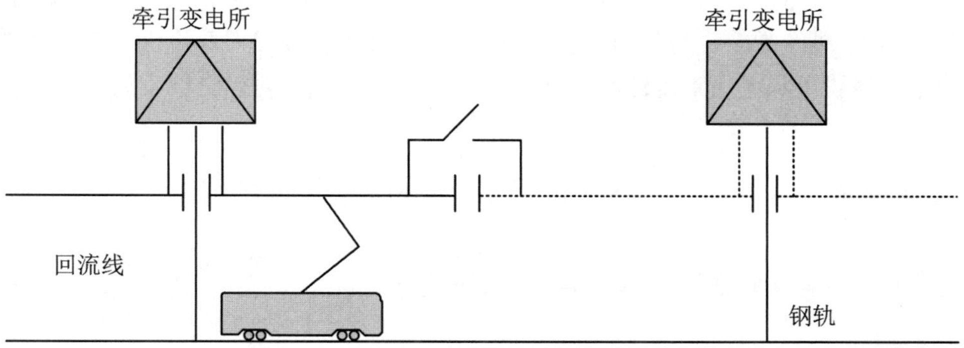

图 6.12　单边供电示意图

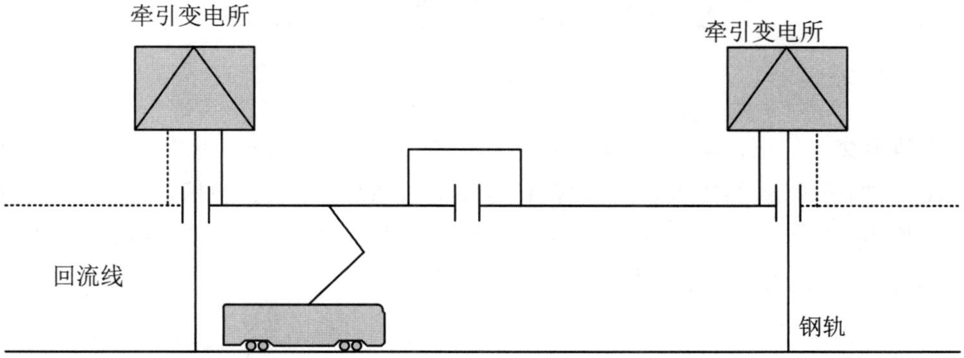

图 6.13　双边供电示意图

地铁的牵引供电系统在正线的设计和运营中，均应采用双边供电方式，因为双边供电比单边供电具有明显的优点。双边供电是设计必须满足的条件，也是正常运营的首选方式。双边供电可以提高网压水平，但发生故障时影响范围较大。

(三) 大双边(越区)供电

系统中任何一座牵引变电所故障解列时，应采取相应技术措施，实行大双边供电。如图6.14所示。这是城轨线路为避免中断行车的一种临时措施。

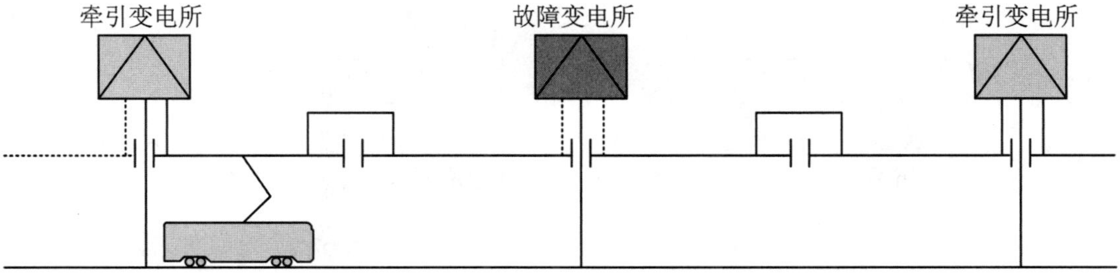

图 6.14　大双边供电示意图

一般情况下，车辆段内采用单边供电方式，正线采用双边供电方式。在采用双边供电时，当某一牵引变电所发生故障退出运行时，该段接触网就变成了单边供电方式。正线上任何牵引变电所因故障退出运行时，均由相邻牵引变电所进行越区供电。在越区供电方式下，供电末端的接触网(或接触轨)电压较低,电能损耗较大。因此,根据情况要适当减少同时处在该供电区段的列车数量。另外,直流馈线保护整定时还需考虑大双边供电方式下的灵敏度。因此,越区供电只是在不得已的情况下短时间采用的一种运行方式。

每课一思

比较三种供电运行方式,按可靠性优先级进行排序。

任务四　动力照明供电系统

城市轨道交通的正常运行中,除了牵引用电之外,在环境控制和系统服务等方面还有众多用电设备,如通风机、给排水泵、自动扶梯等动力设备以及照明、通信信号设备等,他们一般使用三相 380 V 或单相 220 V 交流电。动力照明供电系统就是为这些设备供电而设置的,包括降压变电所及动力照明供电系统。

一、降压变电所

降压变电所是将三相电源进线电压(35 kV)降压为三相 380 V 交流电,提供给机电设备使用,如图 6.15 所示。降压变电所是为车站与线路区间的动力、照明负荷和通信信号电源供电而设置的。

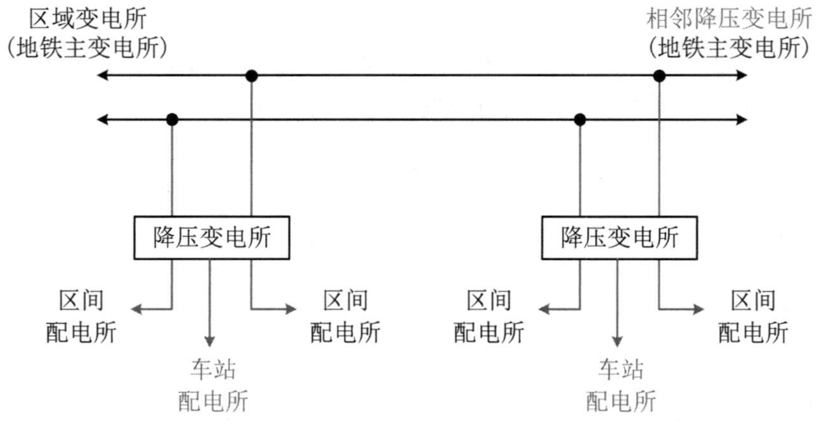

图 6.15　动力照明供电系统示意图

降压变电所就是将相邻变电所或主变电所输入的中压等级电压降压变成低压交流电,并通过配电(所)室分配各种设备用电。

降压变电所一般设在车站附近,既可对车站较集中的电气设备供电,也方便向车站两侧区间用电设备供电。此外，车辆基地、系统调度控制中心需要专门设置的降压变电所供电。

降压变电所还可以与牵引变电所合并，形成牵引、降压混合变电所。多数是单独设置的。

降压变电所对供电电源的要求，应按一级负荷考虑，由环行电网或二路电源供电，进线电压侧采用单母线分段系统，一般设有两台动力、照明变压器。每台变压器应满足一、二级负荷所需的容量。正常情况下，由两台变压器分别供电。其容量应该满足：正常运行时，两台变压器分列运行，同时供电负荷率不超过70%。当一台变压器发生故障解列时，自动切除三级负荷，另一台变压器可承担该所供电范围内的全部一、二级负荷，以保证城市轨道交通的正常运行。

每课一查

负荷分级的含义是什么？如何界定？

二、动力照明供电系统

动力照明供电系统采用380/220 V电压和中性点直接接地的三相四线制。配电母线为单母线自动开关分段，动力变压器低压侧通过自动开关与每段母线连接，动力与照明的一、二级负荷应有两路低压电源供电，且前者应为专用电缆。此外，设有联络电缆与相邻变电所的低压电源连接，作为事故备用电源，也可使用发电机组、蓄电池组电源作为事故备用电源。

动力照明供电系统

三、动力照明配电箱

照明电源引自降压变电所0.4 kV两段母线，照明配电箱分别设于站台层、设备层及站厅层的配电室内，按不同照明种类分别设置照明配电箱。事故照明（包括诱导照明）由降压变电所交直流屏供电。站台下安全照明、折返线检查坑和车辆段检查坑内的安全照明或携带式照明用插座采用交流36 V安全电压，其余均采用交流220 V电压。

对于通信、信号、站控室、废水泵、电梯、自动扶梯等由降压所直接供配电的各系统设备，低压配电系统提供电源至各设备附近的配电箱或电源切换箱，工作人员可在降压所或设备附近的配电箱或电源切换箱上对各设备作电源通断或切换操作控制。

对于冷水机组及FAS系统相关设备（如风阀、防火阀、防火卷帘门、挡烟垂幕、气灭系统等）及BAS系统、AFC系统等由环控电控室直接供配电的设备，低压配电系统提供电源至各设备附近的配电箱或电源切换箱，工作人员可在环控电控室或设备附近的配电箱或电源切换箱上对该设备做电源通断或切换操作控制。

对于环控电控室直接控制的环控设备（如空调机、风机等），采用三地控制方式，即就地控制（设备附近）、环控电控室控制及站控室控制（通过BAS系统控制）。

自动扶梯正常时由现场控制，事故状态下可在站控室内按下应急停机按钮停止所有自动扶梯运行。

任务五 城市轨道交通供电系统设备

一、设备概述

城市轨道交通变电所中的电气设备根据功能的不同可以分为一次设备和二次设备两大类。一次设备是城市轨道交通供电系统的主体，二次设备是城市轨道交通供电系统安全可靠运行的保障。

（一）一次设备

用来接受电能、变换和分配电能的设备和载流导体称为一次电气设备，或称为主设备。

1. 按功能划分

按照功能的不同，一次设备可以分成以下五类：

（1）变换电器：用来变换电路中电压和电流的设备，包括变压器、电流互感器、电压互感器、整流器。

（2）开关电器：用来关合和开断电路的设备，包括断路器、隔离开关、熔断器、负荷开关。

（3）限制电器：用来限制电路中电压或电流的电器，包括电抗器、避雷器。

（4）补偿电器：用于补偿系统的无功功率、提高功率因数的设备，如电力电容器和无功补偿装置。

（5）成套配电装置和组合电器：将上述某几种电器按一定的线路装配成一个整体的电器组合，主要有气体绝缘金属封闭组合电器 GIS、高压交流开关柜、低压成套配电装置、直流开关柜等。城市轨道交通供电系统中大量采用了组合电器。

2. 按安装地点划分

按照安装地点的不同，一次设备可以分成以下两类：

（1）户内式：装在建筑物内，不具有防风防尘等性能，一般用于 35 kV 及以下的电压等级。

（2）户外式：露天安装，能防风防尘，一般用于 35 kV 及以上的电压等级。

3. 按照电流制式划分

按照电流制式的不同，一次设备可以分成以下两类：

（1）交流电器：工作于三相或单相工频交流制式的电器。

（2）直流电器：工作于直流制式的电器，如直流 1 500 V、直流 750 V 断路器。

（二）二次设备

用来对一次设备进行控制、保护、监视和测量的系列低压、弱电设备通常称为二次设备，如各种继电器、测量仪表、控制开关、成套保护装置等。

二、设备介绍

（一）变压器

变压器是一种通过改变电压而传输交流电能的静止感应电器。它根据电磁感应的原理，把某一等级的交流电压变换成另一等级的交流电压，以满足不同负荷的需要。在电力系统中，变压器占有极其重要的地位，如图 6.16 所示。

变压器的工作原理

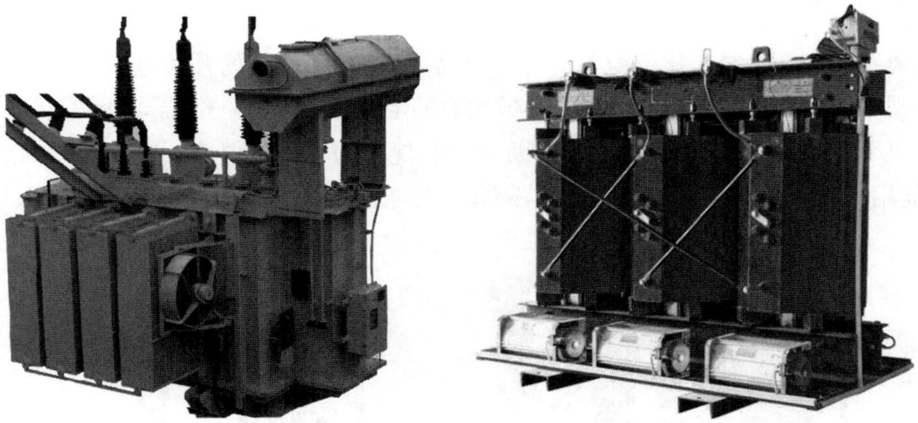

a. 油浸式电力变压器　　b. 干式变压器

图 6.16　不同类型变压器

每课一问

不同的变压器分别用在城市轨道交通供电系统的什么场合?

（二）断路器

断路器是高压电气回路的开关，在所有的高压系统中，断路器是较主要的设备之一，具有灭弧特性，它是一种能对电路进行控制（开断、关合）和保护的高压电器。它的主要功能是在电力电能转换及输送过程中，能开、关各种电流，诸如负载电流、空载电流、电容电流以及变压器励磁电流；而当供电线路出现故障或负载异常时，它能和保护装置相配合，

断路器的工作原理

迅速地切断故障电流，达到保护电力设备安全和缩小事故范围的要求。如图 6.17 所示。

a. SF6断路器　　b. SF6落地罐式断路器

图 6.17　不同类型断路器

（三）隔离开关

隔离开关是一种结构比较简单的开关电器，是电网中重要的开关电器之一。它由操作机构驱动本体刀闸进行分、合，分闸后形成明显的电路断开点。一般隔离开关只能在电路断开的情况下进行分合闸操作，或接通及断开符合规定的小电流电路。它没有专门的灭弧装置，不能用来开断负荷电流和短路电流，隔离开关通常与断路器配合使用。如图 6.18 所示。

a. GN27-40型隔离开关　　b. GW11-252型隔离开关

图 6.18　不同类型隔离开关

每课一问

根据开关用途不一样，结合所查询的资料，讨论停送电的操作顺序。

（四）互感器

互感器是电压、电流变换设备，它能将高电压、大电流变成低电压（标准值 100 V、

$100/\sqrt{3}V$)和小电流(标准值 5 A、1 A),从而将一次系统的电压、电流信息准确地传递到二次侧相关设备。互感器分为电流互感器和电压互感器,如图 6.19 所示。

a. 电流互感器　　b. 电压互感器

图 6.19　互感器

(五) 接地系统

接地描述的是供电系统中电气装置或电气设备的某些导电部分与地的电气连接关系。在对供电系统接地的论述中,接地一般指与变电所接地母排直接连接,或通过设备中的接地排与变电所接地母排连接,目前城市轨道交通工程多采用综合接地系统。综合接地系统一般由共用接地极引出两个接地母排,即一个强电接地母排、一个弱电接地母排,分别用于供电系统和通信信号等弱电系统的各类接地,如图 6.20 所示。

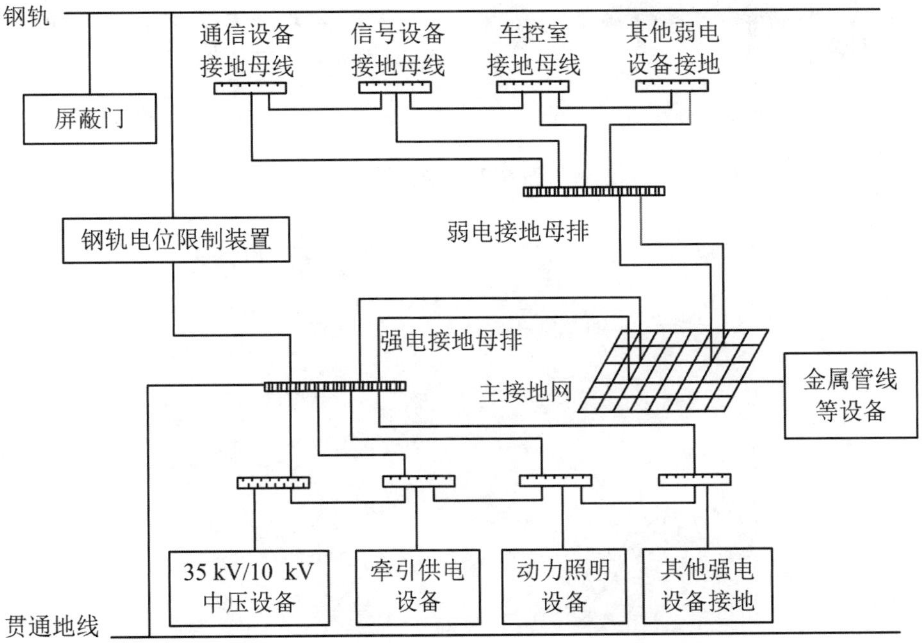

图 6.20　综合接地系统示意图

(六) 过电压保护

过电压是指电力系统在特定条件下所出现的超过工作电压的异常电压现象。按照过电压产生的原因不同,可分为外部过电压和内部过电压两大类。

1. 内部过电压

电力系统内部运行方式发生改变而引起的过电压称为内部过电压。如停送电操作、系统短路跳闸等都可能引起内部过电压。

2. 外部过电压

外部过电压又称雷电过电压或大气过电压,是由大气中的雷云对地面放电而引起的,主要有直击雷过电压和感应雷过电压两种。通常采用安装避雷针或避雷线防止直击雷;安装避雷器防止感应雷。雷电过电压保护必须要设置防雷装置。常用避雷设备如图 6.21、图 6.22、图 6.23 所示。

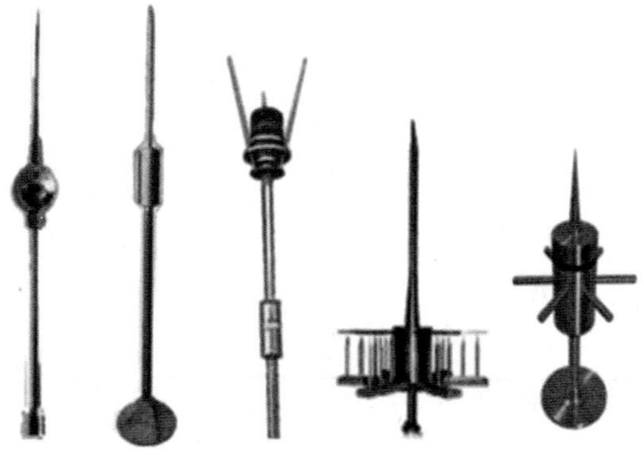

a. 避雷针外观图

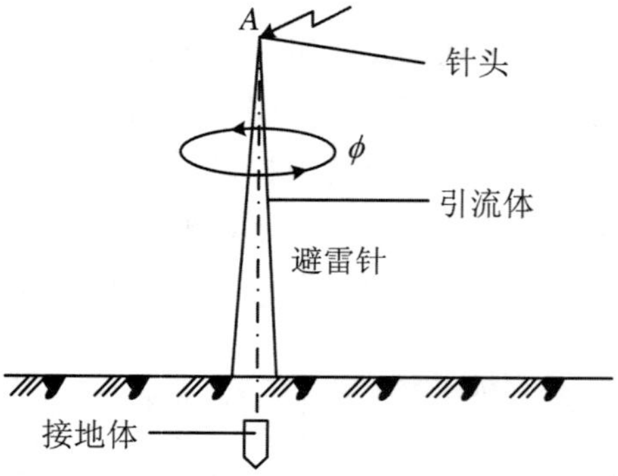

b. 避雷针结构示意图

图 6.21　避雷针

图 6.22　避雷线

a. 避雷带

b. 避雷网

图 6.23　避雷带和避雷网

课外阅读

2022 年新春除夕，南宁西乡塘区 G7201 安吉车辆段地铁变电站内的变电检修工们手持螺丝刀、头戴安全帽，将南宁地铁运行最重要的“电力”物资输送到城市的各设备电缆处，提供可靠的电源保障，为地铁通畅行车保驾护航。

临近春节，变电站开启节前设备隐患专项全方面排查。南宁轨道交通集团运营分公司维修中心供电二分中心变电检修工班班长韦复晓和同事们 24 h 轮班值岗，检修设备。

“我是一个拧螺丝的人，工作时间是从早上 9 点到晚上 9 点，主要检查设备有无异常。”南宁轨道交通集团运营分公司维修中心供电二分中心变电检修工班班长韦复晓向记者介绍他的工作内容。白天，他需要对变电站内的设备进行巡视、记录；当夜晚地铁停运时，将对设备进行检修维护，保障次日地铁运行。

地铁运行，供电先行。“变电设备必须要不带‘病’，地铁才能安全运行。所以我们必须 24 h 不间断地排查隐患。”韦复晓表示，在城市地铁建设中，如果把地铁比喻成“人体”，那么供电系统就如同人的“心脏”，为地铁的安全稳定运行提供动力支撑和能源供给，一旦供电系统出现故障，列车的运行安全也将受到严重影响。

2021 年，韦复晓勇于尝试，积极主动带领班组成员落实变电设备“集中修”试点工作。主要是针对集中修的理念，集中组织人员、物资等优势力量，采取“直流一体，交流分段”的集中作业模式。此举有效减少了作业过程中重复倒闸、布置安全措施的工作，与 2020 年同比减少 77 个年检天窗作业点，极大降低了作业安全风险，提高了工作效率，提升了员工专业技能，为维修中心变电专业推行运检分离机构改革提供有力支撑。

变电检修工作需要具备专业又扎实的业务知识才能消除隐患，确保设备零缺陷运行。韦复晓用螺丝钉精神拧螺丝，坚守岗位，干一行爱一行钻一行。一旦发现设备隐患，他立即查明原因并采取有效措施进行解决。2021 年，他先后参与处理了各类设备故障共计 51 件，有效提升设备运行品质，保障设备安全、平稳、有序运行。

任务六　电力监控系统

一、电力监控系统概述

电力监控系统(power supervisory control and data acquisition)又称为电力 SCADA 系统或者远动系统,即数据采集与监视控制系统,也称 PSCADA 系统。轨道交通电力监控系统是一种在控制中心对供电系统进行集中管理和调度,同时实现实时控制和数据采集的系统。

二、电力监控系统的组成

典型的电力监控系统如图 6.24 所示,由位于控制中心的电力调度主站系统(含位于供电维修基地的供电复示系统)、位于变电所的远程终端(子站 RTU,即变电所综合自动化系统)、联系主站和子站的专用数据传输通道三部分组成。电力调度系统即主站也称为监控端或调度端。子站也称为被控站或被控端。供电复示系统能够实现对供电系统的远程监视功能。

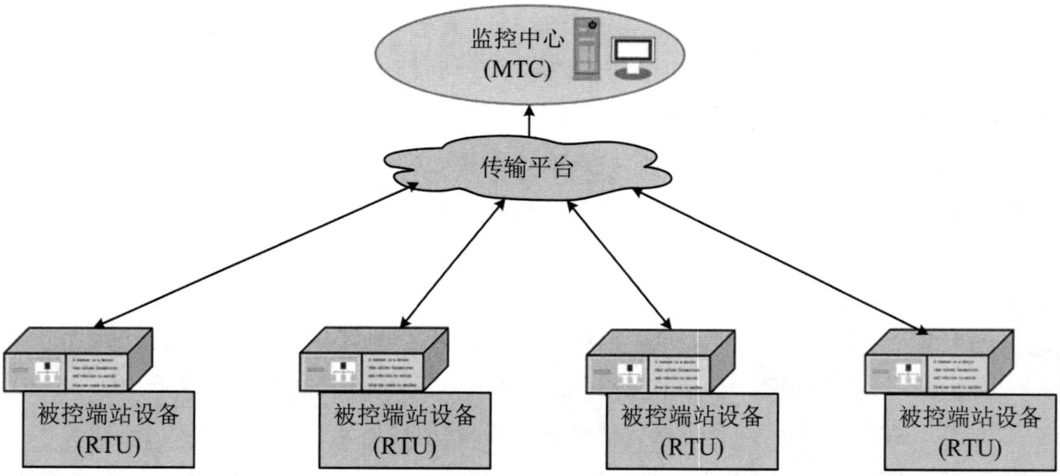

图 6.24　电力监控系统结构示意图

每课一问

电力监控系统由哪几部分组成?

SCADA 系统经历了人工监控、电力监控分立系统和综合监控系统电力监控子系统三个发展阶段。目前广泛采用电力监控子系统模式，即把电力监控作为一个子系统纳入综合监控系统。

（一）电力调度系统（主站）

主站设在城市轨道交通的运营控制中心，用于对全线变电所及沿线供电设备实行集中监视、测量和控制。其硬件构成如图 6.25 所示，主要由系统局域网、网络服务器、通信处理机、工作站、模拟显示设备、打印机、UPS 不间断电源等设备组成。

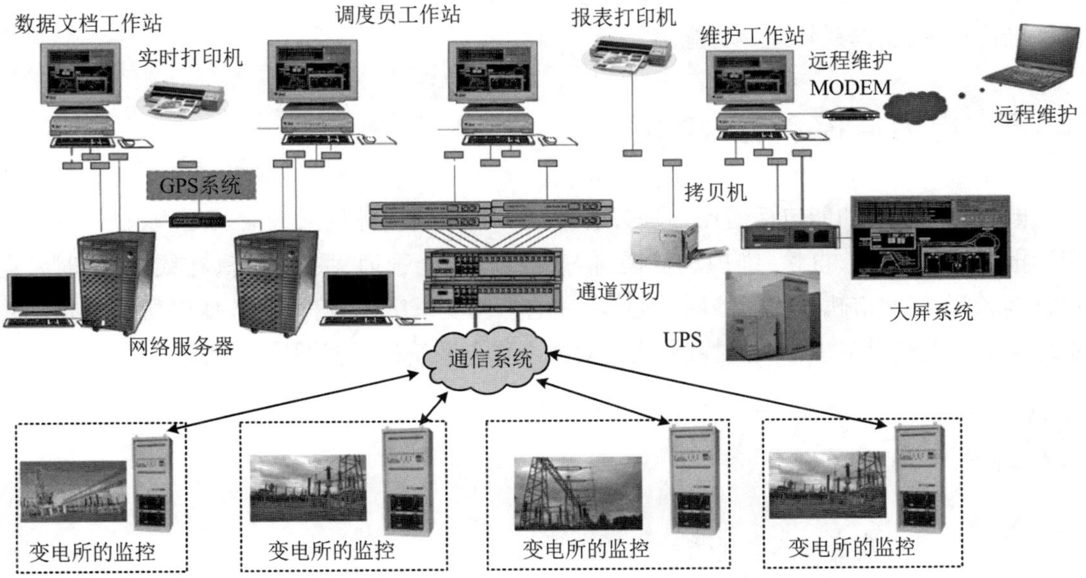

图 6.25 电力调度系统的硬件构成

（二）变电所综合自动化系统（子站）

子站 RTU 装设于城市轨道交通沿线的变电所，对变电所主要设备通过通信接口连接，实现集中监控。被控站变电所综合自动化系统示意图如图 6.26 所示。

图 6.26 被控站变电所综合自动化系统示意图

（三）通信通道

通信通道是调度中心与各被控站之间的桥梁纽带，是整个系统的神经中枢。通信通道一般采用光缆，地铁各子系统均在车站接入通信通道。通信骨干网应有主备双通道，并能自动切换。

（四）供电复示系统

供电复示系统设置在供电检修车间，用于供电检修人员对供电系统实时监视，并可以通过此系统获取相关的检修信息，通过供电复示工作站可以实现设备信息管理、运行记录、预防性维修提示、工作票管理等功能。

三、电力监控系统的功能

电力监控系统功能包括遥控、遥信、遥测、遥调，并应具备数据传输及处理、报警处理及统计报表、用户画面、自检、维护和扩展、信息查询、安全管理、系统组态、在线检测、时钟同步、培训等。在城市轨道交通控制中心，通过电力调度系统、通信通道和变电所综合自动化系统对主要电气设备进行四遥控制，实现对整个供电系统的运营调度和管理。

每课一思

电力监控系统的四遥功能指的是什么？

自测练习

一、判断题

1. 世界各国城市轨道交通的牵引供电系统基本都采用了直流电流供电制式。（　）
2. 城市轨道交通电力机车属于一级负荷，需要由两个独立的电源供电。（　）
3. 轨道交通不设主变电站，由沿线城市变电站直接向牵引变电所和降压变电所提供中压（35 kV 或 10 kV）电源的供电模式叫集中式供电。（　）
4. 牵引降压混合变电所同时给牵引负荷和机电设备供电。（　）
5. 降压变电所里，当一台变压器发生故障解列时，自动切除一级负荷。（　）
6. 地铁的牵引供电系统在正线的设计和运营中，均应采用双边供电方式。（　）

二、填空题

1. 城市轨道交通从外部电源引入的方式上分为______、______和______。
2. 城市轨道交通牵引网运行方式有______、______和______。

3. 牵引供电系统包括____________和____________。

4. 牵引网包括：____________、____________、____________和____________，它是轨道交通供电系统中向电动车组供电的直接环节。

5. 城市轨道交通供电系统包括：____________、____________和____________。

6. 接触网按其结构可分为____________和____________。

拓展训练

1. 城市轨道交通牵引供电系统如图 6.27 所示，通过查询资料完成表 6.1。

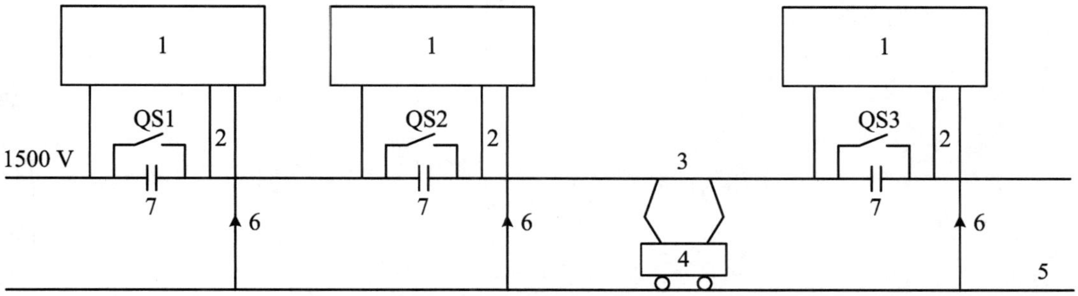

图 6.27　城市轨道交通牵引供电系统

表 6.1　城市轨道交通牵引供电系统

序号	名称	作用
1		
2		
3		
4		
5		
6		
7		

2. 通过观察接触网真实设备(图6.28),并结合查询资料完成表6.2。

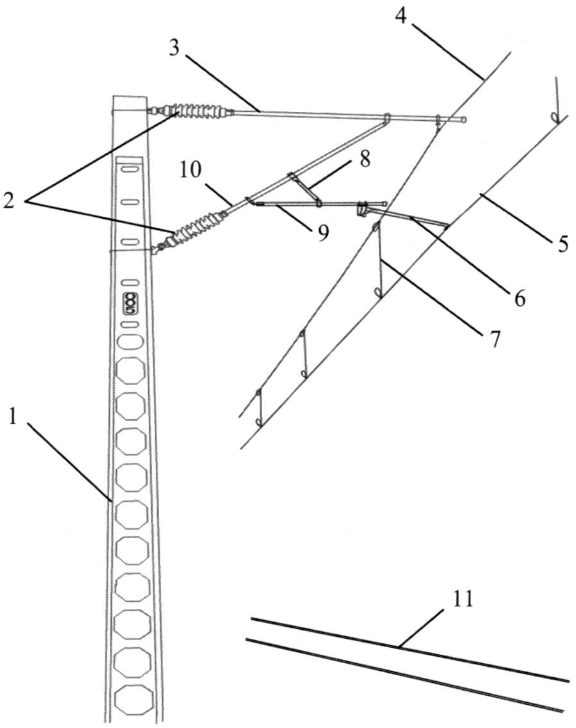

图6.28 接触网

表6.2 接触网

序号	名　称	序号	名　称
1		7	
2		8	
3		9	
4		10	
5		11	
6			

3. 通过对城市轨道交通供电系统的学习,谈谈供电可靠性如何保证。

项目七　城市轨道交通信号与通信系统认知

学习导读

信号系统担负着对路网上各种行车设备、运行列车的实时控制和状态监督任务。形象地说，它犹如人的耳目和中枢神经，在轨道交通运输中发挥着协调列车、地面设备运行的重要作用。信号设备对提高行车效率起着极其重要的作用，在城市轨道交通中，由于采用了先进的信号系统，使列车的行车间隔大大缩短，提高了行车密度，缩短了列车停站时分，由计算机系统根据设定的列车运行时刻表，自动、安全地指挥列车按列车运行图运行。通信信号系统的内容有哪些呢？本项目将详细描述。

学习目标

1. 素养目标

(1) 培养学生严谨的工作态度和为人民服务的伟大精神。

(2) 培养学生在工作中不怕困难、精益求精的工匠精神。

2. 知识目标

(1) 了解城市轨道交通信号系统的发展历程。

(2) 了解城市轨道交通通信信号系统的重要地位。

(3) 掌握市轨道交通通信信号系统的设备组成。

(4) 了解市轨道交通通信信号系统的未来发展趋势。

3. 能力目标

(1) 能识别城市轨道交通信号设备。

(2) 能了解城市轨道交通信号设备的作用。

(3) 能掌握城市轨道交通信号系统在实际中的应用。

建议学时

8 学时。

任务一 城市轨道交通信号系统

一、城市轨道交通列车运行控制系统及发展

城市轨道交通列车运行控制系统是城市轨道交通的主要技术装备，它担负着指挥列车运行、保证行车安全、防止追尾和冲突、提高运输效率、实现列车运行自动化的重要任务。

每课一问

在你的认知里，“信号”是什么？

（一）我国城市轨道交通列车运行控制系统

随着社会的发展，城市车辆不断增多，传统的交通信号灯已不能满足轨道交通控制的需求，交通工程师开始寻求其他工程领域的技术来解决交通信号控制问题，由此带来了交通控制技术的迅速发展。从 20 世纪 80 年代开始广泛采用先进的数字化信号控制系统，确保列车运行安全和达到最大的效率。

在国内城市轨道交通建设中，从 20 世纪 90 年代起建造或改造的北京、上海、广州和天津等的地铁开始引进国外先进的地铁信号控制系统设备，阿尔卡特（Alcatel，现属泰雷兹公司）公司在世界上较早推出 CBTC 系统，有比较成熟的技术，上海自仪股份公司选择与泰雷兹公司合作，不仅满足了地铁建设的需要，而且有助于在一个较高的起点上发展公司的自动控制系统新产业。

西门子（Siemens）公司凭借“全面交通解决方案”的理念，将其先进的 CBTC 解决方案引进到中国城市轨道交通中，并提供模块化产品——“TrainguardMT”列车运行自动控制系统。采用基于无线 AP 的 WLAN 作为车—地通信通道，是目前在我国开通较早且运行稳定的设备之一，为我国城市轨道交通的发展提供了新的选择和方向。

当前地铁信号控制系统已趋于国产化。北京、天津、上海、广州、深圳、南京、武汉、成都、沈阳、西安、苏州、佛山、杭州、哈尔滨、合肥等已建成档次和规模不同的地铁并进行扩展和延伸，我国城市轨道交通出现了建设高潮，前景十分广阔。

（二）城市轨道交通信号控制系统技术发展历程

信号控制系统是保障行车安全、提高运输能力的关键技术装备。城市轨道交通信号控制系统随着微电子技术、计算机技术、通信技术的发展而不断发展。在信号控制系统中，地面与车载设备的安全信息传输方式大致经历了模拟轨道电路、数字轨道电路和无线通信三

个阶段。

1. 基于模拟轨道电路的 ATC 系统

轨道电路能将区间线路划分为若干固定的区段，是列车占用检查和向车载 ATC 设备传送信息的载体。列车定位以固定的轨道电路区段为单位，采用模拟轨道电路方式由地面向车载设备传送 10～20 种信息，列车采用阶梯式速度控制，称之为固定闭塞，如图 7.1 所示。

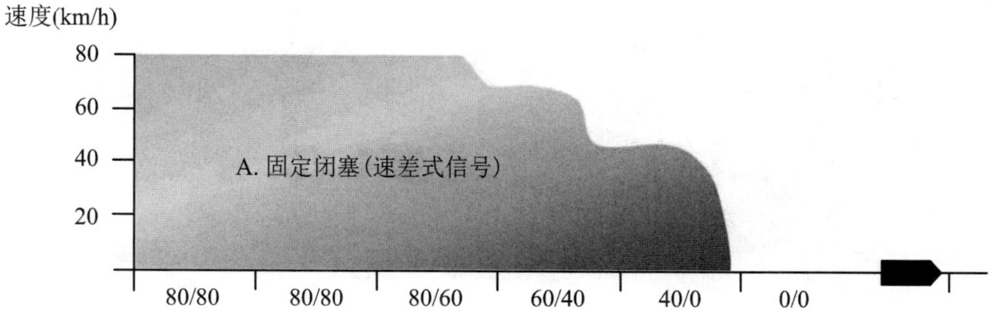

图 7.1　模拟轨道电路列车运行速度控制示意图

从系统整体角度来看，基于模拟轨道电路的 ATC 系统中各子系统处于分立状态，技术水平明显落后，维修工作量大，制约了列车运行速度和密度的进一步提高，将逐步退出历史舞台。

2. 基于数字轨道电路的 ATC 系统

数字轨道电路采用数字编码方式，由地面向车载设备传送数十位数字编码信息，列车可实现一次模式曲线式安全防护，缩短了列车运行间隔，提高了舒适度。数字轨道电路列车速度控制曲线如图 7.2 所示。

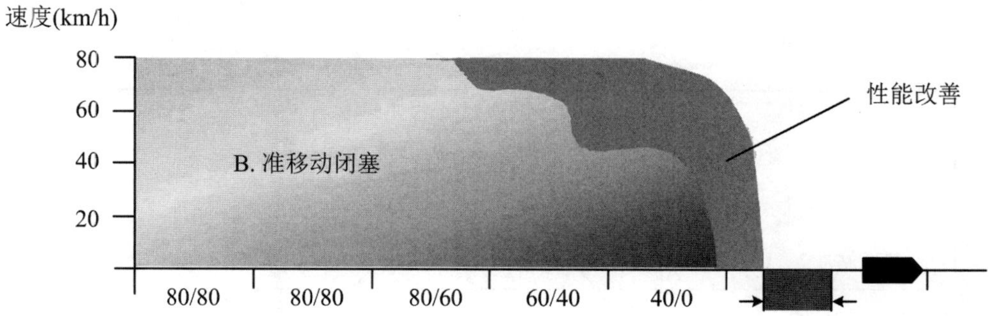

图 7.2　数字轨道电路列车运行速度控制示意图

因数字轨道电路具有“故障-安全”的特点，目前在世界范围内运用得较多，系统的可靠性和稳定性得到了充分的验证。但数字轨道电路存在一定的缺点，如：必须具备很强的抗干扰能力、只能实现地面向列车的单项信息传输、与牵引供电专业的设备安装相互影响、无法进行列车精准定位。

3. 基于无线通信的列车运行控制系统(CBTC)

CBTC 的特点是前、后列车都采用移动定位方式，通过安全数据传输，将前行列车的位置信息安全地传递给后续列车，可实现一次模式曲线式安全防护，并且其防护点能够随前车的移动而实时更新，有利于进一步缩小行车间隔、提高运输效率，称之为移动闭塞。CBTC 系统列车运行速度控制如图 7.3 所示。

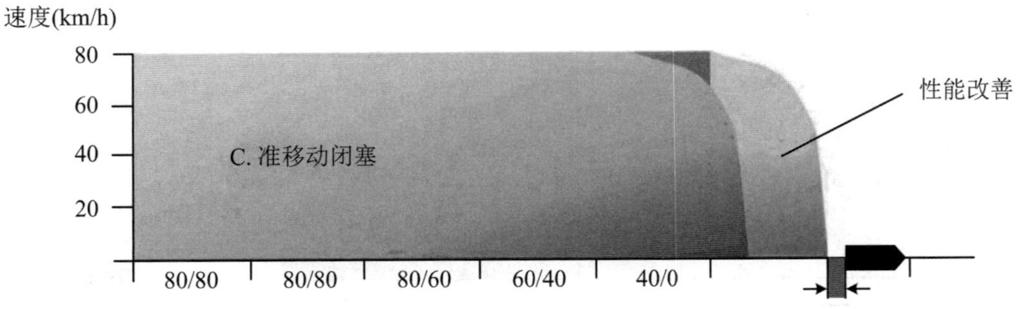

图 7.3　CBTC 列车运行速度控制示意图

无线通信的传输方式很多，但是目前国内主要采用的有四种方式。

(1) 无线 AP 传输方式。采用沿着轨道方向的无线定向天线，传输距离可以达到 200～400 m，如图 7.4 所示。优点是安装简单，施工方便，成本低。缺点是无线场强分布不均匀。

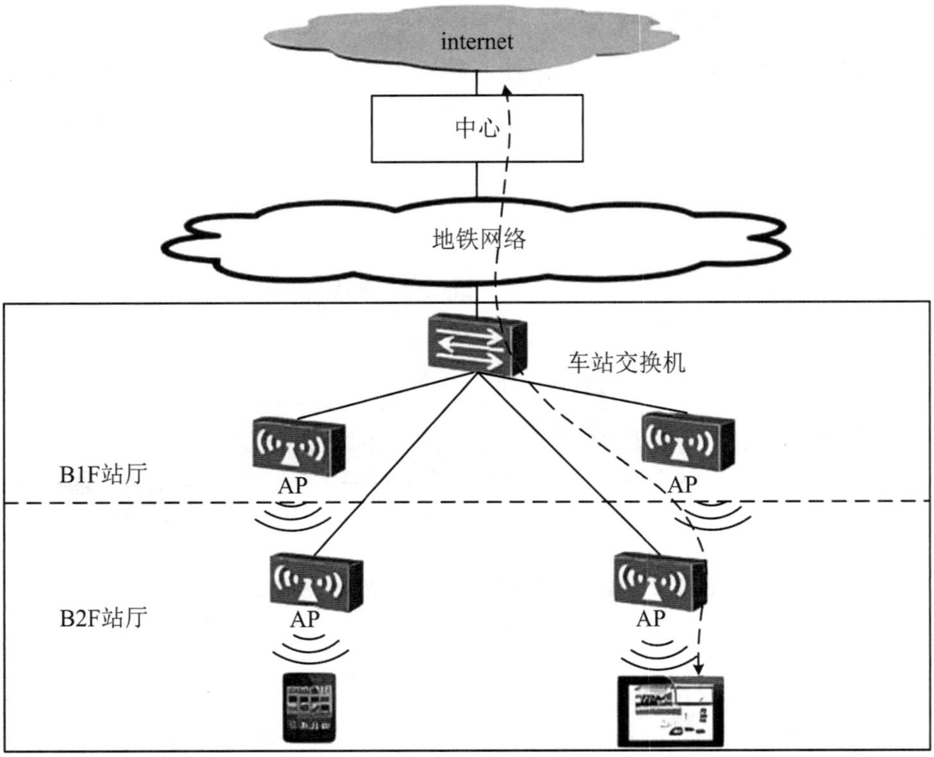

图 7.4　无线 AP 通信示意图

(2) 漏缆传输方式。沿着同轴电缆的外部导体周期性或非周期性配置开槽口,电信号在该电缆中传输的同时,能把电磁能量的一部分,按要求从特殊开槽口以电磁波的形式放射到周围的外部空间,既具有传输线的性质,又具有无线电发射天线的性质,如图 7.5 所示。优点是场强覆盖均匀,适应性强,电磁污染小等。缺点是成本较高。

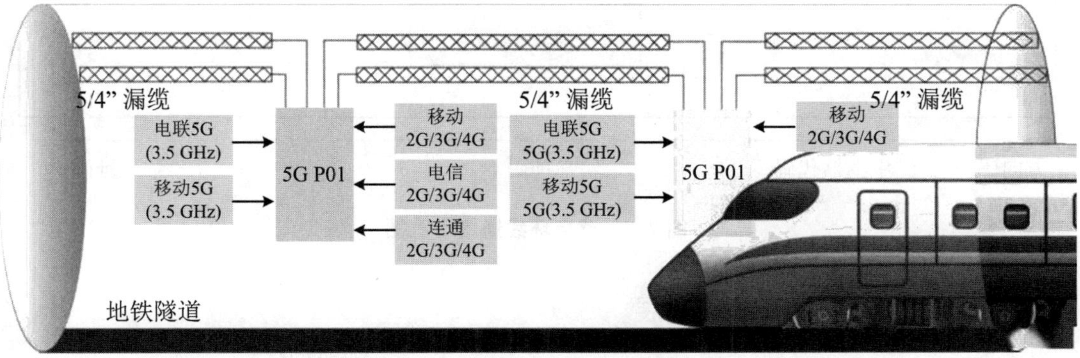

图 7.5　漏缆通信示意图

(3) 波导管传输方式。波导管是一种双向数据传输的无线信号传输媒介,如图 7.6 所示。其具有传输频带宽、传输损耗小、可靠性高、抗干扰能力强等优点。缺点是工艺复杂,受环境湿度影响较大。

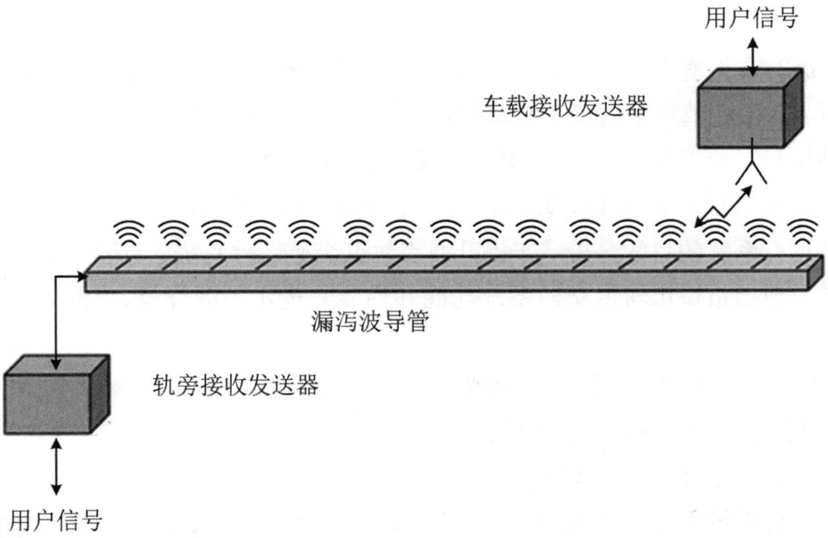

图 7.6　波导管通信示意图

(4) 感应环线方式。通过轨道铺设交叉感应环线,实现"车-地"信息双向传输,如图 7.7 所示。

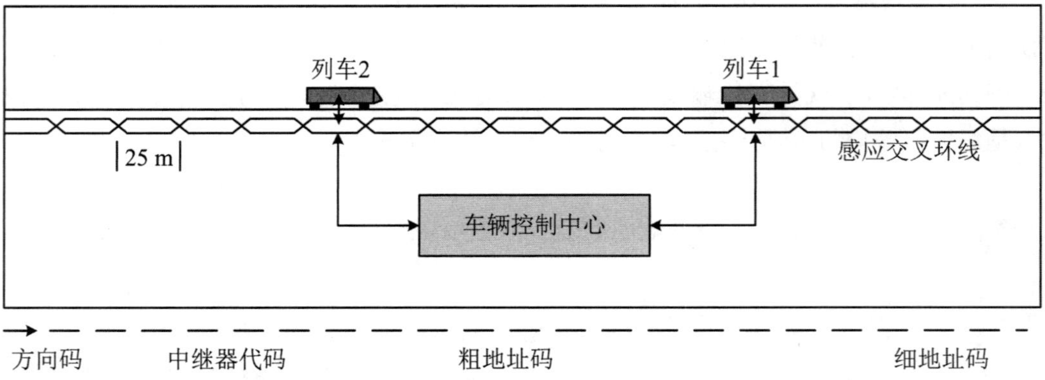

图 7.7 感应环线通信示意图

(三) 全自动运行系统的发展

全自动运行系统(fully automatic operation, FAO)是基于现代计算机、通信、控制和系统集成等技术实现列车运行全过程自动化的新一代城市轨道交通系统。

国际公共交通协会(UITP)将列车运行的自动化等级(GoA)划分为5级:

(1) GoA0:无ATP防护,目视下的人工驾驶。

(2) GoA1:ATP防护下的人工驾驶。

(3) GoA2:半自动列车运行(semi-automatic train operation, STO),司机监督下的ATO驾驶。

(4) GoA3:有人值守下的列车自动运行DTO(driverless train operation)。

(5) GoA4:无人值守下的列车自动运行UTO(unattended train operation)。

全自动运行系统FAO包含自动化等级GoA3和GoA4,即全自动运行系统运行模式包括有人值守的列车自动运行(DTO)和无人值守的自动运行(UTO)。

全自动运行系统的目的是进一步提升城市轨道交通运行系统的安全与效率。全自动运行系统是形象地衡量城市轨道交通系统功能和性能先进水平的标尺,应继续在以下几个方向上努力:

(1) 提高系统可靠性、安全性、可用性、可维护性。

(2) 提升运营/系统应急处置水平。

(3) 提升系统自动化水平,降低劳动强度。

全自动运行系统相比现有城市轨道交通CBTC系统,引入了自动控制、优化控制、人因工程等领域的最新技术,进一步提升自动化程度。全自动运行系统具有更安全、更高效、更节能、更经济、更高服务水平的突出优点,已成为城市轨道交通技术的发展方向。如重庆轨道交通15号线、合肥轨道交通8号线、东莞轨道交通1号线和成都地铁27号线等。

全自动运行线路

每课一查

查一查当地城市轨道交通不同线路分别采用的是哪种信号系统。

二、信号系统的组成

信号系统是传统的“信号、联锁、闭塞”的总称，是由各类信号显示、轨道电路、道岔转辙机等设备及其他附属设施构成的完整体系。随着列车运行速度的提高和追踪间隔的加密，完全靠人工瞭望、人工驾驶不能保证行车安全。因此，必须装备列车运行控制系统（简称列控系统），以实现对列车间隔和速度的自动控制，提高运输效率，保证行车安全。列控系统涉及很多关键技术，包括车—地间大容量、实时、可靠的信息传输，列车定位，以及列车的精确、安全控制等。

为了实现高速度、高密度、安全可靠的交通运输，列控系统必须采用先进的信号技术。现代通信技术和信号技术的互相渗透和结合，以及电子和计算机技术在信号系统中的应用，使得信号系统的作用更为突出。城市轨道交通系统作为大容量、高密度的公共交通工具，需要一套安全、可靠的列车自动控制（automatic train control，ATC）系统。

城市轨道交通 ATC 系统是保证行车安全、提高区间和车站通过能力，实现行车指挥和列车运行控制自动化、提高运输效率关键设备的总称。ATC 系统通常包含如下 4 个子系统：

1. 列车自动监控系统

列车自动监控（automatic train supervision，ATS）系统，通过对全线列车及现场信号设备的监控，实现对列车运行的实时监督和控制。

2. 列车自动防护系统

列车自动防护（automatic train protection，ATP）系统，包括地面 ATP 子系统和车载 ATP 子系统，是确保列车安全运行，实现超速防护的关键设备。通过设于轨旁的 ATP 地面设备，连续地向列车传送“目标速度”或“目标距离”等信息，以保持后续列车与先行列车之间的安全间隔距离，并监督列车车门和站台屏蔽门的开启和关闭的程序控制，确保它们的安全操作。

3. 列车自动运行系统

列车自动运行（automatic train operation，ATO）系统，包括地面 ATO 子系统和车载 ATO 子系统；在城市轨道交通中的作用主要包括列车自动驾驶、精准停站、自动开关门和发车等，提高列车运行的效率，改善乘客的出行体验。

4. 计算机联锁系统

计算机联锁（computer Interlocking，CI）系统，主要作用是确保列车运行的安全和高效。计算机联锁系统通过计算机技术实现对车站信号设备(如信号机、道岔和进路)的集中控制和联锁,从而保证列车在正确的行驶路线上运行。

上述 4 个子系统通过信息交换网络构成闭环系统,实现地面控制与车上控制结合、现地控制和中央控制结合,构成一个以安全设备为基础,集行车指挥、运行调整以及列车驾驶自动化等功能为一体的列车自动控制系统。

城市轨道交通 ATC 系统中最核心的子系统是 ATP 系统,ATP 安全控制技术的发展方向是 CBTC 系统。CBTC 系统的采用使移动闭塞变得更为简单和可行,一般将基于点式应答器的 ATP 系统作为 CBTC 系统的后备模式。这些系统之间的关系如图 7.8 所示。

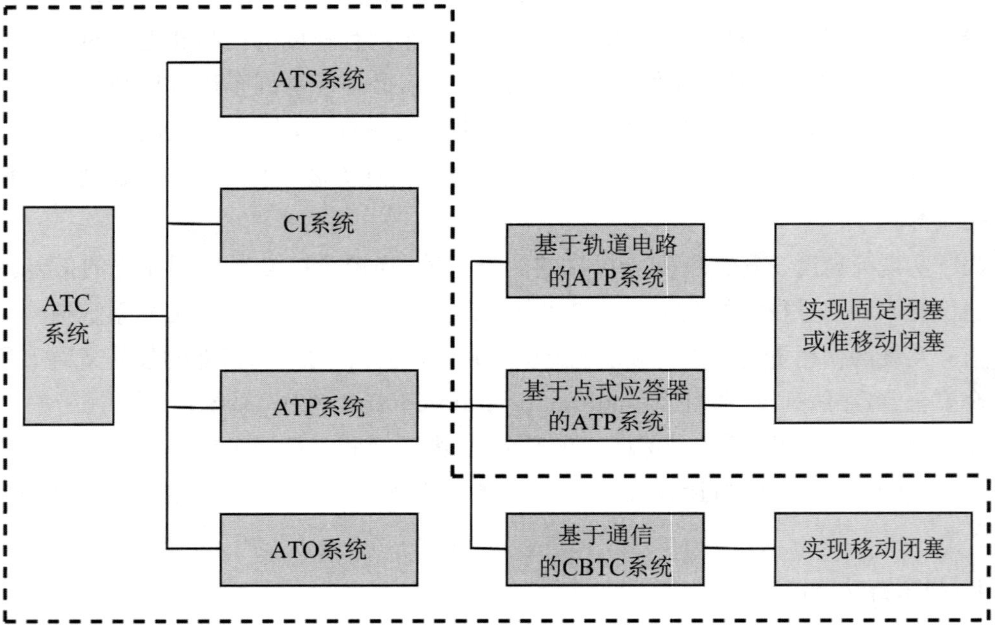

图 7.8 ATC 系统的组成关系框图

三、信号系统的安全性保证

信号系统的首要任务是保证行车安全。“故障-安全(Fail-safe)”是信号设计的基本原则,行车时一旦信号设备或系统发生故障,其应具有自动导向安全一侧,防止出现危险性后果,确保行车安全的功能。传统的“故障-安全”技术经过“安全计算机”(vital computer)已经发展至现在的“安全苛求系统”(safety critical system)。

(一)“故障-安全”概念的产生

安全技术是人们在吸取血的教训基础上发展而来的。1825 年世界上出现了第一条铁路——英国的斯托克顿达灵顿(Stockton Darlington)铁路,当时在夜间是用车站窗口的蜡烛烛光指挥行车的,约定以烛光点亮为停车信号,以烛光熄灭作为允许运行信号。由于烛光常被风吹灭而发生多次冒进停车地点的行车事故,从那时起人们就开始研究安全对策了。

人们开始意识到设备在发生故障的情况下，造成的后果应导向安全方向，也称安全侧，这就是“故障-安全”的概念。从此，故障导向安全成为铁路信号领域必须贯彻的原则，铁路信号安全技术以“故障-安全”为核心逐步发展起来。

（二）轨道电路的发明与“故障-安全”继电器的应用

1869 年，美国人 Williamm Robinson 发明了轨道电路，可谓铁路信号史上的革命性事件。以轨道电路为基础研制的自动闭塞设备，提高了列车在区间运行的安全性和效率，轨道电路一直沿用至今。早期的轨道电路都是直流供电，主要用于检测列车的存在，不能用来传输“车-地”信息。后来先后发明了工频、音频轨道电路，使利用钢轨的交变电磁场传输“车-地”信息成为可能。

早期轨道电路的逻辑和执行单元由“故障-安全”继电器构成，在系统故障时借助重力导向安全侧。但是随着 I/O 数量的增加，继电器系统的缺点也慢慢显现出来，如配线麻烦、逻辑难以更改等。为了克服继电器的缺点，人们开发了其他系统。

课外阅读

2011 年 9 月 27 日 13 时 58 分，上海自动化仪表股份有限公司电工在进行地铁 10 号线新天地车站 UPS 柜底电缆孔洞封堵作业时，UPS 输出负载端 A 相线路松动，导致 A 相电供电缺失，10 号线新天地集中站信号失电。14 时，1016 号列车在豫园站至老西门站区间遇红灯停车。14 时 08 分，行车调度员违规发布调度命令。14 时 35 分，1005 号列车持路票从豫园站发车。14 时 37 分，1005 号列车以 54 km/h 的速度行进到豫园站至老西门站区间弯道时，发现前方有列车（1016 号）停留，随即采取制动措施，但由于惯性仍以 35 km/h 的速度与 1016 号列车发生追尾碰撞。

图 7.9 事故现场

上海地铁“9・27”事故调查组认定这是一起造成重大社会影响的责任事故。12 名事故责任人员受到严肃处理。事故引发市民对地铁安全管理的强烈质疑，舆论聚焦于信号系统可靠性、调度人员操作规范、应急处置效率等问题，政府和地铁运营方的公信力受到一定负面影响，需长期通过安全提升措施重建公众信任。

每课一思

计算机技术的发展对信号系统有什么影响?

(三) 电子计算机在信号系统的应用

20 世纪 80 年代以来,计算机和网络技术逐步深入到工业、交通、国防以及日常生活领域中,对铁路信号系统的影响也是革命性的,计算机联锁系统、“车-地”实时通信的实现等使得铁路运输自动化程度大大提高。使用计算机控制系统能够降低成本、增强系统功能,给系统设计和维护带来很多便利,可以最大限度地减少人为出错的概率,有利于提高信号系统的安全性。但是,计算机应用于信号系统对于系统的安全性也带来了新的挑战。计算机系统在信号系统中的应用日益广泛和深入,人们将“故障-安全”原则和计算机技术结合起来,形成了一些新的安全方法和技术。

1. 故障监测与诊断技术

能够尽快地发现故障,以便及时修复或投入备份资源,使系统恢复功能或者给出安全侧输出。

2. 计算机容错技术

利用冗余去屏蔽错误的影响和利用重构保证系统缓慢降级。利用额外的备份以提高系统可靠性和安全性的技术称作冗余技术,它包括硬件冗余、软件冗余、时间冗余、信息冗余 4 种。硬件冗余包括静态冗余、动态冗余、混合冗余 3 种方式。

四、常见的信号基础设备

(一) 信号机

信号机是信号系统的重要组成部分,用于指示列车运行及调车作业的命令。信号机是指利用不同颜色和数量的灯光或不同颜色和形状显示指挥行、调车命令的固定信号机。信号机的基本信号及显示意义:

(1) 红色:要求停车的信号。

(2) 绿色:准许按规定速度运行的信号。

(3) 黄色:要求注意或减速的信号。

信号工检修日常

信号机按照结构可分为透镜式、组合式、LED 多种类型,城轨信号机一般采用 LED 色灯信号机,根据需要设置灯位数量,可组成单显示、双显示及三显示等,图 7.10 所示为一台三显示色灯信号机。

图 7.10　三显示色灯信号机示意图

（二）转辙机

道岔转辙机是铁路信号系统中用于控制道岔转动的关键设备。道岔转辙机是一种用于转换道岔位置、改变道岔开通方向、锁闭道岔尖轨，并能反映道岔实际位置的信号基础设备。它确保了列车在铁路线路上的正确行驶方向，是铁路行车安全的重要保障。图 7.11 为常见的电动转辙机。

S700K 转辙机

a. S700K电动转辙机　　b. ZD6型电动转辙机

图 7.11　电动转辙机

（三）轨道电路

轨道电路是铁路信号系统的重要组成部分，轨道电路是利用钢轨线路和钢轨绝缘构成的电路，如图 7.12 所示。它用来监督线路的占用情况，并向列车和相邻轨道电路传递行车信息。轨道电路是铁路信号的重要基础设备，它的性能直接影响行车安全和运输效率。

当闭塞区间内无列车行驶时，电流会从电源经由轨道流经继电器，并使其励磁带动接点，接通绿灯电路，信号机显示平安通行。当有列车驶入闭塞区间时，电流改行经列车车轴，不会流经继电器，继电器因失去电流而失磁，接点接通红灯电路，信号机显示险阻禁行。此外，若轨道断裂或绝缘破损，也会使继电器失磁，信号机显示险阻禁行，从而保障列车行驶安全。

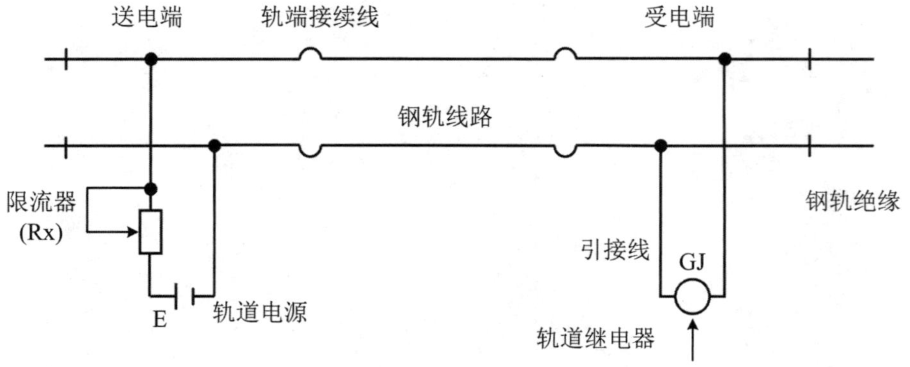

图 7.12　轨道电路示意图

（四）计轴器

计轴设备是用来检测列车轮轴是否占用轨道区段的一种安全装置，如图 7.13 所示。与传统轨道电路相比，它具有不受轨道线路状况影响，不需切割轨道、加装轨道绝缘等优点，因此广泛应用于城市轨道交通线路，但是计轴轨道电路无法检测断轨故障。

图 7.13　计轴器

计轴设备通过对物理轮轴的检测，来表示轨道区段的空用、占用和受扰三种状态。其工作原理如下：当列车驶入，车轮进入轨道传感器作用区时，轮对经过传感器碰头时，向驶入端处理器传送轴脉冲，轨道区段驶入端处理器开始计轴，驶入端处理器首先判定运行方向，确定对轴数是累加计数还是递减计数。列车进入轨道区段，驶入端处理器对轮轴进行累加计算，并发出区段占用信息。同时，驶入端处理器经传输线向驶出端处理器发送驶入轮轴数，列车全部通过驶入端计轴点时，停止计数。当列车到达区段驶出端计轴点时，由于列车是驶离区段，驶出端计轴器进行减轴运算，同时再传送给驶入端处理器，列车全部通过后，处理器对驶入区段和驶离区段的轮轴数进行比较运算，轮轴数一致时，方认为本区段已经出清，发出区间空闲信息表示，当无法证明进入区段的轮轴数等于离开区段的轮轴数，则认为本区段仍将处于占用状态。计轴器工作原理如图 7.14 所示。

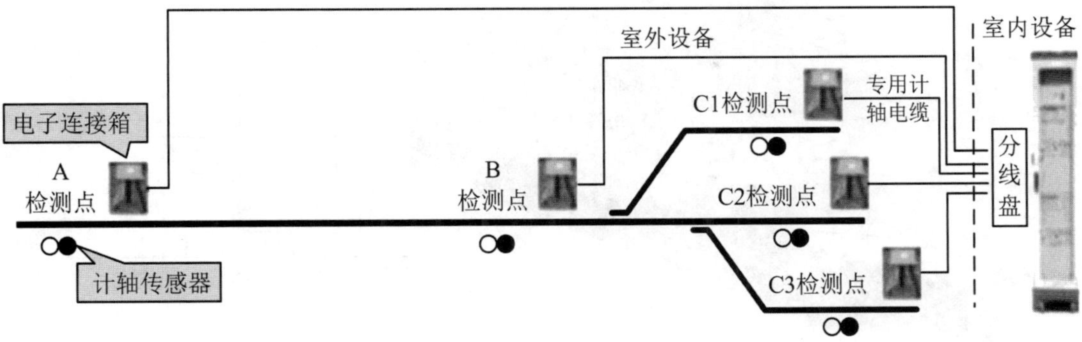

图 7.14　计轴器工作原理

（五）应答器

查询应答器是铺设在轨道中央，反映线路绝对位置的物理标志，如图 7.15 所示。该装置能够给列车提供位置路况等信息，分为有源和无源两种。

图 7.15　应答器

它可以用作连续式列车速度自动控制系统的列车精确定位设备，这时应答器内部储存的数据是固定的；也可以用作点式列车速度自动控制系统的列车检测定位辅助设备，作为系统向列车传输数据的通道。列车通过后将列车车载设备测量的距离与该信标在数据库中的位置进行比较，从而消除列车位置测量的误差。应答器工作原理如图 7.16 所示。

列车对标停车

图 7.16　应答器工作原理

每课一思

总结一下,在钢轨旁边安装铺设的信号设备有哪些?

任务二　城市轨道交通通信系统

一、城市轨道交通通信系统概述

(一) 通信系统概述

城市轨道交通通信系统是一个能适应地铁运输效率、保证行车安全、提高现代化管理水平和能迅速、准确、可靠地传递语音、数据、图像和文字等各种信息的机电系统,主要由传输系统、公务电话系统、专用电话系统、无线通信系统、广播系统(PA)、闭路电视监视系统(CCTV)、计算机网络系统、时钟系统(CLK)、电源及接地系统和车站信息系统(SIS)、车载信息系统(TIS)、集中告警系统等子系统组成。传输系统、公务电话系统、专用电话系统、无线通信系统等属于基础系统,广播系统、闭路电视监视系统、车站信息系统、集中告警系统等属于支撑系统。

每课一查

城市轨道交通车站里,你能发现哪些跟通信相关的设备?

（二）通信系统各子系统的功能

通信系统的服务范围包括运营控制中心、车站、车辆段、停车场、维修中心、车站内等城市轨道交通运营服务区域。通信系统不是单一的子系统，而是多个相对独立的子系统的组合。这些子系统在不同的运营环境下协调工作。各子系统能对各自的故障进行检测和报警，从而确保整个通信系统的可靠性。

1．传输系统功能

传输系统是整个通信网络的纽带，它给通信各子系统以及电力系统、信号系统、AFC自动售检票系统、消防报警系统、办公网络等提供传输通道，将各车站、车辆段、停车场的设备与控制中心的设备连接起来。在城市轨道交通中，传输设备之间一般采用光纤连接，构成双环路拓扑结构网络。

2．公务电话系统功能

公务电话系统为轨道交通运营提供办公电话、传真等业务，同时在控制中心、车站、段场等地设置公务电话，既可作为办公电话使用，也可以作为有线调度电话的备份，一旦有线调度电话故障时，可以临时应急使用。

3．专用有线调度系统功能

专用有线调度电话是为行车指挥、维修、抢险等设置的专用通信系统。根据列车运行组织和业务管理、指挥的需要，城市轨道交通一般设置四种调度电话系统：行车调度电话系统、电力调度电话系统、防灾调度电话系统、维修调度电话系统，四种调度电话系统均包含调度台和各自的调度分机。

行车（或电力、防灾、维修）调度员可通过调度操作台直接控制调度专用交换设备进行个别呼叫、分组呼叫或全部呼叫各站、段的行车（或电力、防灾、维修）值班员；各站、段的行车（或电力、防灾环控、维修）值班员可通过调度电话分机直接呼叫调度员，但分机之间不能相互呼叫通话。

4．无线列车调度系统功能

无线调度系统主要用于固定人员（调度员、值班员）与流动人员（司机、维修人员与列检人员等）之间的通话。该系统由无线控制设备、无线基站、调度台、车站固定台、车载台和便携移动台等设备组成。

5．闭路电视监控系统功能

闭路电视监控系统是轨道交通运营管理及保证运输安全的重要手段，它给控制中心的调度员、各车站值班员、公安值班人员等提供有关列车运行、旅客疏导、防灾救火、突发事件等情况下的现场视频信息。电视监控系统主要由中央控制室监视控制设备、车站监控设备、车站硬盘录像设备、云台摄像机和固定摄像机等设备组成。

6．广播系统功能

广播系统为乘客提供列车到发时间、安全提示信息的同时，还能在出现紧急情况或突发事件时为乘客提供疏散信息。广播系统主要由中央控制设备，车站、段场控制设备，站厅、站台声场设备等组成。

7. 时钟系统功能

时钟为行车组织提供统一的标准时间，并向其他系统提供标准时间信号。时钟系统由中心母钟、监控终端、二级母钟、子钟及传输通道等设备构成。

8. 乘客信息显示系统功能

乘客信息显示系统（PIS）主要功能是为旅客提供关于行车时刻表、安全提示、视频等的文字或多媒体视频信息。乘客信息显示系统由中心控终端、车站控制设备、LED（发光二极管）显示屏、PDP（等离子）或液晶显示屏组成。

乘客信息显示系统

9. 防雷系统功能

防雷系统为通信其他子系统提供防雷保护，当设备遭到雷击或强电干扰后，防雷系统通过隔离保护、均压、屏蔽、分流、接地等方法减少雷电对设备的损害。

10. 电源及接地系统功能

UPS 不间断电源系统为其他通信子系统提供稳定的电源，当市电或 UPS 主机故障时，通过电池组为设备供电，保证通信设备正常运行。UPS 不间断电源系统包括主机、蓄电池组、配电设备等，并配备防雷、防静电等安全措施。

二、传输系统

传输系统是通信系统中最重要的一个子系统，是一切需要传递信息和数据的基础。传输系统作为各种业务信息基础承载平台，其功能是为通信系统的各子系统以及其他自动控制、管理系统提供控制中心至车站（或车辆段）、车站至车站（或车辆段）的信息传输通道。传输系统传输的信息包括语音、数据和图像三类。

整个传输系统一般由车站设备、控制中心设备和传输线路三部分组成。车站设备用来将车站各系统需要上传的电信号转换成光信号，通过光缆线路传输到控制中心；控制中心设备将车站上传的光信号转换成各通信子系统或其他系统需要的电信号。控制中心设备一般包括网络管理系统，用来监测整个网络设备运行状态，同时还具有系统参数设置、故障统计、报表输出、系统用户权限设置等功能。

三、电话系统

（一）公务电话

在城市轨道交通企业中，公务电话系统主要是为了满足人员办公需求，一般采用程控数字交换机。公务交换机主要业务功能有：提供传统的电话业务及用户终端业务；当调度通信系统出现故障的时候，能够利用交换机的会议功能实现调度通信功能；具有识别用户数据、用户传真等非话业务的功能，以确保非通话业务不被其他业务中断；具有 VPN（虚拟专用网）功能；能对市内、国内、国际有权用户的通话进行计费等。

一般本地用户可直接与交换机相连，不需要外加设备。但对于轨道交通企业来说，公务交换系统服务于整个企业的沿线车站、段场、控制中心等，覆盖范围一般在几平方千米到几十平方千米。各车站一般采用加装远端模块的方式来解决这一问题。如图 7.17 所示，通过 E1 中继链路将远端模块与交换机连接，车站电话再与远端模块相连。

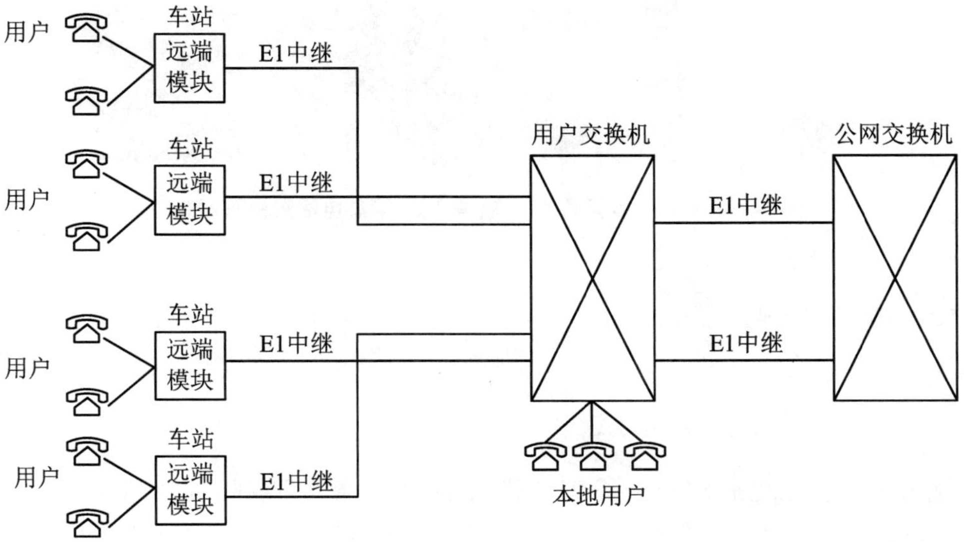

图 7.17　远端用户连接模式示意图

（二）专用电话

专用电话系统是为控制中心调度员及车站、车辆段、停车场的值班员组织指挥行车、运营管理及确保行车安全而设置的专用电话系统设备。

城市轨道交通专用电话系统包括调度通信、站场通信、站间通信、区间通信等。系统可为控制中心指挥人员，如行车调度员、维修调度员、电力调度员、环境报警调度员、防灾调度员等，提供专用直达通信，并且具有单呼、组呼、全呼、紧急呼叫和录音等功能，同时可为站内各有关部门提供与车站值班员之间的直达通话，并且车站值班员可以呼叫相邻车站的车站值班员。

四、无线集群调度系统

无线通信系统为地铁内部固定工作人员与流动工作人员之间以及流动工作人员之间提供移动语音和数据通信服务（图 7.18）。

无线通信系统的固定用户包括控制中心的行车调度员、环控调度员、维修调度员，各车站的车站值班员、车辆段值班员等；移动用户包括列车司机、运营人员、维护人员和现场作业人员等。系统既要满足正线列车运行指挥以及沿线工作人员进行日常运营、维护、事故维修及防灾救灾的通信要求，还应满足车辆段值班员、段内列车司机、场内作业人员等用户之间实施调车及车辆维修的移动通信的需要。

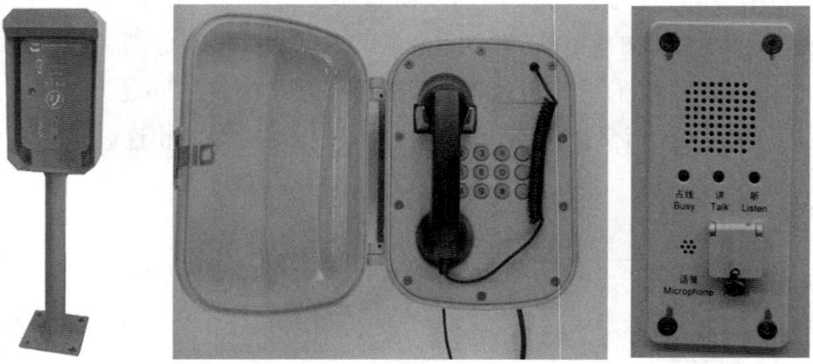

图 7.18　区间通话柱、轨旁电话、紧急电话实物图

五、闭路电视监控系统

（一）闭路电视监控系统概述

闭路电视监控系统是地铁运营管理现代化的配套设备，为控制中心调度员、各车站值班员、列车司机等提供有关列车运行、防灾、救灾及乘客疏导等方面的视觉信息。

闭路电视监控系统是安全技术防范体系中的一个重要组成部分，是一种先进的、防范能力强的综合系统，典型的闭路电视监控系统如图 7.19 所示，包括摄像装置、传输部分、控制部分以及图像处理显示和记录设备等。

CCTV 监控系统

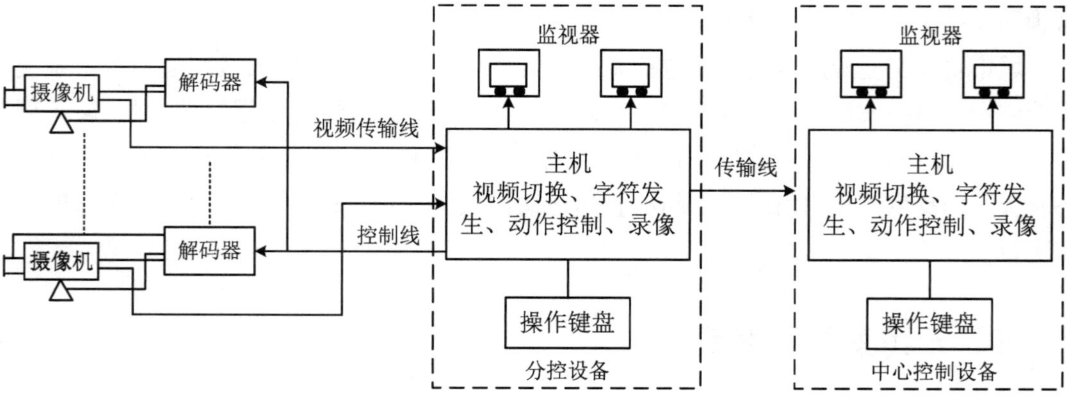

图 7.19　闭路电视监控系统的基本组成

地铁闭路电视监控系统由中心控制设备、车站控制设备、图像摄取、图像显示、录制及视频信号传输等部分组成。

（二）闭路电视监控系统的功能

1．监控功能

运营管理电视监控系统供控制中心的调度管理人员、车站值班员、站台工作人员及司机实时监视各车站客流、列车出入站以及旅客上、下车等情况，使其能根据现场情况及时采取对应措施，以提高运行组织管理效率，保证列车安全、正点地运送旅客。

运营管理电视监控系统的监视范围为各车站的出入通道、站厅区和站台区，其中站厅区的监视内容主要是自动售检票进出闸机以及上下站台的自动扶梯的乘客流向，站台监控区的监视内容主要是乘客上下列车的情况。

其中，摄像部分是系统的最前端，是整个系统的“眼睛”，作为系统的原始信号源，摄像部分的好坏以及它产生的图像信号的质量将影响整个系统的质量。不同种类的摄像机如图7.20所示。

a. 半球摄像机

b. 枪型摄像机

c. 一体化摄像机

d. 云台摄像机

e. 红外一体摄像机

f. 智能球型摄像机

图7.20　不同种类摄像机

2．控制功能

运营管理电视监控系统采用三级独立监视和两级控制的方式。三级独立监视分别为控制中心调度员、车站值班员和司机；两级控制为中心级和车站级。中心级和车站级的监视及控制相互独立，同时控制中心级的各操作控制也相互独立，平时以控制中心监控为主，在紧急情况发生时，车站值班员应具备最高级别控制权。

3．录像功能

控制中心和车站可根据需要同时对多路监视视频信号进行录像，在OCC还能通过多媒体计算机将图像记录下来供随时回放。

4．系统扩展功能

系统具有扩展功能，扩展时要求不影响既有设备的使用，且增加的设备较少。电视监控系统预留将各站图像信号传送至公安局监控中心的条件。

5．维护管理功能

维护管理终端可对系统信息进行集中管理，对设备工作状态、优先级控制等重要参数进行设置与监控。

六、广播系统

城市轨道交通系统中广播的作用主要有两个方面：一是对乘客进行广播，通知列车到站和离站的信息，或播放音乐以改善候车环境，或在发生意外情况时安抚和疏导乘客。对乘客广播的播音范围主要是站台和站厅区。二是对工作人员进行广播，其播音范围除站台、站厅外，还包括办公区域、设备区域及车辆段范围内，以便及时发布有关通知信息，使有关工作人员协同配合工作。广播信息可以由控制中心广播台发出，也可由车站值班室发出。

城市轨道交通系统中广播系统按设备安装的地点可分为两部分，一部分为地面广播，另一部分为车载广播。

（一）地面广播系统的组成

地面广播系统一般由车站设备、传输线路和控制中心设备组成，如图 7.21 所示。

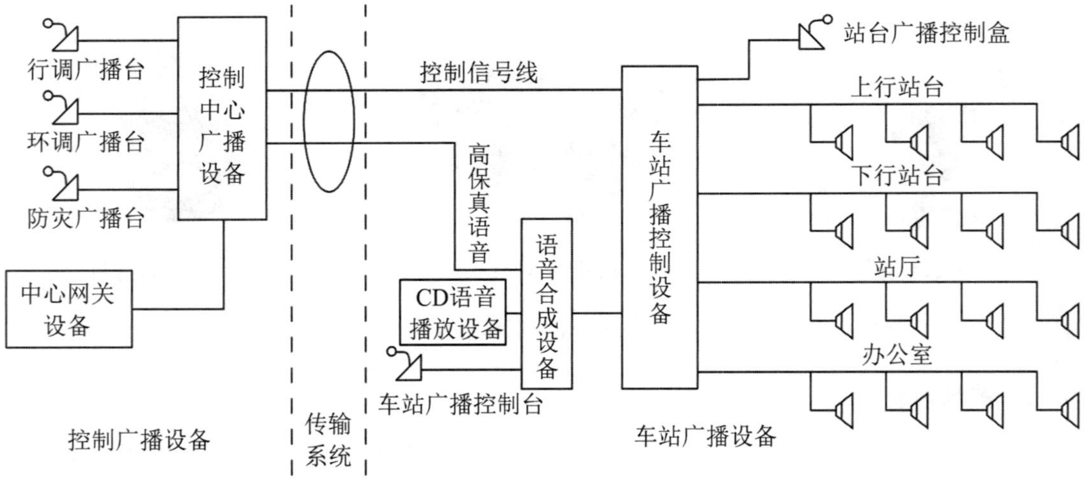

图 7.21　地面广播系统示意图

1．车站广播系统设备

车站广播系统由车站值班员操作，通过操作车站广播控制台的键盘对信源、广播区、控制模式进行选择，对车站各广播区定向广播。车站分为上行站台、下行站台、站厅、办公区四个广播区域。

2．控制中心广播系统设备

控制中心广播系统设备主要由调度人员操作，控制中心可对任意一个或多个车站的任意广播区进行广播，可对车站播放语音进行监听等。控制中心广播具有高优先级，广播系统平时运营时以车站广播为主，主要是对乘客进行公告信息广播，在紧急情况下如发生灾时，以中心防灾广播为主。

3. 传输线路

广播系统传输线路包括两部分：一部分为本地传输线路，一部分为控制中心到车站的传输线路。控制中心广播设备与车站广播设备之间的传输线路包括控制线路和语音线路。其中控制线路用来传送控制信号，如优先级选择、车站设备告警信号等；语音线路用来传送控制中心播发的语音信号，也可将车站广播的信号传送到控制中心设备以供控制中心监听使用。

4. 自动广播设备

随着城市轨道交通系统中通信与信号新技术的应用发展，两者之间的联系越来越紧密，有些信号系统可向广播系统提供列车进出站触发信号，广播系统设备将这些信号转化后，由广播控制台启动自动广播设备进行全自动广播，其内容包括列车停靠、进出站信息、安全提示和向导。

5. 车站广播控制台操作

车站广播控制台面板上设有话筒、液晶显示屏、键盘区等设施，键盘区分为信源选择键、广播区编组键和语音合成选择键、监听控制功能键、应急广播操作键等。

话筒广播过程如图 7.22 所示。

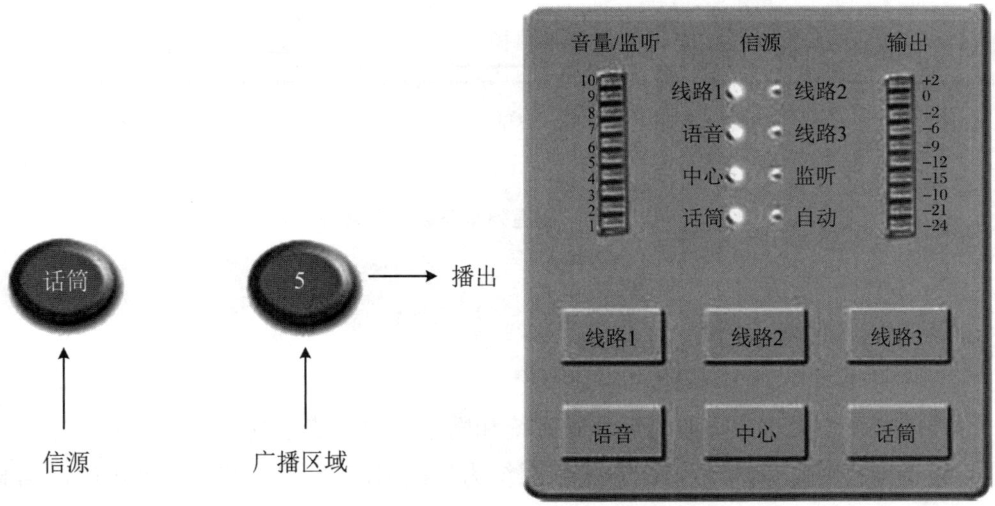

图 7.22　话筒广播过程

（二）车载广播系统的组成

车载广播的主要作用是向乘客发布到站信息以及播放一些背景音乐，同时在紧急情况下可向乘客播放信息。车载广播系统有两种模式：一种是为地面上行驶的列车设计的，另一种是为隧道内行驶的列车设计的。

1. 地面列车车载广播系统

由于列车行驶在地面，车上可接收到GPS定位信号，车载广播一般采用GPS接收机定位触发来实现自动广播方式，如图7.23所示。其系统设备由GPS接收机、车载广播控制设备、车厢扬声系统组成。

车载广播系统

2. 隧道列车车载广播系统

地铁内的列车一般行驶在隧道内，无法接收GPS定位信息，需要通过轨道电路触发设备来实现自动播发广播信息的功能，系统结构如图7.24所示。其由轨道电路触发设备、车载接收设备、车载广播控制设备、车厢扬声器组成。

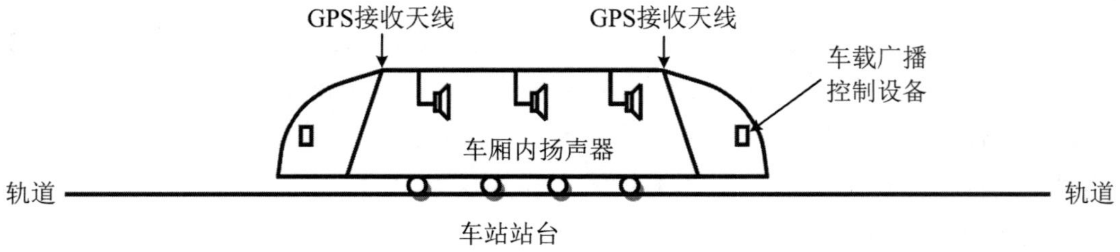

图7.23 地面列车车载广播系统

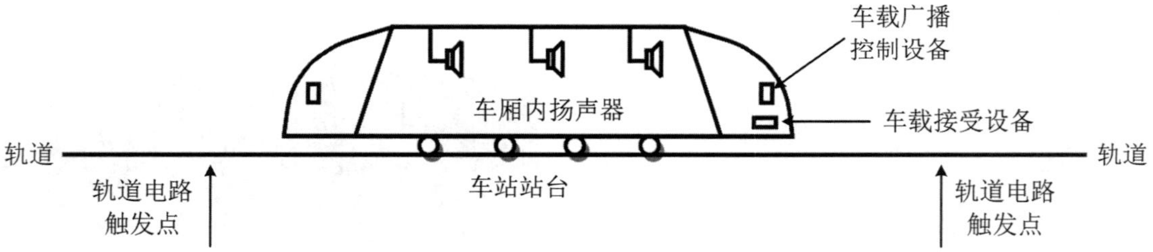

图7.24 隧道列车车载广播系统

七、时钟同步系统

时钟同步系统由轨道交通时钟分配系统和网络定时同步系统两部分组成，主要设备有中心一级母钟、车站二级母钟及子钟等。系统为各线、各车站提供统一的标准时间信息，为其他各系统提供统一的定时信号。

为保证城市轨道交通列车安全、准时、可靠运行，需要各部门、各专业之间密切配合，因此城市轨道交通设置时钟系统以保证准时服务乘客，统一全线设备标准时间。时钟系统的主要功能是：

(一) 显示统一的标准时间信息

时钟系统提供全线统一的时间基准，由设置在全线各站、车场的指针式和数字式子钟，为乘客和工作人员提供包括年、月、日、星期、时、分、秒等的准确时间信息。

（二）向其他系统提供标准时间信号

时钟子系统在控制中心可向其他通信子系统、自动信号系统（ATS）、电力监控系统（SCADA）、防灾报警系统（FAS）、自动售检票系统（AFC）等相关系统设备提供准确、统一的时间信息，在全线执行统一的定时标准，为轨道交通行车指挥、列车运行、设备管理提供时间基准，确保通信系统以及其他重要控制系统协调同步。

时钟系统由中心母钟、监控终端、二级母钟、子钟及传输通道构成，如图 7.25 所示。

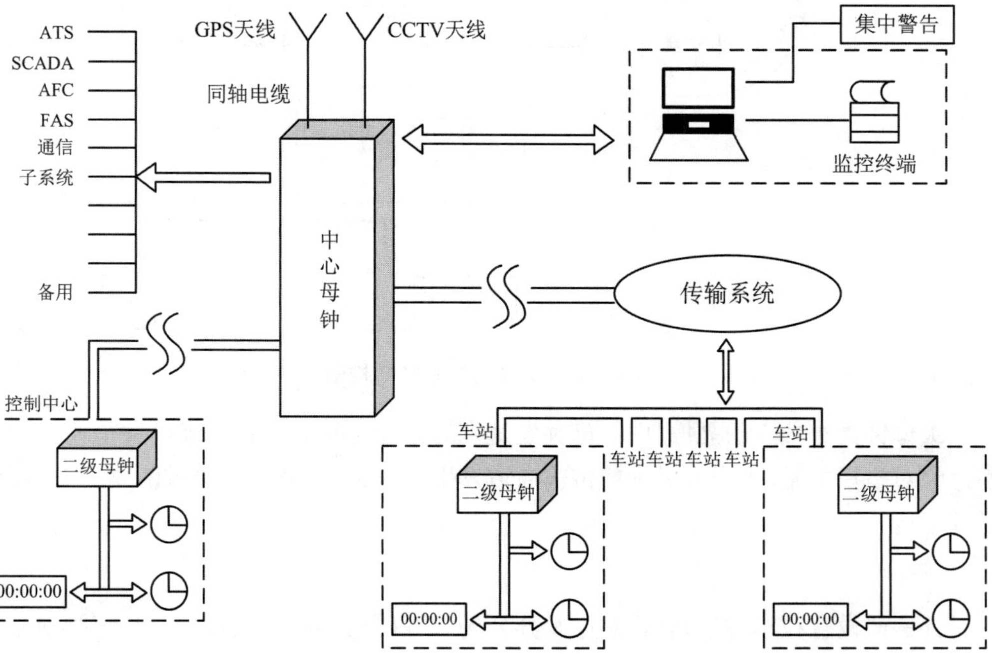

图 7.25　时钟系统

1. 中心母钟

中心母钟也称为一级母钟，主要功能是作为基础主时钟系统。一般中心母钟接收两种标准的时间信号：一种是 GPS 时钟，作为主用时钟；另一种是接收 CCTV 时间信号，作为备用时钟。中心母钟可将校准后的标准时间信息通过串口或以太网口分配给控制中心及各场所的二级母钟和其他需要提取标准时间的系统。

标准时间信号接收单元为时钟系统提供高精度的时间基准而设置，以实现时钟系统的无累积误差运行。在正常情况下，标准时间信号接收来自 GPS 的卫星时钟信号，经解码、比对后，经由输出接口向母钟发送标准时间代码，以实现对母钟精度的校准。当 GPS 发生故障时，将自动转换为接收 CCTV 标准时间。

母钟通过标准接口与控制中心及各站点的二级母钟连接，将标准时间信号发送给该二级母钟并将其校准。同时母钟可接收回送的该二级母钟及控制中心子钟的运行状态信息，再将这些信息送到监控网管系统。

2. 二级母钟

二级母钟设置在各车站及车辆段、停车场等需要提取时钟的场所，用于控制所属子钟运行，其系统结构如图 7.26 所示。通过标准接口，二级母钟一方面可以接收中心母钟经由传输系统发送过来的标准时间信号，显示年、月、日、星期、时、分、秒等时间信息，并校准自身精度；另一方面可将标准时间信号发送至所属子钟，使子钟显示标准时间信息，从而达到全线时间的统一。

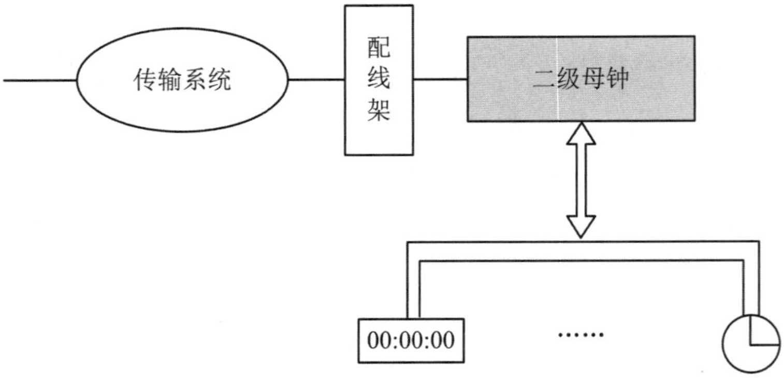

图 7.26　二级母钟系统结构图

二级母钟具有独立的晶振，中心母钟发送来的标准时间信号对二级母钟是校对的关系，而不是绝对指挥关系，当中心母钟或传输通道发生故障时，二级母钟仍可依靠自身的晶振指挥子钟运行。

3. 子钟

子钟一般设置在车站的站台、站厅及办公场所等，分为数字子钟和指针子钟，如图 7.27 所示。

a. 数字式子钟

b. 指针式子钟

图 7.27　子钟示意图

数字式子钟一般为数码管形式，安装在各车站的站台或站厅内，向乘客显示日期及时间信息，还可显示站内外温度等信息。指针式子钟一般为机械式机芯，安装在各车站、车场及控制中心的办公室内，为轨道交通系统工作人员提供准确的时间信息，是轨道交通系统可以准时、可靠运行的重要保障。

自测练习

一、填空题

1. 信号机、进路和道岔三者之间有着相互制约关系，这种关系称为________。

2. 设备在发生故障的情况下，造成的后果应导向安全方向，也称安全侧，这就是________的概念。

3. 信号系统中硬件冗余应用比较多的是________和________系统。

4. 地面与车载设备的安全信息传输方式大致经历了________、________和________三个阶段。

5. 专用电话系统是为控制中心________及车站、车辆段、停车场的________组织指挥行车、运营管理及确保行车安全而设置的专用电话系统设备。

6. 区间电话业务一般分为__________和__________两种模式。

二、判断题

1. 时钟系统由中心母钟、监控终端、二级母钟、子钟及传输通道构成。（　）

2. 基于感应环线的信号传输方式不是无线通信方式。（　）

3. 数字轨道电路采用数字编码方式，由地面向车载设备传送数十位数字编码信息，列车可实现一次模式曲线式安全防护，缩短了列车运行间隔，提高了舒适度。（　）

4. 计轴设备通过对物理轮轴的检测，来表示轨道区段的状态，并且能够检测出钢轨断轨故障。（　）

5. 道岔转辙机是一种用于转换道岔位置、改变道岔开通方向、锁闭道岔尖轨，并能反映道岔实际位置的信号基础设备。（　）

6. 查询应答器是铺设在轨道中央，反映线路绝对位置的物理标志，能够给列车提供位置路况等信息。（　）

拓展训练

1. 通过查询资料，以事故案例为警示，了解信号系统在城市轨道交通中的重要作用。

2. 以小组为单位，探寻地铁中与信号有关的设备，并分析为何有关联。

项目八　城市轨道交通运营管理认知

学习导读

南京地铁2024年日均客运量达298.5万乘次，全年客运量突破10.92亿乘次，较2023年(日均275.5万乘次)增长约8%。高峰期主要线路(如1、2号线)发车间隔缩短至2～3 min，能有效缓解客流压力。行车正点率高达99.98%，处于业内领先水平，安全感指标得分率达91.4%，其他二级指标(如便捷性、舒适度)均超90%。未发生重大运营事故。在全国大城市中，南京"公共交通出行幸福指数"位列首位。地铁运营管理涉及哪些方面呢？本项目将详细介绍。

学习目标

1. 素养目标

(1) 培养学生严谨、认真、踏实、细致的工作态度。

(2) 提高学生的职业情怀和行业使命感。

2. 知识目标

(1) 掌握列车运行图的特点及列车折返的不同种类。

(2) 掌握大客流的组织原则。

(3) 掌握票制、票卡的种类及特点。

(4) 掌握运营安全的影响因素。

3. 能力目标

(1) 能判断列车折返的类别。

(2) 能判断列车交路的形式。

(3) 能描述车站正常客流组织的流程。

(4) 能运用车站大客流的控制措施。

(5) 能处理无法正常进出站的票卡事务。

(6) 能判定运营事故的级别。

建议学时

8 学时。

任务一　城市轨道交通行车组织

城市轨道交通行车组织是指以城市轨道交通列车运行图为基础，通过科学、合理地运用车辆、线路、车站、信号等设备，以及组织行车人员，对列车的运行、停靠、折返等一系列作业进行计划、指挥、协调和控制，以实现城市轨道交通系统安全、高效、准点、舒适运营的过程。

一、行车指挥机构

为了实现安全、正点行车，进行不间断的组织指挥和监督，城市轨道交通企业会设置运营控制中心（又称调度中心或 OCC）为一级调度指挥层，同时也会设置车站（车站控制室，简称车控室）及车场（信号楼）为二级调度指挥层。如图 8.1 所示。

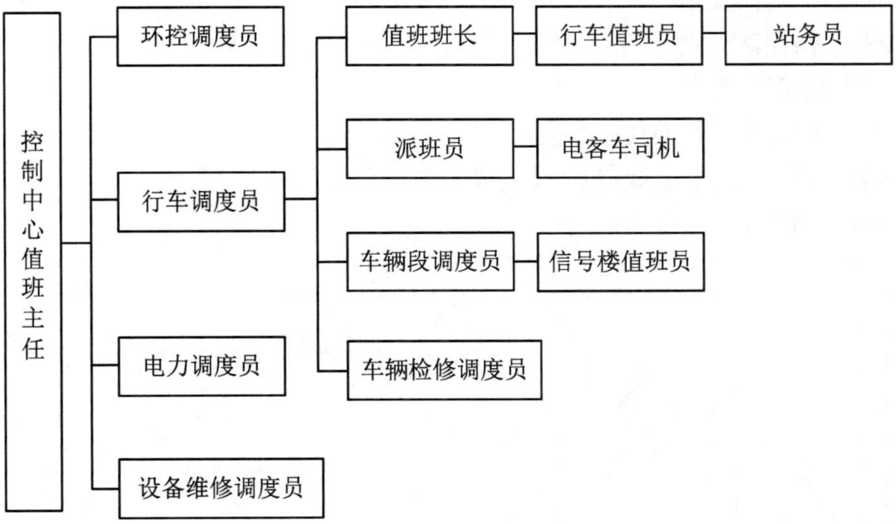

图 8.1　城市轨道交通运营指挥层级

运营指挥分为一级、二级两个指挥层级，二级服从一级指挥。一级指挥有行车调度员、电力调度员、环控调度员和设备维修调度员，部分城市轨道交通企业运营控制中心设置信息调度员。一级指挥工作以行车调度员为核心，在值班主任的领导下开展。二级指挥有值班站长（行车值班员）、车辆段调度、车辆检修调度员、派班员等。

运营控制中心行车工作由行车调度员统一指挥，其负责组织指挥与列车运行有关的各部门和各工种协同作业，负责所管辖线路的运营调度和突发事件处理，确保列车按照列车运行图运行。

车站行车组织工作由值班站长(行车值班员)负责,包括监控行车设备运转状态,收集信息并上报运营控制中心,执行行车调度员命令调整列车运行,与列车司机执行联控措施,以安全、均衡、有序地完成乘客运输任务。

地铁调度员

车辆段行车工作由车辆段调度员统一指挥,其负责车场内行车日常运营和设备维修的工作,负责指挥车场内列车、工程车的调车转轨作业,负责车场辖区内施工作业的审批和办理工作,负责制定试车线调试、检修计划的工作等。

二、列车运行图

(一) 列车运行图概述

列车运行图是用坐标原理来表示列车运行状况的一种图解形式。它能直观地显示出各次列车在时间上和空间上的相互位置和对应关系,还能直观地显示出列车在各区间运行及在各车站停车或通过的状态。列车运行图是列车行车组织的基础。

(二) 列车运行图的组成

以图 8.2 为例解析。

(1) 横坐标:时间变量。

(2) 纵坐标:距离分割。

(3) 垂直线:时间等分段。

(4) 水平线:各车站中心线所在位置。

(5) 斜线:列车运行轨迹线(包括计划线与实际线)。

(6) 车次:列车正线运行的识别号。

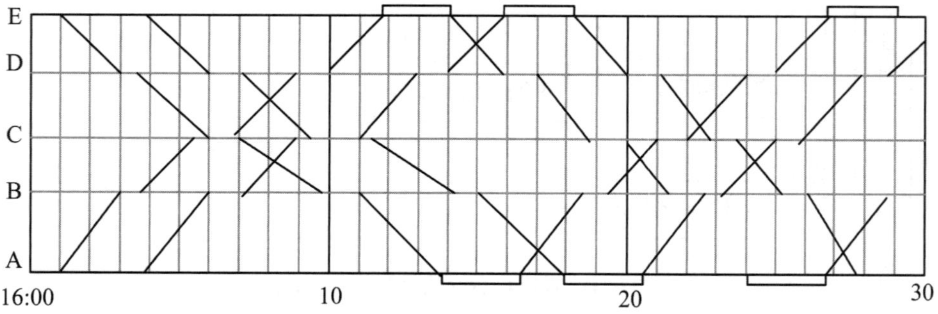

图 8.2 列车运行图形式

(三) 运行图格式

为了适应使用上的不同需要,列车运行图可按时间划分出不同的形式:

(1) 一分格运行图:时间轴每一小格表示 1 min,如图 8.3 所示。

(2) 二分格运行图:时间轴每一小格表示 2 min,如图 8.4 所示。

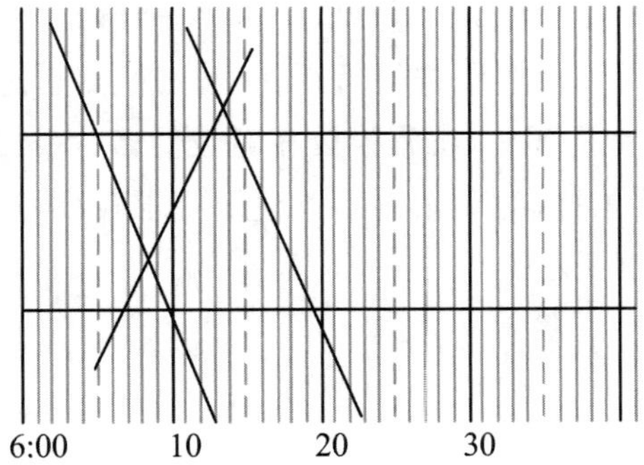

图 8.3　一分格运行图

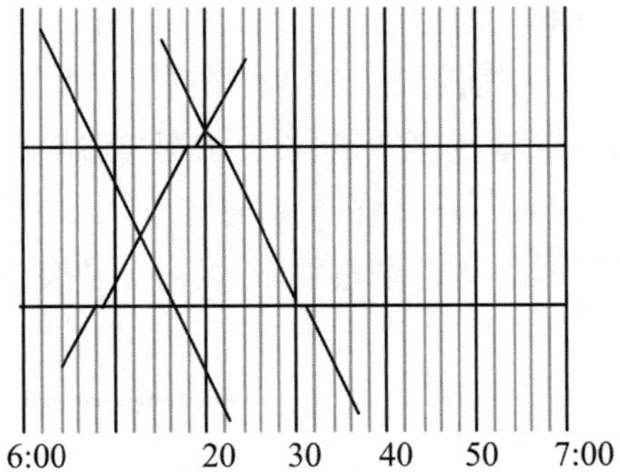

图 8.4　二分格运行图

(3) 十分格运行图:时间轴每一小格表示 10 min,如图 8.5 所示。

(4) 小时格运行图:时间轴每一小格表示 1 h,如图 8.6 所示。

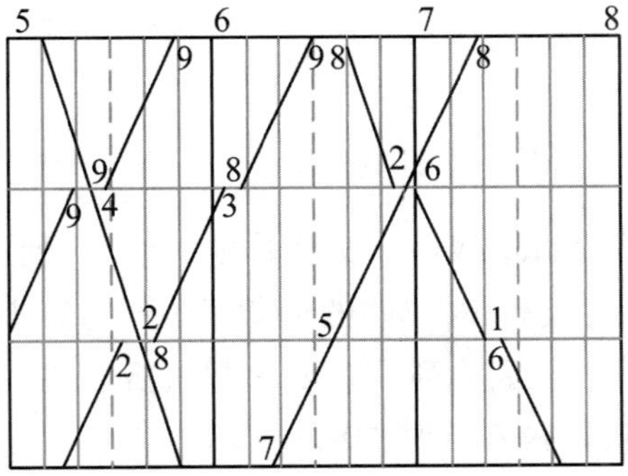

图 8.5　十分格运行图

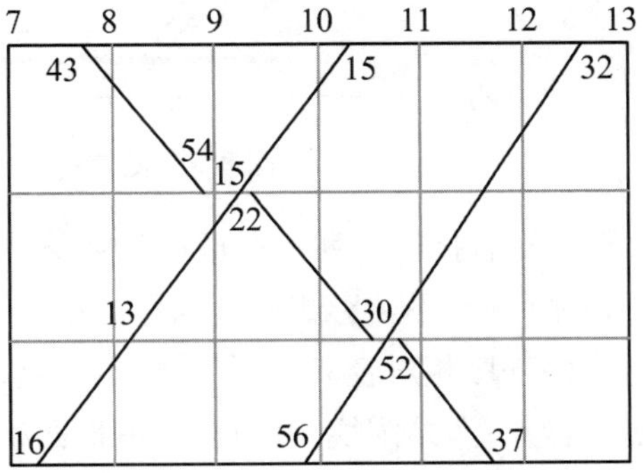

图 8.6　小时格运行图

(四) 运行图分类

(1) 按照区间正线数目不同分类:单、双线运行图。

(2) 按照列车运行速度不同分类:平行、非平行运行图。

(3) 按照上下行列车数量不同分类:成对、不成对运行图。

(4) 按照列车运行方式不同分类:连发运行图、追踪运行图。

三、列车折返及交路

(一) 列车折返

1. 列车折返的定义

列车折返是指列车通过进路改变、道岔的转换,经过车站的调车进路由一条线路至另一条线路运行的方式。

2. 列车折返的形式

具有折返能力的车站称折返站。列车折返一般分为站前折返、站后折返两种形式。

(1) 站前折返。指列车在折返站或终点站利用站前渡线进行折返作业。优点:折返时间相对较短,乘客可同时上下车;车站配线简单,占地面积小,工程投资相对较低;缺点:出发列车与到达列车存在敌对进路交叉,对行车有一定干扰;对车站的运营组织要求较高,需要合理安排列车进出站顺序,以避免冲突。如图 8.7 所示。

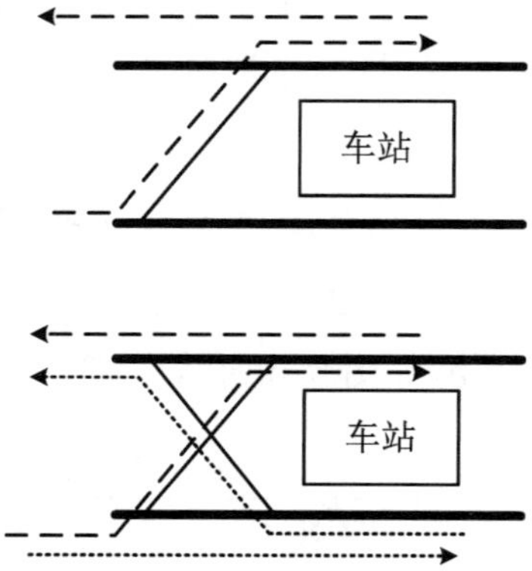

地铁列车折返

图 8.7 站前折返

(2) 站后折返。列车在折返站或终点站利用站后折返线进行折返作业。优点:列车折返不占用区间,不会影响后续列车的正常运行,安全性较高;对车站的运营组织压力较小,列车进出站秩序相对容易控制。缺点:折返时间相对较长,因为列车需要先进入折返线,再进行折返操作;车站配线相对复杂,占地面积大,工程投资较高。如图 8.8 所示。

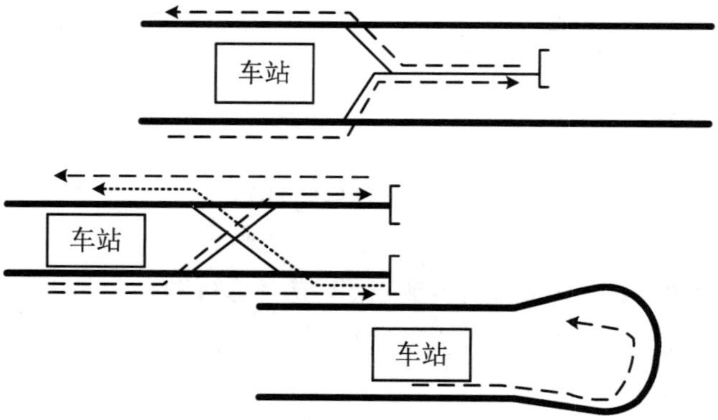

图 8.8 站后折返

(二) 列车交路

1. 列车交路的定义

列车交路是指列车运行的区段范围及折返地点。

2. 列车交路的形式

列车交路形式主要有:长(大)交路、短(小)交路、混合交路三种。

（1）长（大）交路：列车在线路上全线运行，在终点站折返，其运行组织简单，对中间站折返设备要求不高，但如果各区段客流分布不均衡，容易造成部分区段运能浪费。如图 8.9 所示。

（2）短（小）交路：列车在线路上某一区段内运行，在指定的车站折返，能适应不同区段的客流需求，但要求中间折返站具有两个方向的折返设备以及便捷的换乘条件。如图 8.10 所示。

列车交路

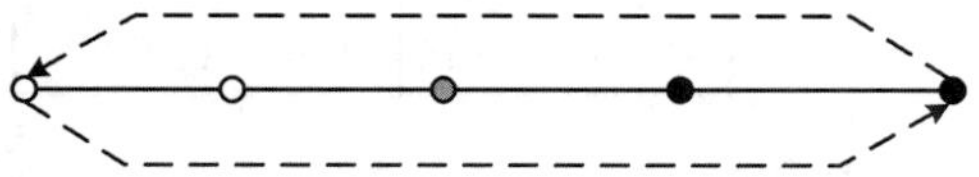

图 8.9　长（大）交路

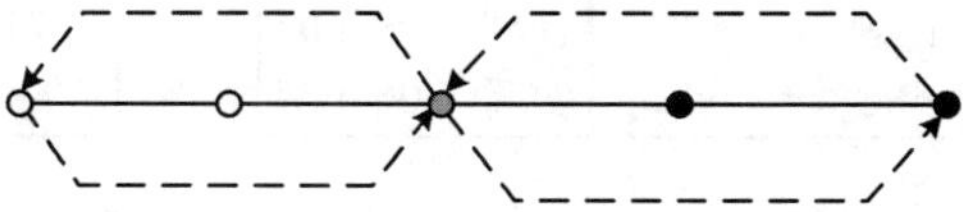

图 8.10　短（小）交路

（3）混合交路：线路上两种交路并存，既能满足运营需求，也能提高运营效率，对运行组织能力有较高要求。如图 8.11 所示。

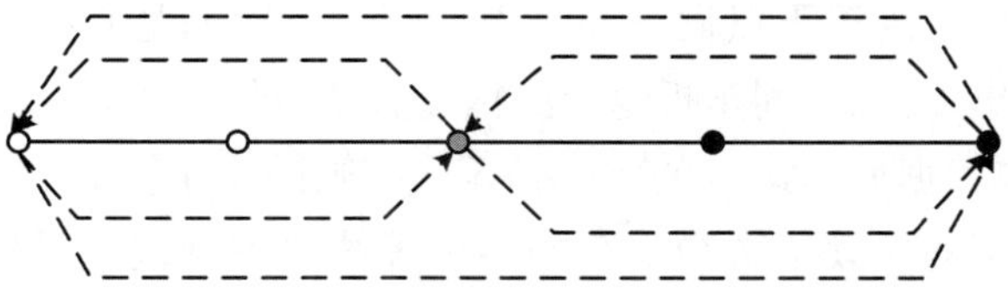

图 8.11　混合交路

每课一查

哪些城市轨道交通线路行车组织中采用的是混合交路？

四、列车延误、晚点与正点

（一）列车延误

列车延误是指运营列车在某一位置（一般指车站）的时刻比照其在时刻表规定的时刻延后的现象。

（二）列车晚点

当列车延误发生在本列次终点站时且符合列车晚点范围时，称为晚点，如图 8.12 所示。

列车晚点统计方法：比照运营时刻表单程每列晚点 N 秒（N 的取值为行车间隔的三分之一，但最小值不低于 120 s）以下为正常，N 秒及以上为晚点。行调应根据客车晚点情况及时采取措施，调整客车运行，因列车调整需要，在两端站晚发的列车不计为晚点，但在单程运行过程中增晚 N 秒及以上时为晚点。

(三) 列车正点

列车按照运行图或日班计划规定的时刻出发或到达称为列车正点，如图 8.12 所示。

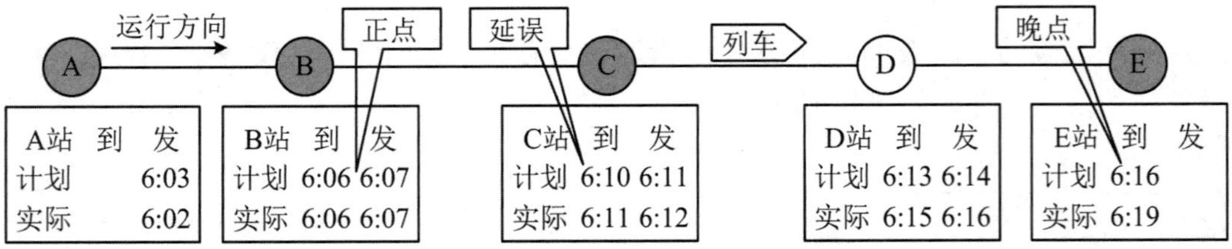

图 8.12 列车延误、晚点与正点

五、列车运行调整方法

列车正点始发是保证列车正点运行和实现列车运行图的基础。对于始发列车，行车调度员应详细掌握列车出库情况、列车折返交路情况和客流情况等，保证正点发车。列车运行晚点时，行车调度员应根据列车运行的实际情况，按规定的列车等级顺序进行调整，对同一等级的列车可根据列车的接续车次和乘客的多少等情况进行调整，尽可能在最短时间内使列车恢复按图运行。

行车调度员对列车运行调整方法的选择，取决于列车运行的具体情况。在实际工作中，以下几种列车运行调整方法可以结合运用。

(一) 提前或推迟发出列车

在始发站提前或推迟发出列车，以保证列车按照既定的列车运行图运行。

(二) 组织列车赶点

根据车辆的技术性能、司机操作水平和线路允许速度，组织列车加速运行，以恢复正点。

(三) 压缩中间站停站时间

通过组织车站快速乘降作业，压缩列车停站时间。

(四) 组织列车不停车通过某些车站(跳停)

列车不停车通常可分为列车载客通过和列车放空通过两种情况。应严格控制列车载客通过车站，仅因车辆、设备出现故障，发生事故，车站因乘客滞留造成人多拥挤等原因引起运行秩序紊乱，或其他特殊需要，方准列车载客通过车站。末班车不能载客通过车站。在组织列车通过车站时，行车调度员应提前下达命令。司机和车站有关人员应对乘客做好宣传解释工作，以防乘客恐慌。车站应维持秩序，确保乘客安全。

（五）变更列车运行交路

组织列车在具备条件的中间站折返，以确保列车均衡和按图行车。这种方法一般在前方线路拥堵的情况下采用。

（六）组织列车反方向运行

在双线线路上，如一个方向列车密度较大，另一个方向列车密度较小，为恢复正点运行，可利用有道岔的车站的渡线，将列车转到列车密度较小的线路上反方向运行。

（七）扣车

当一条线路的列车由于车辆、设备故障或其他原因不能正常运行，造成换乘站站台上乘客拥挤时，行车调度员可采取扣车措施，即将另一条线路的列车扣在换乘站附近的某个车站，以缓解换乘站的压力。扣车时间一般应控制在 10 min 内，如果堵塞线路的列车在短时间内不能恢复正常运行，可组织扣下的列车在换乘站通过。

（八）调整列车运行行车间隔

当换乘站由于客流剧增造成作业困难时，行车调度员可根据列车的运行情况，适当调整列车运行时间间隔，尽量避免各线列车同时到达换乘站。

（九）抽线停运列车

行车调度员调整列车运行，因设备故障、极端天气等原因，临时取消计划车次，车底就近回库或转至行车线。

（十）加开备用列车

当出现列车晚点、客流异常、列车故障、开行专列等情况时，可以使用加开备用车的调整方法。通过正线备用车或库内备用车进入正线运营，从而提高运能，解决运输瓶颈。该方法已经成为一种常用的调整方法，可以有效地解决短时运力紧张的问题。

（十一）停运列车

即部分线路停止运营服务，通常在正线中断行车及降级模式时实施。

任务二　城市轨道交通客运组织

城市轨道交通客运组织是指通过合理布置客运有关设备、设施，对客流采取有效的分流、引导措施，以及运用科学的管理方法和手段，组织乘客安全、迅速、方便地进出车站，乘坐列车，以满足城市居民出行需求的一系列活动。其核心目标是在确保乘客安全的前提下，提供高效、便捷、舒适的客运服务，最大限度地满足城市居民的出行需求，同时实现城市轨道交通系统的运营效益和社会效益。

一、客流

城市轨道交通客流是指单位时间内(通常是1 h或全日)，轨道交通线路上乘客流动人数和流动方向的总和。客流数据对于线网规划、线路走向、列车开行方案、全日行车计划、客流车辆选型、车站规模设计、车站设备容量等方面都具有重要的指导意义。

(一) 客流调查

城市轨道交通客流调查是获取客流信息、了解乘客出行特征和需求的重要手段，对乘客的基本身份信息、出行习惯、换乘选择、乘车体验等方面进行综合调查，了解不同时间段、不同线路、不同站点的客流规模、流向、流量等基本情况，以及客流的时间分布和空间分布规律，为运营组织提供基础数据。根据不同的情况，轨道交通系统的客流调查种类主要有全面客流调查、乘客情况抽样调查、断面客流目测调查和节假日客流调查等。

各城轨交通客流数据

(二) 客流分析

客流分析是对城市轨道交通系统中客流的数量、流向、分布等特征进行研究和分析的过程，对客流的分析主要在时间维度、空间维度、属性维度三个方面。在时间维度上，可以分析全日不同小时客流分布特征、工作日和休息日客流分布特征、季节性客流分布特征，在空间维度上可以分析不同线路客流分布特征、不同车站客流分布特征、同线路不同断面客流分布特征，在属性维度上可以分析年龄特征、性别特征、出行目的特征。通过客流分析，掌握客流的特点和规律，有利于合理安排列车运行计划，优化车站布局，衔接其他交通方式等。

(三) 客流计划

客流计划是对运输计划期间轨道交通线路客流的规划。它是全日行车计划、车辆配备计划和列车交路计划编制的基础。在新线投入运营的情况下，客流计划根据客流预测资料进行编制；在既有运营线路的情况下，客流计划根据客流统计资料和客流调查资料进行编制。客流计划的主要内容包括站间发、到客流量，各站不同方向上、下车人数，全日、高峰小时和低谷小时的断面客流量，全日分时最大断面客流量等。

1. 全日行车计划

全日行车计划是营业时间内各个小时开行的列车对数计划，它规定了轨道交通线路的日常作业任务，是科学地组织运送乘客的办法。

2. 车辆配备计划

车辆配备计划是为完成全日行车计划而制定的车辆保有数计划。车辆配备计划包括运用车辆数、在修车辆数和备用车辆数三部分，确定在一定类型的设备和行车组织方法的条件下，为完成一定的运输任务而必须保有的车辆数。

3. 列车交路计划

在轨道交通线路的各个区段客流量不均衡的情况下，采用合理的列车交路安排是运输计划的一个重要组成部分。列车交路计划规定了列车的运行区段、折返车站和按不同列车交路运行的列车对数。

二、车站正常客流组织

乘客在车站完成进出站、上下车、换乘的出行需求，完整的乘车流程如图 8.13 所示。按照乘客在车站流动方向与目的，可分为进站客流、出站客流及换乘客流。

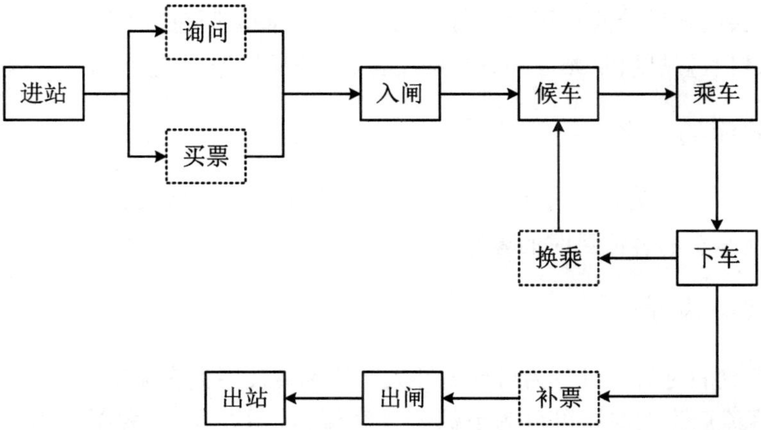

注：虚线框为可以省略的环节。

图 8.13　乘客进出站路线图

(一) 进站客流

乘客进站乘车流程，如图 8.14 所示。

图 8.14　乘客进站流程

(二) 出站客流

乘客出站流程如图 8.15 所示。

图 8.15　乘客出站流程

（三）换乘客流

目前城市轨道交通线路间换乘主要采用付费区换乘方式，如图 8.16 所示。

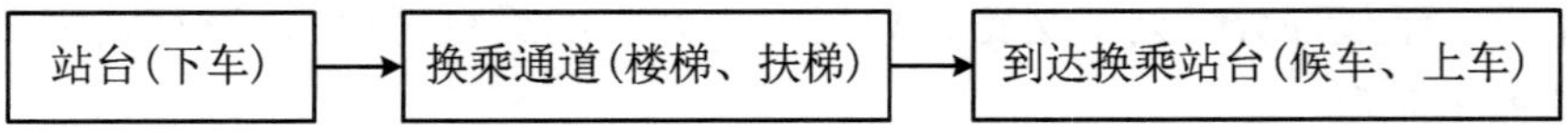

图 8.16　换乘乘客乘车流程

三、车站大客流组织

当车站发生可预见性大客流或突发性大客流时，车站应合理安排人员，对客流做好疏导和组织工作，并会同地铁公安对客流进行控制。客流控制应坚持“由内至外，由下至上”的原则，在车站出入口、进站闸机、站厅与站台的楼梯、电扶梯处进行重点控制。

车站客流控制

（一）大客流的定义

大客流是指在某一时段集中到达车站且超过车站正常客运设施或客运组织措施所能承担的客流量时的客流。

（二）大客流的分类

（1）按照客流的时效性可分为可预见性大客流和突发性大客流。

（2）根据客流产生的原因可分为节假日大客流、暑期大客流、大型活动大客流、恶劣天气大客流。

（三）大客流的组织原则

车站发生大客流时，应遵照客流三级控制的原则，合理组织安排，缓解车站压力，避免发生意外。客流三级控制原则：

（1）坚持“由下至上、由内至外”的客流控制原则。在车站出入口、进站闸机、站厅与站台的楼梯、电扶梯处重点控制进站客流，组织乘客上车。

（2）坚持点控和线控的原则。控制指挥中心负责地铁全线的客流控制，车站站长或值班站长负责本站的客流控制。

（3）坚持集中领导、统一指挥的原则。车站在实施三级客流控制之前，需向行调报告。

（四）大客流三级控制措施

1．一级客流控制

一级客流控制为控制站台客流，控制点在站厅通往站台的楼梯或自动扶梯入口处。车站应将站厅与站台之间的自动扶梯改为上行方向，避免客流交叉。

2．二级客流控制

二级客流控制为控制付费区客流，控制点在进站闸机处。车站可根据实际情况适当关停部分自动售票机，进站闸机关停或将部分双向闸机设为只出不进，紧急情况下可以采用隔离带、铁马隔离进站闸机，以减缓乘客进入付费区的速度，防止付费区压力过大。

3．三级客流控制

三级客流控制为控制非付费区客流，控制点在车站出入口处。车站组织人员人为地控制出入口的乘客进站速度，必要时可关闭部分出入口。

四、车站客运服务

城市轨道交通将乘客从其出发站输送到目的站，轨道交通运营企业要为乘客进站、买票、候车、换乘、出站等每一环节提供优质的人性化服务，为广大乘客提供安全、便利、舒适、快捷的出行服务，主要包括以下六个方面服务工作。

（一）引导乘客进站服务

在车站各出入口设立明显的导向标志，方便乘客识别并根据导向指示进站乘车。在一些轨道交通比较发达的城市，几乎每隔 500 m 即有一个明显的站外导向标志，便于乘客选择各出入口进站。

（二）问讯服务

车站的问讯服务分为有人式服务和无人式服务。有人式服务主要由车站工作人员向问讯的乘客提供服务（一般设在售票问讯处、车控室）；无人式服务是由车站自助式设备向乘客提供服务，如设置计算机查询平台，可供乘客查询出行线路、票价以及各类票卡的金额等。

（三）票务处理服务

采用自动售检票系统的车站，客服中心对所持票卡异常或无法正常进出站的乘客，提供票卡查询、更新、处理服务。

（四）组织乘降服务

站台应设有明显的候车安全线，提示乘客在列车未进站停稳、车门未完全打开之前，不要越过安全线，以防发生意外事件。目前，大多数城市新建的地铁，大都采用站台门技术，这样既可为乘客提供一个舒适的候车环境，又能保障乘客的候车安全。另外，车站还提供广播服务，可为乘客预报列车下次进站的方向及时间，提示乘客安全候车等。

（五）安全检查服务

车站工作人员应加强对站厅、站台乘客行李的巡视检查或采取安检装置进行检查，发现携带“危险品”的乘客进站、乘车，应立即制止，必要时移交地铁公安处理。

（六）便民服务

车站会配备一些便民设施和用品，如自动取款机、手机充电设备、雨伞租借设备等，满足乘客的多样化需求。同时，为特殊乘客群体，如老年人、残疾人、孕妇等，提供无障碍通道、无障碍卫生间、轮椅等服务设施。

每课一思

车站遇到坐轮椅的残障乘客，工作人员应该怎么办？

课外阅读

近日，广州地铁某车站收到乘客送来的一面锦旗。锦旗背后有着一段暖心的故事。1月8日15时17分，站务员张海茹正在客服中心解答乘客疑问，一位女乘客前来询问哪里有洗手间。张海茹留意到，这位乘客怀里抱着婴儿，神色焦急，婴儿也哭闹不止。她轻声询问宝妈是否需要给孩子哺乳，宝妈略带羞涩地点了点头，称想找个洗手间哺乳。

为了给宝妈提供更干净、舒适的环境，贴心的张海茹主动接过宝妈手上的婴儿车，带她和孩子一起来到站务休息室。“您可以在里面把门反锁，我会在门外守着，有任何需要随时喊我就好。”到了休息室，张海茹摆好座椅，轻轻关上门并说道。不久，宝妈顺利完成哺乳，宝宝也在宁静的氛围中安然入睡。整理好行装的宝妈在临行前多次向张海茹表达谢意，也正是这种用心的服务，一面锦旗跨越千里，传递着满满的赞许。

任务三　城市轨道交通票务管理

一、票卡管理

（一）票价制式

轨道交通票价制式指的是收费方式和票价变化的结构，合适的票制有利于形成灵活有效的收费策略，从而达到吸引客流、增加运营收入、发挥轨道交通骨干运输作用的目的。

1. 单一票价制

单一票价制，即对出行者的收费无论乘车距离的长短，全线发售单一票价车票的票制，且一般不计时间。因为单一票制的票价不随乘车的距离和时间而改变，通常情况下轨道交通 AFC 系统不需要在出站闸机处检查车票的进出站信息和时间信息，扣款操作可以由进站闸机完成，也可以由出站闸机完成。早期国内地铁使用该票制，现已基本淘汰。

2. 计程票制

按照乘客乘距长短累计计算票价，分为分段计程和里程计程两种。分段计程是把线网分成合理区段，费率按乘客乘车跨越的区段增加；里程计程的费率以每千米为单位。收费标准精确、合理，能准确反映客运成本与票价的关系，有效兼顾长、短途乘客需求，国内大部分城市轨道交通采用该票制。

3. 计次票制

按照乘客乘坐轨道交通的次数计费，通常附带时间限制，在有效期内，持计次票乘客乘坐轨道交通不计里程只计次数。对于短时间高频率乘坐地铁或在一段时期内有稳定出行需求的乘客有利，可提前购买一定次数的车票，方便出行，一定程度上也能简化票务统计。如大兴机场线推出的 45 次票、30 次票。

4. 分区票制

将轨道交通线网分成若干区，按区域计费，在同一区内出行，只需支付该区的票价，一旦跨区出行则需额外支付费用。主要流行于欧洲国家，能根据不同区域的客流需求、运营成本等因素制定票价，有利于合理配置资源，但需要对线路进行合理分区，且票务管理相对复杂。

（二）票卡种类

票卡就是乘客使用的车票，用于记载乘客的出行和费用信息，是乘车的有效凭证。票卡管理就是对票卡的发行、使用、更新等全过程进行的有效管理。

合肥地铁车票种类

1. 按使用特点分

分为单程票、储值票、计次票、纪念票、福利票、测试票等。单程票适用于单程出行，一次性使用，不能重复使用；储值票可由乘客提前充值，每次乘车时系统自动扣除相应车费，可多次使用；计次票有明确的乘车次数规定，进出站视为一次，一般在激活的 30 个自然日内使用；纪念票是运营单位为纪念特定事件、节日、活动或城市文化等而发行的具有特殊意义和收藏价值的车票，出站不回收；福利票是针对如老年人、残疾人等特殊人群的免费或优惠车票，凭有效证件至客服中心换领，出站时回收车票；测试票用于地铁开通前或者票务设备发生故障时进行设备测试使用，不对外发售。

2. 按外形分

根据外观形状可分为卡片型票卡、筹码型票卡和异型票卡，如图 8.17、图 8.18、图 8.19 所示。由于南方地区气候普遍湿热，空气湿度大，在高温潮湿的环境下，卡片式车票容易受潮、变形、粘连，影响使用和回收，故南方地区使用筹码行票卡较多，北方气候相对干燥，卡片式车票不易出现受潮、粘连等问题，更能保持良好的性能和外观，适合在北方的环境中使用。故北方地区使用片卡型票卡较多。异型票卡的外形不规则，有独特造型，多用于纪念票、储值票。

图 8.17 片卡型单程票

图 8.18 筹码型单程票

图 8.19 异型纪念票

3. 按使用期限分

可分为日票、周票、月票、季度票、年票等。

4. 按持有人的不同分

可分为学生票、老人票、福利票、员工票等。

(三) 票卡管理流程

城市轨道交通票卡流转过程包括制作发行环节、车站使用环节、回收处理环节。

1. 制作发行环节

由专业厂商制作含写入芯片信息及作个性化印刷的各类票卡，经城市轨道交通企业质量检测合格后入库存储，票务部门根据不同车站的需求量将票卡配送到各个车站。

票卡生产流转过程

2. 车站使用环节

乘客在站内，通过自动售票机或者客服中心购买车票后持票进站，闸机验证票卡有效性并记录进站信息，乘客乘车到达目的地后在出站闸机处刷卡，闸机根据车票类型扣费或扣减次数，单程票被回收，其他票卡更新信息后返还乘客。

3. 回收处理环节

闸机回收的单程票在车站票务室经工作人员清点整理后，可以直接投入自动售票机或者交给客服中心循环使用，无法正常进出站或者退票的乘客需要在客服中心进行处理。车站定期将废票或者富余的票卡上交到票务部门，由票务部门集中处理并再次统一配发票卡。

二、现金管理

（一）现金种类

城市轨道交通车站现金主要由备用金和票款两部分组成。备用金是由财务部门根据各车站实际需求配发给各站的周转资金，用于给乘客购票时找零、兑零等。票款是指车站向乘客发售车票、办理充值等业务所得到的现金。

车站的现金管理要严格执行公司财务管理规定，严禁坐支票款、挪用备用金和作假；票款和备用金要分区管理，避免备用金发生错误解行的情况。

（二）车站现金交接

1. 纸币交接

纸币交接时，必须在监控的有效范围内进行，需交接双方当面清点后签字交接，交接时若发现数目有误，应及时上报上级主管，并调查处理此事。若金额有误的原因无法查明，短款由交班人当场补足，长款随当日票款上交。

2. 硬币交接

硬币交接时，必须在监控的有效范围内进行，需交接双方当面清点后签字交接，对已加封的硬币交接时，接班人确认加封正确完好后凭加封数目交接。

（三）非标准币处理

标准币是指假币、残币、外币、机币、停止流通使用的人民币等。车站相关人员应严格把关，杜绝非标准币流入。车站收取非标准币应遵循“谁收取，谁补还”的原则。客服中心在收取乘客交付的现金时，均需经过人工及设备的识别，如发现为非标准币种，应立即退还乘客，并请乘客另换一张。车站人员在进行票款清点打包时，发现钱款有明显的失真特征或可通过验钞机识别为非标准币种的，在与值班站长共同确认登记后用信封单独封装上交票务中心，并由相关责任人补足票款。

三、乘客票务事务处理

（一）乘客票务事务处理的意义

客票务事务处理是指乘客在乘坐轨道交通过程中，由于乘客自身原因、票务设备原因、轨道交通运营原因等造成的票卡无法正常使用，需票务工作人员对乘客所持票卡进行更新、补票等作业。

（二）乘客票务事务处理的分类

国内城市轨道交通运营企业采用复合票制，即计时计程票制，常见的乘客票务事务处理可归纳为车票超时、超程，车票无效、车票进出站次序错误及其他特殊票务事务等。

1. 车票超时

乘客验票进入付费区后，在付费区逗留时间超过规定时长。如果非乘客自身原因导致的超时可免费更新车票；超过规定时间，一般需按本站（或线网）最高单程票价补足票款。

2. 车票超程

按路程计价时，付费区乘客所持车票余额不够支付按标准计算所得的起点站至终点站之间的单程车费，无法正常通过出站闸机。处理方式一般是补足超出票款，更新车票，乘客持原票出站。

3. 车票无效

车票有余值，但无法正常通过闸机，且无法通过半自动售票机进行更新处理。一般来说，若是人为折损，单程票回收，需重新购票；若是非人为原因，回收车票，发售免费车票或免费出站票。

4. 进出次序错误

车票所处付费区或非付费区模式与乘客实际所在的区域不一致。一般按实际情况补进站或出站记录等操作。

5. 无票乘车

无票乘车，属于逃票行为，一般按本站（或线网）最高单程票票价收取票款，另外再加收3～5倍的罚款。

任务四　城市轨道交通安全管理

一、安全概述

（一）安全的定义

安全是指在生产活动过程中，能将人或物的损失控制在可接受水平的状态。换言之，不管事故是否发生，只要人或物的损失是在人们可以接受的范围之内，就称为安全；反之则为不安全。

城市轨道交通运营安全是指城市轨道交通系统在提供客运服务过程中，通过科学管理、技术保障和人员操作，确保乘客、员工、设备设施和周边环境免受损害，实现列车平安、有序、高效运行的综合状态。

（二）安全生产的方针和原则

根据我国相关法律、法规，“安全第一、预防为主、综合治理”是我国城市轨道交通系统运营的安全管理方针，“安全第一、预防为主”强调安全在城市轨道运输企业运营中的首要地位和预防工作的重要性，是企业始终需要坚守的永恒主题。

城市轨道交通运营生产坚持“管生产必须管安全”的原则，就是要把生产与安全真正统一起来，建立各级安全生产责任制。这个制度是企业各级领导职能部门、有关工程 技术人员和生产工人在生产中应对安全负责的一种制度。

二、安全的影响因素

城市轨道交通系统是一个在时间、空间上分布很广的开放的动态系统，影响系统安全运营的因素错综复杂。从系统论的观点出发，影响安全运营的因素可以归结为人、机、环境及管理四类，如图 8.20 所示。

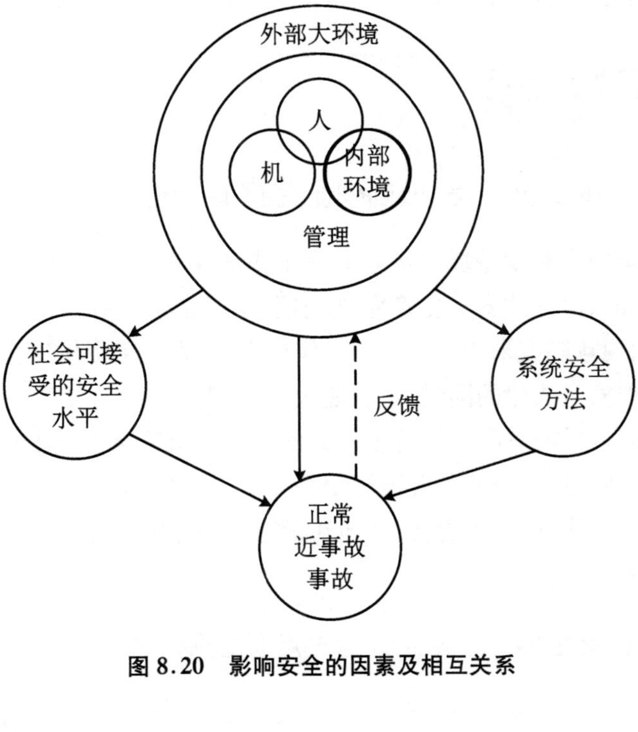

图 8.20　影响安全的因素及相互关系

（一）人的因素

对于人的影响因素，要对系统内人员和系统外人员分别进行分析。系统内人员必须具有较高的思想素质、技术业务素质、生理心理素质和群体素质；系统外人员要严格遵守交通安全法规有关规定，掌握城市轨道交通安全法规的知识，具有较强的安全意识和一定的安全技能。

（二）设备的因素

对于设备的因素，可从运营基础设备和安全技术设备两个方面分别进行分析。前者主要是指运营过程中的具体设备，如线路、车辆、通信与供电设备等；后者主要是指安全保障性设备，如安全监控设备、检测设备、预报警防治设备等。

地铁车站安全运营

（三）环境的因素

对于环境的因素，可按内部环境和外部环境分别进行分析。前者注重作业环境（温度、湿度、照明、噪声和振动等）和内部社会环境；后者主要指自然环境（地理、气候、季节、时间和自然灾害等）和外部社会环境（政治、经济、技术、社会、家庭、法律和管理等）。

（四）管理的因素

对管理因素而言，针对人（基层作业人员）、财（安全技术措施经费等）、物（运营基础设备和运营安全技术设备等）、信息（安全信息）等，系统采取计划、组织、指挥、协调和控制等方法进行组织管理、法制管理、技术管理、教育管理、信息管理和资金管理等。

三、安全管理的途径

（一）建立和完善安全规程，做到安全生产有章可循

建立和完善安全规章制度是抓好运营安全工作的保障。规章制度是管理工作的基础，应建立科学的、完善的、全面的安全生产管理制度，使安全生产有章可循。需要狠抓安全规章制度的建设，要用规章制度来约束员工的工作行为，并为员工提供安全生产指导。在严格执行国家、省、市各项安全法律的同时，建立健全“安全生产管理办法”“安全奖惩办法”“行车组织规章”等制度和各类操作规程，涵盖企业的各个专业和运营生产环节。

目前，国内许多地铁运营企业都开展了 ISO 9001 质量体系和 OHSMS 18000 职业健康安全管理体系的认证工作，国家也出台了《地铁运营安全评价标准》，这都为规范运营安全生产工作提供了依据和标准。

（二）建立三级安全网络，落实安全生产责任制

城市轨道交通运营企业要坚持“安全第一，预防为主”的工作方针，全面贯彻《安全生产法》，强化制度化、规范化、科学化的安全管理。所谓“三级安全”自上至下为公司级、部门级和车间级安全。要建立三级安全网络，就必须坚持管生产必须管安全、安全生产要各级责任人亲自抓的原则，有效发挥“纵管到底、横管到边、专管成线、群管成网”的安全管理网络作用，形成安全工作一级抓一级、一级保一级、一级监督一级的网络化安全管理体系。要狠抓安全生产责任制的落实，上自总经理，下至基层员工，逐级签订安全生产目标责任状和社会综合管理目标责任状，将安全生产目标纳入考核内容，明确各层级的安全职责和安全生产目

标，有效落实安全生产责任，形成“安全生产、人人有责”的良好氛围。

（三）建立安全检查制度，预防运营事故发生

加强监督检查机制是抓好运营安全工作的关键。安全检查是对安全工作实施有效管理的一项重要内容。学习运用“破窗理论”抓隐患、抓漏洞，因为漏洞不补必酿大祸。建立班组每周一查、中心每旬一查、专业管理系统每月一查、公司每季一查的制度，采取定期检查与不定期抽查相结合、综合检查与专项抽查相结合的形式，坚持安全检查以自查自纠为重点，自上而下查找不足。严抓隐患整改，按照“五个落实”，即任务落实、人员落实、经费落实、质量落实、时间落实，按期整改完成。在做好安全检查工作的同时，逐步建立安全隐患管理机制，将安全检查和隐患管理统一起来，并落实到工作制度中，形成健全的检查网络，以实施有效监控。

（四）建立安全培训制度，营造安全文化氛围

增强员工安全意识和技能是抓好运营安全工作的基础。运营企业要认真开展安全生产知识培训教育工作，组织各单位负责人和安全生产管理人员参加《安全生产法》培训，有关人员要按规定取得安全生产资格证；对新进员工实行三级（公司级、中心级、岗位级）安全教育；制定特种作业人员安全管理办法和特种人员培训持证上岗制度；利用安全宣传月、119 消防日等活动，在车站、列车等宣传阵地，向市民派发安全使用手册，不断提高员工和市民的安全意识。通过广泛开展各类安全生产培训教育活动，有效地提高干部职工的安全文化素质。

（五）建立应急救援体系，增强应急处理能力

根据国内外地铁运营救援抢险的经验和突发事件的特点，建立健全应急预案体系，对轨道交通运营线路发生火灾、列车脱轨、列车冲突、大面积停电、爆炸、自然灾害以及设备故障、客流冲击、恐怖袭击等其他异常原因造成影响运营的非常情况制定相应的应急预案；在国家和地方发生紧急事件、疫病传播情况时，制定相应的应急预案。另外，部分预案还要由政府组织相关部门、专家进行评审。

要组织员工对各种预案进行学习，按计划进行演练。演练的方式包括培训式、桌面式、突发式。在演练的过程中，每个安全点都安排评估人员把关，使演练活动有序、安全地进行。定期的实战演练可以有效地发现救援设备是否足够、运营设备是否完好、员工是否熟练掌握各种规章制度，提高各部门间的协调作战的能力，提高员工的熟练程度，增强员工的信心，提高员工的安全意识；通过演练还可以检验规章和预案的可行性和实用性，提高员工的业务技能，增强员工对事故事件的应急处理能力。

（六）建立事故处理机制，落实责任追究制度

建立健全事故处理机制，按照“四不放过”的原则和“安全奖惩办法”，对事故进行定因、定性、定责，严格惩处相关责任人。通过教育和处罚，使有关人员吸取教训，提高认识，增强岗位意识、责任意识和纪律意识；将“降低故障概率和事件率”作为一项长效工作机制专题研究，开展地铁事故案例研究，学习先进一流的运营安全管理经验，博采众长，取长补短，让每

位员工认识到任何时候都不要把安全生产形势估计得过好，要始终保持一种危机感和忧患感；同时，各级人员都要转变观念，对发生的事故要由此及彼、由表及里，透过现象看本质，从领导层、管理层上剖析深层次原因。要加强管理，研究制定有针对性的措施，解决安全工作中的问题，变被动管理为主动管理，变事后惩处为事前预防，不断提高事故的分析能力。

（七）建立警地联动机制，共保地铁一方平安

目前，国内地铁都配置了相应的公安部门，地铁运营单位要加强与地铁公安的合作，充分依靠公安力量，保障地铁的平安秩序，建立“警地联动工作实施办法”，明确联动例会制度、工作联系机制及联动应急机制。通过双方的精诚合作，共保地铁平安。

四、事故的定义和分类

（一）事故定义

城市轨道交通事故是指城市轨道交通在运营过程中，因违反规章制度、劳动纪律、作业纪律或技术纪律以及因技术不良、设备不良或其他原因造成的人员伤亡、设备损坏、影响正常生产或危及安全生产的事件。

北京地铁昌平线“725”事故

（二）事故分类

城市轨道交通事故按照事故引发原因的不同分为行车事故、设备事故、工伤事故、火灾事故等，按照事故责任主体的不同分为责任事故和非责任事故等，按照事故损失及对运营造成的影响和危害程度分为特别重大事故、重大事故、较大事故、一般事故，具体划分标准如下。

1. 特别重大事故

造成 30 人以上死亡，或者 100 人以上重伤（包括急性工业中毒），或者 1 亿元以上直接经济损失的事故。

2. 重大事故

造成 10 人以上 30 人以下死亡，或者 50 人以上 100 人以下重伤（包括急性工业中毒），或者 5 000 万元以上 1 亿元以下直接经济损失的事故。

3. 较大事故

造成 3 人以上 10 人以下死亡，或者 10 人以上 50 人以下重伤（包括急性工业中毒），或者 1 000 万元以上 5 000 万元以下直接经济损失的事故。

4. 一般事故

造成 3 人以下死亡，或者 10 人以下重伤（包括急性工业中毒），或者 1 000 万元以下直接经济损失的事故。

每课一问

地铁采取了哪些措施预防车站火灾?

五、事故的预防对策

（一）完善安全管理制度

建立健全涵盖运营各个环节的安全管理制度和操作规范，明确各岗位的安全职责和工作流程，开展不同区域不同形式的安全检查，及时发现人员、设备、环境可能存在的隐患与风险，并制定相应的风险控制措施。

（二）提升设备可靠性

制定详细的设备维护计划，定期对车辆、信号系统、供电系统等关键设备进行维护保养，确保设备性能稳定。利用大数据、物联网等技术，对设备运行状态进行实时监测，及时发现设备异常，提前采取措施预防故障发生。

（三）提高人员素质

针对不同岗位开展系统的培训，包括安全知识、操作技能、应急处置等方面的培训，定期组织考核，确保员工具备良好的业务能力和安全意识。在车站、车厢内通过宣传标语、广播、视频等多种形式，向乘客宣传安全乘车知识，提高乘客的安全意识和自我保护能力。

新员工安全培训

（四）优化运营环境

合理规划车站布局，确保通道、楼梯、出入口等畅通无阻，设置清晰的导向标识和安全警示标识，针对可能出现的地震、洪水、台风等自然灾害，制定相应的防范措施，如设置防汛排水设施等。

（五）强化应急处置

制定涵盖各类突发事件的应急预案，明确应急组织机构、职责分工、应急响应流程和处置措施等内容，确保在事故发生时能够迅速、有效地开展救援工作。通过实战化的应急演练，检验和完善应急预案，提高员工的应急处置能力和各部门之间的协同配合能力。

自测练习

一、单选题

1. 二分格运行图:时间轴每一小格表示(　　)min。

A. 1　　B. 2　　C. 5　　D. 10

2. 当列车延误发生在本列次(　　)时且符合列车晚点范围时,称为晚点。

A. 起点站　　B. 中间某站　　C. 终点站　　D. 车辆基地

3. 二级控制为控制付费区客流,控制点在(　　)。

A. 进站闸机处　　B. 出入口　　C. 扶梯口　　D. 站台

4. (　　)适用于单程出行,一次性使用,不能重复使用。

A. 单程票　　B. 储值票　　C. 纪念票　　D. 一日票

5. 车票超程,乘客需要(　　),才能出站。

A. 补交超程费用　　B. 补交本站最高票价

C. 补交线网最高票价　　D. 免费更新车票

6. 某事故造成10人死亡、21人重伤、500万元直接经济损失,属于(　　)事故。

A. 特大　　B. 重大　　C. 较大　　D. 一般

二、多选题

1. 下列哪些岗位属于一级指挥层级?(　　)

A. 行车调度员　　B. 电力调度员　　C. 值班站长　　D. 环控调度员

2. 站前折返的特点包括(　　)。

A. 折返时间相对较短　　B. 占地面积小

C. 列车进站和出站可同时进行　　D. 乘客同时上下车

3. 列车交路形式包括(　　)。

A. 大交路　　B. 小交路　　C. 其他交路　　D. 混合交路

4. 大客流按照客流的时效性可分为(　　)。

A. 可预见性大客流　　B. 突发性大客流

C. 恶劣天气大客流　　D. 暑期大客流

5. (　　)是我国城市轨道交通系统运营的安全管理方针。

A. 安全第一　　B. 预防为主　　C. 综合治理　　D. 效益兼顾

6. 事故按照损失及对运营造成的影响和危害程度分为(　　)。

A. 特别重大事故　　B. 重大事故　　C. 较大事故　　D. 一般事故

拓展训练

1. 通过查询资料,了解当地城市轨道交通有哪些人性化服务的政策或规定,撰写报告。

2. 以小组为单位,结合国内外发生过的轨道交通事故,制作一份事故案例PPT,并进行课堂汇报。

参考文献

[1] 阎国强.城市轨道交通概论[M].北京:人民交通出版社,2021.
[2] 张凡.城市轨道交通概论[M].成都:西南交通大学出版社,2021.
[3] 慕威.城市轨道交通概论[M].北京:人民交通出版社,2021.
[4] 王建立.城市轨道交通概论[M].北京:人民交通出版社,2022.
[5] 刘亚苹.城市轨道交通概论[M].北京:机械工业出版社,2023.
[6] 颜景林.城市轨道交通运营管理[M].成都:西南交通大学出版社,2025.
[7] 深圳城市轨道交通运营公司.入职员工培训教材[Z].2022.
[8] 上海城市轨道交通运营公司.入职员工培训教材[Z].2023.
[9] 杭州城市轨道交通运营公司.入职员工培训教材[Z].2023.
[10] 南京城市轨道交通运营公司.入职员工培训教材[Z].2023.
[11] 成都城市轨道交通运营公司.入职员工培训教材[Z].2023.